UTB 4305

D1672481

Eine Arbeitsgemeinschaft der Verlage

Böhlau Verlag · Wien · Köln · Weimar
Verlag Barbara Budrich · Opladen · Toronto
facultas.wuv · Wien
Wilhelm Fink · Paderborn
A. Francke Verlag · Tübingen
Haupt Verlag · Bern
Verlag Julius Klinkhardt · Bad Heilbrunn
Mohr Siebeck · Tübingen
Nomos Verlagsgesellschaft · Baden-Baden
Ernst Reinhardt Verlag · München · Basel
Ferdinand Schöningh · Paderborn
Eugen Ulmer Verlag · Stuttgart
UVK Verlagsgesellschaft · Konstanz, mit UVK/Lucius · München
Vandenhoeck & Ruprecht · Göttingen · Bristol
vdf Hochschulverlag AG an der ETH Zürich

Peter V. Zima

Entfremdung

Pathologien der postmodernen Gesellschaft

A. Francke Verlag Tübingen

Peter V. Zima war bis 2012 ordentlicher Professor für Allgemeine und Vergleichende Literaturwissenschaft an der Alpen-Adria-Universität in Klagenfurt. Er ist seit 1998 korr. Mitglied der Österreichischen Akademie der Wissenschaften in Wien, seit 2010 Mitglieder der Academia Europaea in London und seit 2014 Honorarprofessor der East China Normal University in Schanghai.

In der UTB-Reihe sind von ihm erschienen: Literarische Ästhetik. Methoden und Modelle der Literaturwissenschaft, 1991, 1995 (2. Aufl.); Komparatistik. Einführung in die Vergleichende Literaturwissenschaft, 1992, 2011 (2. Aufl.); Die Dekonstruktion. Einführung und Kritik, 1994; Moderne / Postmoderne. Gesellschaft, Philosophie, Literatur, 1997, 2014 (3. Aufl.); Theorie des Subjekts. Subjektivität und Identität zwischen Moderne und Postmoderne, 2000, 2010 (3. Aufl.); Was ist Theorie? Theoriebegriff und Dialogische Theorie in den Kultur- und Sozialwissenschaften, 2004.

Bibliografische Information der Deutschen Nationalbibliothek

Die Deutsche Nationalbibliothek verzeichnet diese Publikation in der Deutschen Nationalbibliografie; detaillierte bibliografische Daten sind im Internet über http://dnb.dnb.de abrufbar.

© 2014 · A. Francke Verlag Tübingen
Dischingerweg 5 · D-72070 Tübingen

Internet: http://www.francke.de
E-Mail: info@francke.de

Einbandgestaltung: Atelier Reichert, Stuttgart
Druck und Bindung: fgb – freiburger graphische betriebe
Printed in Germany

UTB-Band-Nr.: 4305
ISBN 978-3-8252-4305-0

Inhaltsverzeichnis

VI

Vorwort

Entfremdung als kritischer Begriff mit langer Vorgeschichte in Sozialphilosophie, Soziologie und Psychoanalyse bezieht sich nicht nur auf Erfahrungen von Einzelpersonen und Gruppen, sondern auf den Zustand einer ganzen Gesellschaft. Seine Anwendung sollte daher nicht auf *einen* ihrer Bereiche – Arbeitswelt, Psyche oder Konsumverhalten – eingeengt werden.

Denn gerade an den *Schnittpunkten dieser Bereiche* werden Formen der Entfremdung sichtbar: wenn z.B. jemand versucht, Frustrationen im Berufsleben durch eine Flucht in den Konsum oder in die Fantasiewelten der Medien zu kompensieren (Kap. IV).

In der Vergangenheit wurde Entfremdung oft mit einer besonderen Sphäre der Gesellschaft verknüpft oder aus bestimmten sozialen Entwicklungen abgeleitet. Anders als der Linkshegelianer Feuerbach, der seine Kritik auf die Religion konzentrierte, die er als selbstentfremdende Projektion des Menschen ins Jenseits auffasste, versuchte Marx, der die religiösen Komponenten der Entfremdung durchaus wahrnahm, das Phänomen vor allem aus den Verhältnissen in der vom Kapital beherrschten Arbeitswelt abzuleiten: als Entfremdung des Arbeiters von seinem Produkt, vom arbeitsteiligen Produktionsprozess, von den Mitmenschen und letztlich auch von sich selbst (Kap. II).

Aus heutiger Sicht erscheint dieser Ansatz als zeitbedingte und einseitige Fokussierung auf den Produktionsbereich der sich entfaltenden Industriegesellschaft des 19. Jahrhunderts. Denn in der gegenwärtigen Situation bergen Alltag, Familie, Medien und Konsum ein ebenso großes Entfremdungspotenzial wie die von Marktgesetz und Warentausch dominierte Arbeitswelt. Die Entfremdung hat in der Postmoderne nahezu alle Lebensbereiche erfasst – und wird vielleicht gerade deshalb selten wahrgenommen.

Ähnlich wie Marx haben Vertreter der Psychoanalyse – von Freud bis Lacan – Entfremdung einseitig als psychisches Problem aufgefasst, das primär den neurotischen Einzelnen betrifft, nicht jedoch das kranke und krank machende soziale Umfeld. Mit Recht hebt zwar Lacan die *Regression* mancher Individuen ins *Imaginäre* hervor, aus der ein maligner *Narzissmus* hervorgeht, versäumt es aber, nach den sozialen Ursachen dieser Flucht in die individuelle Vergangenheit, die immer mehr zu einer kollektiven Erscheinung wird, zu fragen (Kap. IV).

Schließlich hat in neueren Untersuchungen der Soziologe Hartmut Rosa versucht, Entfremdung primär aus der *sozialen Beschleunigung* abzuleiten, die er in ihren drei Aspekten als „technische Beschleunigung", „Beschleunigung des sozialen Wandels" und „Beschleunigung des Lebenstempos" analysiert. Obwohl Beschleunigung in ihren diversen Aspekten für die Zunahme sozialer Entfremdung von erheblicher Bedeutung ist, wie sich hier im dritten Kapitel zeigen wird, kann sie nicht als Hauptursache dieser Entwicklung betrachtet werden: Der Werbung, der kommerzialisierten Medienwelt und der von Käuflichkeit und Korruption diskreditierten Politik wohnt Entfremdung inne – mit oder ohne Beschleunigung (Kap. III-IV). Die Trägheit der Bürokratie (Kap. III), die Individuen und Gruppen sporadisch an der Vernunft der Welt zweifeln lässt, weckt auch Zweifel an der Verallgemeinerungsfähigkeit von Rosas These: In der Verwaltung würde Beschleunigung geradezu wie eine Wohltat wirken.

Deshalb sollen in diesem Buch verschiedene – komplementäre – Bereiche der Entfremdung untersucht und aufeinander bezogen werden: Arbeitswelt, Familie, Konsumsphäre, Psyche, Medien usw. Nur ihre *Verknüpfung* kann ein dynamisches Gesamtbild ergeben, das dem gegenwärtigen Stand gesellschaftlicher Entwicklung und der *Ambivalenz des Fortschritts*, der alte Entfremdungen beseitigt und neue mit sich bringt, gerecht wird.

Entfremdung als kritischer Begriff (Kap. II), den isolierte Intellektuelle wie Marx gegen eine sie ausgrenzende Gesellschaft wandten (Kap. I), muss keine Vorstellung von einem normalen Leben oder einer heilen Welt beinhalten. Er soll lediglich dazu beitragen, dass Widersprüche, Anomien und Herrschaftsstrukturen einer Gesellschaft sichtbar werden, die zusehends zu einer von ihrer eigenen Wirtschaft dominierten Tauschgesellschaft wird.

Das Buch ist – nach *Was ist Theorie?* (2004), *Narzissmus und Ichideal* (2009) und *Theorie des Subjekts* (2010, 3. Aufl.) – ein weiterer Versuch des Autors, die Kritische Theorie Adornos und Horkheimers im Sinne einer von Bachtin inspirierten Dialogischen Theorie zu erneuern. Dabei wird – wie schon bei Adorno – versucht, Sozialphilosophie, Soziologie, Psychoanalyse und Ästhetik ineinander greifen zu lassen und im letzten Kapitel verschiedene Varianten der ästhetischen *Verfremdung* als Reaktionen auf ein entfremdetes soziales Dasein zu deuten.

Einleitung
Was ist Entfremdung? – Entfremdung und Fortschritt

Entfremdung (lat. *alienatio*, engl. *alienation*, frz. *aliénation*) ist ein schillernder Begriff, der auf viele verschiedene, auch widersprüchliche Arten definiert wurde, zumal er in Wissenschaften wie Anthropologie, Soziologie, Psychologie und Ästhetik stark divergierende Konnotationen annahm. *Er bezeichnet ganz allgemein – auf das Subjekt bezogen – einen Zustand des eigenen Fremdseins in einer bestimmten Umgebung oder das Gefühl, es mit fremden Menschen, Gegenständen oder Einrichtungen zu tun zu haben.* Zunächst soll festgehalten werden, dass „Entfremdung" stets Entfremdung *von etwas* ist: von Gott, von einem Mitmenschen, vom sozialen Umfeld, von einer Organisationsform oder einer Institution, von einem Gegenstand (z.B. dem Computer, auf dem ich schreibe), von einer Tätigkeit (Arbeit) oder vom eigenen Ich.

Im Folgenden bezeichnet *Entfremdung ein gestörtes Verhältnis zwischen individuellen oder kollektiven Subjekten und ihrem sozialen Umfeld.* Sie ist bald auf die Einstellung des Einzelnen oder der Gruppe, bald auf bestimmte soziale Faktoren zurückzuführen.

Die Dynamik der Entfremdung wird dadurch bedingt, dass jemand, der sich (etwa beim Hl. Augustinus) um eine Annäherung an Gott bemüht, eine Entfremdung von der Gesellschaft in Kauf nimmt (und umgekehrt), jemand, der sich (bei Rousseau) dem Ideal des Naturzustandes verschreibt, der urbanen Gesellschaft den Rücken kehrt, und jemand, der sich (bei Marx) für die Revolution engagiert, dem Bürgertum absagt – oder der Revolution, wenn er als „Revisionist" der Marxschen Lehre abschwört.

Helmut Nicolaus beschreibt diese Dynamik als Ambivalenz im philosophischen Kontext: „Der Entfremdungsbegriff weist eine konstitutive Ambivalenz auf, die darin besteht, daß die Entfremdung von einem Pol der Existenz – Realität, Welt, Sinnlichkeit und Natur – sich in dem gleichen Maße erhöht, wie die Entfernung vom anderen Pol – Idealität, Transzendenz, Gott – sich verringert."[1] Anders gesagt: Die Annäherung an das religiöse, philosophische oder politische Ideal

---

[1] H. Nicolaus, *Hegels Theorie der Entfremdung*, Heidelberg, Manutius, 1995, S. 19.

bringt eine Entfremdung von der Realität mit sich und umgekehrt: Eine Versöhnung mit der Realität entfremdet das Subjekt dem Ideal.

In diesem Zusammenhang stellt sich die Frage, wie Entfremdung festgestellt wird und von wem. Entfremdung zwischen zwei Menschen, etwa Ehepartnern, wird in erster Linie von den Beteiligten selbst festgestellt, wenn sie merken, dass sie sich so weit auseinander entwickelt haben, dass sie einander nicht mehr verstehen usw. Entfremdung von einer Organisationsform, etwa der französischen KP, stellen Intellektuelle wie Sartre oder die Surrealisten fest, wenn sie sich trotz ihrer politischen Sympathien eingestehen müssen, dass die Partei organisatorische und kollektive Anliegen wesentlich höher einstuft als die individuellen, existenziellen und ästhetischen Probleme von Philosophen und Künstlern und sich dabei von Marxens revolutionärem Ideal entfernt. Zu einer Entfremdung von der Arbeit und vom eigenen Ich kommt es häufig dadurch, dass sich jemand für einen Beruf entscheidet, der ihm nicht liegt und der eine tägliche Anpassung an Normen und Werte voraussetzt, die den vorberuflichen Erfahrungen, der Erziehung und dem Charakter der betreffenden Person widersprechen.

In allen diesen Fällen stellen zunächst *die Beteiligten* fest, dass sie einander fremd geworden sind oder einen falschen Lebensweg eingeschlagen haben. Häufig ist jedoch von Entfremdung im Zusammenhang mit Einzelpersonen oder Gruppen die Rede, die sich dieser Entfremdung *gar nicht bewusst* sind. So behauptet beispielsweise Karl Marx, das Bürgertum sei sich seiner Entfremdung im Kapitalismus nicht bewusst und fühle sich in dieser Entfremdung sogar wohl (vgl. Kap. I-II). Diese „objektiv zugerechnete" Entfremdung, die auch in der Psychoanalyse von Bedeutung ist, ist wichtig, aber nicht unproblematisch und soll im Folgenden im Gegensatz zur „subjektiv empfundenen" Entfremdung kommentiert werden.

1. „Subjektive" und „objektive" – subjektiv empfundene und strukturell bedingte Entfremdung

In seinem Buch *Die Logik der Entfremdung* (1991)[2] schneidet Hermann Schuller ein wichtiges Problem an, das in anderen Abhandlungen über das Phänomen „Entfremdung" häufig umgangen wird: die Frage, wie individuelle und kollektive Entfremdung diagnostiziert werden kann, ohne dass der Theoretiker sein Wertsystem oder seine Ideologie als heteronomen Maßstab für „gutes Leben" anlegt und die Betroffenen „objektiven" Kriterien und Normen unterwirft, die ihnen fremd sind. Zugleich wirft Schuller, ausgehend vom Kritischen Rationalismus, die Frage auf, ob und wie eine wissenschaftliche Theorie der Entfremdung möglich ist, die über weltanschauliche Kritik hinausgeht.

Es sei nicht legitim, meint Schuller, dass ein Theoretiker Menschen für „entfremdet" erklärt, nur weil sie nicht in Übereinstimmung mit seinen Werten und Normen leben: „Das heißt: es kann nicht mehr in entmündigender Weise über den Köpfen der Betroffenen hinweg von den Theoretikern festgelegt werden, was tatsächlich deren ‚wahre' Werte, Normen und Ziele seien; damit kann aber auch nicht mehr von einer sogenannten ‚objektiven Entfremdung' gesprochen werden, und zwar in dem Sinne, daß es eine ‚objektive Entfremdung' geben könne ohne eine dementsprechende, damit in Zusammenhang stehende und davon abhängige ‚subjektive Entfremdung'; die in den ‚objektiven Entfremdungstheorien' implizierte Lehre vom ‚falschen Bewußtsein', setzt notwendig ein ‚höheres Wissen', eine ‚höhere Einsicht' von Seiten eines Dritten voraus, der im einzelnen Fall zwischen ‚falschem' und ‚richtigem Bewußtsein' unterscheiden kann."[3]

Komplementär dazu deckt Arthur Fischer die ideologischen Grundlagen der amerikanischen Soziologie auf, wenn er zu den Versuchen einiger Soziologen, Entfremdung zu messen, bemerkt: „Wer die Werte der amerikanischen Mittelklasse nicht anerkennt, der gilt als entfremdet."[4] Er gelangt zu dem Schluss, dass es in diesem Fall gerade der

---

[2] Vgl. H. Schuller, *Die Logik der Entfremdung. Versuch zu einer wissenschaftlichen Grundlegung der Entfremdungstheorie*, Regensburg, S. Roderer Verlag, 1991.

[3] Ibid., S. 15-16.

[4] A. Fischer, *Die Entfremdung des Menschen in einer heilen Gesellschaft. Materialien zur Adaptation und Denunziation eines Begriffs*, München, Juventa Verlag, 1970, S. 30.

Intellektuelle ist, „dessen antisoziales und störendes Verhalten offensichtlich psychiatrische Behandlung erfordert".[5] (Vgl. Kap. I.)

Schullers und Fischers Überlegungen enthalten insofern einen wahren Kern, als von Marx bis Simmel und Marcuse eine bestimmte „Vorstellung des deutschen Bildungsbürgertums von der ‚Totalität der Person'"[6] als Maßstab für Entfremdung zugrunde gelegt wurde. Was von dieser Vorstellung abwich, galt als entfremdet.

Dagegen verlässt sich Schuller auf den subjektiven Faktor, wenn er bemerkt: „Wenn Menschen eine bestimmte Situation als ‚entfremdet' definieren, so ist diese für sie auch in ihren Konsequenzen ‚entfremdend'."[7] Dazu ist dreierlei zu sagen:

1. Die subjektiv empfundene Entfremdung einer Person ist noch kein Indiz dafür, dass die *Situation*, in der sich diese Person befindet, entfremdend ist. Jemand kann eine Familie gründen und im Laufe der Jahre entdecken, dass er für das Familienleben nicht taugt, dass er ein Fremder unter den „Seinen" ist. Ein anderer kann in dieser Situation sein Glück finden. Wenn jemand einen – für ihn – falschen[8] Beruf wählt, so sagt dies wenig über das soziale Entfremdungspotenzial dieses Berufs aus, den andere gern ausüben.

2. Es kommt hinzu, dass die Selbsteinschätzung von Individuen und Gruppen nicht immer richtig ist und durchaus als *falsches Bewusstsein* kritisiert werden kann: Davon zeugt das Verhalten eines Arztes, der die Lebenseinstellung eines Patienten (z.B. eines Trinkers und Kettenrauchers) kritisiert, ebenso wie die zahlreichen Therapien, die Patienten selbst für notwendig halten, weil sie eingesehen haben, dass sie mit ihrem Lebensstil in eine Sackgasse geraten sind. Davon zeugt auf kollektiver Ebene auch Xavière Gautiers feministische Studie *Surréalisme et sexualité* (1970), in der gezeigt wird, dass die Surrealisten sich selbst zu Unrecht für Revolutionäre hielten, weil sie die

---

[5] Ibid., S. 33.

[6] H. Schuller, *Die Logik der Entfremdung*, op. cit., S. 236.

[7] Ibid., S. 49.

[8] Analog dazu kommentiert Rahel Jaeggi in ihrem Buch *Entfremdung. Zur Aktualität eines sozialphilosophischen Problems*, Frankfurt-New York, Campus, 2005, S. 72 den Fall eines jungen Wissenschaftlers, der sein Junggesellenleben in der Stadt beendet, heiratet und in einen Vorort zieht, wo er eine Familie gründet. Schließlich merkt er, dass es nicht das Wahre ist: „Manchmal allerdings überfällt ihn ein Gefühl der Unwirklichkeit. Irgendwas stimmt hier nicht." Hier geht es um einen partikularen Fall der Selbstentfremdung, denn aus struktureller Sicht erscheint eine Vorortexistenz nicht als *per se* entfremdend.

Frau zumeist in einer passiven Haltung und als Naturwesen darstell-
ten.[9] Allgemein gilt, dass auch Sozialwissenschaftler die Selbsteinschätzung von Individuen, Gruppen und Organisationen nicht für bare
Münze nehmen dürfen: Eine Partei kann sich selbst als „liberal" oder
„demokratisch" bezeichnen und dennoch totalitäre Tendenzen aufwei-
sen. Hinter dem pleonastischen Etikett „Volksdemokratie" kann sich
durchaus eine menschenverachtende Diktatur verbergen. Sozialwissenschaftler, die Selbstdarstellungen von Akteuren unbesehen übernehmen, verfallen einer für die Wissenschaft fatalen Naivität. Kultur-
und Sozialwissenschaften, die auf Kritik verzichten, werden kraftlos.
Von Wissenschaftlern – Medizinern, Psychologen, Soziologen – wird
sehr wohl eine „höhere Einsicht" (Schuller) erwartet, die über die Ide-
ologeme, Binsenweisheiten und Stereotypen des Alltags hinausgeht.

    3. Sowohl Selbsteinschätzungen von Individuen und Gruppen als
auch Fremdeinschätzungen durch Wissenschaftler sind *Konstruktionen* und können fragwürdig oder falsch sein (davon zeugen die zahlreichen Fehldiagnosen in der Medizin). Da in den Kultur- und Sozialwissenschaften *alle Konstruktionen implizite oder explizite Wertungen
und Kritiken* enthalten, kann es eine „objektive Konstruktion von Entfremdung"[10] nicht geben. Möglich ist allenfalls eine „Distanzierung"
im Sinne von Norbert Elias[11], die das eigene wertende und kritische
„Engagement" reflektiert und es nicht unmittelbar auf die Gegenstände einwirken lässt, sondern auf dialogische Nachvollziehbarkeit der
eigenen Objektkonstruktionen in anderen theoretischen Diskursen[12]
und auf ihre empirische Bewährung ausgerichtet ist (vgl. Kap. II. 4).

    Daher gelten die in diesem Buch angestellten Betrachtungen weder
der rein subjektiv empfundenen Entfremdung noch der von Schuller
zu Recht kritisierten „objektiven Entfremdung", die eine Dogmatisie-
rung des eigenen Werte- und Normensystem beinhaltet (und in diesem
Sinne daher subjektiv ist im Hinblick auf den Wissenschaftler), son-

---

[9] Vgl. X. Gautier, *Surréalisme et sexualité*, Paris, Gallimard, 1970, S. 104-105.
[10] Vgl. Vf., *Was ist Theorie? Theoriebegriff und Dialogische Theorie in den Kultur-
und Sozialwissenschaften*, Tübingen-Basel, Francke, 2004, Kap. IV: „Wertfreie,
falsifizierbare Theorie? Zur Beziehung von Wertfreiheit, Intersubjektivität und Fal-
sifizierbarkeit".
[11] Vgl. N. Elias, *Engagement und Distanzierung, Arbeiten zur Wissenssoziologie I*
(Hrsg. M. Schröter), Frankfurt, Suhrkamp, 1983, S. 30-31.
[12] Vgl. Vf., *Was ist Theorie?*, op. cit., Kap. VIII: „Der interdiskursive Dialog: Theorie".

dern der *strukturell bedingten Entfremdung*: d.h. *bestimmten Strukturen, Situationen und Organisationsformen, von denen aufgrund ihrer
Anordnungen angenommen werden kann, dass sie Entfremdung bewirken, weil sie von den meisten Akteuren als entfremdend empfunden
werden können oder tatsächlich empfunden werden.*

Um das Gesagte zu konkretisieren, sollen in aller Knappheit drei
Beispiele aus Heidrun Friedel-Howes Studie *Entfremdung in der Industriearbeit* (1981) wiedergegeben werden: „Tendenz zur ‚Objekt-
stellung' des arbeitenden Menschen im arbeitsorganisatorischen Ent-
scheidungsprozeß". Dies bedeutet, dass der Arbeitende in den verschiedenen Entscheidungsprozessen „eher Entscheidungs*objekt* als
Entscheidungs*subjekt*" ist. Eine weitere Entfremdungsursache ist:
„Tendenz zur Freisetzung menschlicher Arbeit durch technische Rationalisierung". Auch die „Tendenz zu anforderungsmäßig einseitigen
und ‚dichten' Arbeitsvollzügen" kann entfremdend wirken.[13]

In allen drei Fällen spricht die Autorin von „Entfremdungspotentia-
len" und meint damit, dass in jedem der drei Fälle die *Situation* von
vielen oder den meisten Beteiligten als entfremdend empfunden werden *kann* – aber nicht muss. Es geht somit um *die wahrscheinliche
Wirkung einer Struktur oder Erscheinung*, nicht um die Frage, ob *jeder Einzelne* sie als entfremdend empfindet. Nicht *jeder* lehnt es ab, in
unmittelbarer Nähe einer Startbahn oder Autobahn zu wohnen; die
meisten tun es aber – und aus naheliegenden Gründen. Es ist in solchen Fällen nicht notwendig, von einem „menschlichen Wesen" aus-
zugehen; es genügt, bestimmte biologisch, psychisch und gesellschaftlich bedingte *Grundbedürfnisse* (wie Schlaf, Ruhe, frische Luft) vo-
rauszusetzen.

2. Fortschritt und Entfremdung: Eine ambivalente Einheit

In den bisher vorgelegten Analysen des gesellschaftlichen, existenziellen und psychischen Phänomens „Entfremdung" wird zumeist nur *ein
Aspekt* dieses Phänomens beleuchtet: nicht das *Zusammenspiel verschiedener komplementärer Faktoren*, das als Struktur Entfremdung

---

[13] H. Friedel-Howe, *Entfremdung in der Industriearbeit. Ansatz eines sozialisationstheoretischen Bezugsrahmens der psychischen Vermittlung situativer Entfremdungspotentiale*, Berlin, Duncker und Humblot, 1981, S. 153.

bewirkt und hier im Mittelpunkt steht. Bisher war vorwiegend von pathologischen Zuständen die Rede, die Rousseau mit der Stadtkultur verband, Marx und seine Nachfolger mit den inhumanen Aspekten des Kapitalismus und Soziologen wie Emile Durkheim oder Georg Simmel mit der sozialen Differenzierung (als Arbeitsteilung und Spezialisierung).[14] Auch die neuere und neueste Forschung betrachtet „Entfremdung" vornehmlich als eine Pathologie der Moderne oder Postmoderne, die durch die kapitalistischen Verhältnisse, die sich beschleunigende *soziale Differenzierung* oder die labile Schichtung des Werte- und Normensystems – also durch *Anomie* im Sinne von Durkheim – bedingt wird.[15]

Nur zwischen den Zeilen der zahlreichen Kommentare und in sporadischen Andeutungen wird klar, *dass Entfremdung ein Aspekt des Fortschritts als Modernisierung, Rationalisierung und Säkularisierung ist.* Diese Prozesse, die dazu führen, dass der Einzelne aus traditionellen Bindungen, Bevormundungen und Absicherungen in Kirche, Dorfgemeinschaft und Großfamilie herausgelöst wird, bezeichnet der britische Soziologe Anthony Giddens treffend als *disembedding* („Entbettung" oder „Entwurzelung").[16] Es wäre einseitig, diesen Neologismus ausschließlich mit „Entwurzelung" zu übersetzen, weil das englische Wort durchaus auch einen Prozess der Befreiung bezeichnet: Befreiung von einer durch Feudalismus, Traditionalismus und Klerikalismus festgeschriebenen Unmündigkeit. Seit der Aufklärung leitet die bürgerlich-individualistische Gesellschaft Modernisierungsprozesse ein, die den Einzelnen und die Gruppe aus dieser Unmündigkeit hinausführen.

In diesem Kontext erscheint Entfremdung als der Preis, den das sich emanzipierende bürgerliche Subjekt für den wirtschaftlichen, politischen und technischen Fortschritt zu zahlen hat. Es braucht zwar nicht mehr zu befürchten, am feudalen, absolutistischen, klerikalen, patriarchalen oder totalitär-ideologischen Gängelband geführt zu wer-

---

[14] Vgl. R. Schmitt, *Alienation and Freedom*, Cambridge (MA), Westview Press, 2003 sowie H. Pöttker, *Entfremdung und Illusion. Soziales Handeln in der Moderne*, Tübingen, Mohr-Siebeck, 1997: In diesem Buch geht es vornehmlich um eine durch Differenzierungsprozesse bedingte Entfremdung.

[15] Vgl. P. L. Berger, B. Berger, H. Kellner, *Das Unbehagen in der Modernität*, Frankfurt, New York, Campus, 1975, S. 157-159.

[16] A. Giddens, *Modernity and Self-Identity. Self and Society in the Late Modern Age*, Cambridge, Polity, 1991, S. 17-20.

den, muss aber feststellen, dass es in einer individualisierten und pluralisierten oder fragmentierten Gesellschaft nicht nur seine Beschützer und Berater, sondern auch seine Gesinnungsgenossen und Gesprächspartner verloren hat. Im Extremfall wird es als Patient in einem Großkrankenhaus mit einer anonymen Zahl versehen und durch die Geräte verschiedener Abteilungen geschleust, deren Funktionen den arbeitsteiligen Prozessen moderner Medizin entsprechen – oder es wird spätabends in einem menschenleeren Bahnhof mit unzähligen Monitoren konfrontiert, die nicht funktionieren, weil ein Großcomputer ausgefallen ist.

Das Einsparen von Personal bei Bahn, Post und Verwaltung kann zweifellos als ein Fortschritt im wirtschaftlich-finanziellen Sinn aufgefasst werden; es bringt zugleich aber eine Entmenschlichung der Gesellschaft mit sich, die Einzelpersonen – und ganze Gruppen – ihrem nicht mehr sozialen Umfeld *entfremden kann*. Die Ambivalenz dieses Fortschritts besteht darin, dass ich mich *online* zwar schneller informieren kann, als wenn ich vor dem Schalter eines Bahnbeamten Schlange stehe, aber nicht die beiden zusätzlichen Fragen stellen kann, die der Beamte höchstwahrscheinlich beantwortet hätte. Sie besteht auch darin, dass die Geräte des Krankenhauses, zwar einwandfrei feststellen können, dass mir „nichts fehlt", dass ich aber kaum Gelegenheit habe, meinen Gedanken vorzubringen, dass ich die (wahrscheinlich triviale) Ursache meiner Beschwerden kenne – weil niemand Zeit hat, mir zuzuhören.

Die ambivalente *Einheit von Fortschritt und Entfremdung* bewirkt, dass es vielen schwer fällt, die Entfremdung beim Namen zu nennen, weil sie zumeist mit einem Fortschritt einhergeht, den kaum jemand rückgängig machen könnte oder möchte. Die Geräte des Krankenhauses, die eine rasche Untersuchung verschiedener Organe und Körperfunktionen ermöglichen, gewährleisten eine weitaus genauere Diagnose als eine zeitraubende Diskussion mit dem Patienten, der sich möglicherweise nicht auskennt – der aber ahnt, dass die Untersuchungen überflüssig sind, weil er weiß, was vorgefallen ist. Die *Online*-Information am Bahnhof macht zwar den Nachtdienst des Bahnbeamten und die Warteschlange überflüssig, ist aber unzugänglich, wenn der Computer ausfällt.

Rationalisierung als Technisierung und Automatisierung führt dazu, dass die Umwelt des Einzelnen *anonymer* wird, dass die Gesellschaft als ganze anonymer wirkt. Noch im 19. Jahrhundert konnte jemand – wie vor zweitausend Jahren – ausrufen: „Sieh, da kommt ein Reiter!" Heute ruft jemand: „Pass auf, da kommt ein Auto!" Das nahende Auto ist anonym, weil der Fahrer von weitem nicht zu erkennen ist, vor allem dann, wenn das Fahrzeug mit einer getönten Windschutzscheibe ausgestattet wurde. Aber nicht nur der technische Fortschritt bewirkt Anonymität, auch die Geldwirtschaft trägt dazu bei, dass Individuen und Gruppen, die aufeinander angewiesen sind, als Fremde miteinander umgehen.

Dafür bietet Georg Simmel, der die Geldwirtschaft für ein Charakteristikum des verstandesmäßigen Denkens und des Großstadtlebens hält, die folgende Erklärung: „Denn das Geld fragt nur nach dem, was ihnen [den Erscheinungen] allen gemeinsam ist, nach dem Tauschwert, der alle Qualität und Eigenart auf die Frage nach dem bloßen Wieviel nivelliert."[17]

Diese Erkenntnisse hindern Simmel jedoch nicht daran, an anderer Stelle die befreiende Wirkung der versachlichenden Markt- und Geldwirtschaft hervorzuheben (vgl. Kap. II. 2). Hier wird deutlich, dass auch der wirtschaftliche Fortschritt, der wesentlich zur Entfaltung des städtischen Bürgertums beitrug, ein ambivalenter, zweigleisiger Prozess ist: Einerseits trägt er zur Befreiung des bürgerlichen Individuums in der sich entwickelnden Marktgesellschaft bei; andererseits lässt er verdinglichte, von Anonymität geprägte Kommunikationsverhältnisse entstehen, in denen letztlich – nach drastischer Personaleinsparung – der Einzelne den Automaten zum einzigen Gesprächspartner hat. Dabei rückt das Ideal genuin menschlicher Kommunikation in weite Ferne. Um die wirtschaftlich bedingte Entfremdung im Gesamtkontext zu verstehen, ist es jedoch notwendig, weiter auszuholen.

3. Tauschwert, Indifferenz und Verdinglichung

Die Ambivalenz von wirtschaftlichem und gesellschaftlichem Fortschritt stellen Horkheimer und Adorno anschaulich dar, wenn sie in der *Dialektik der Aufklärung* die zwei Seiten des *disembedding* als Befreiung von traditionellen Zwängen *und* als Unterwerfung unter das

---

[17] G. Simmel, *Das Individuum und die Freiheit. Essais*, Berlin, Wagenbach, 1984, S. 194.

Diktat des Marktes beschreiben: „Die Wohltat, daß der Markt nicht nach der Geburt fragt, hat der Tauschende damit bezahlt, daß er seine von Geburt verliehenen Möglichkeiten von der Produktion der Waren, die man auf dem Markt kaufen kann, modellieren läßt."[18]

Nicht die besondere Neigung des Einzelnen, etwa sein Interesse für einen bestimmten Gegenstand oder Beruf, ist auf dem Markt entscheidend, sondern die Nachfrage, die darüber befindet, welche soziale Tätigkeit in einer konkreten Situation nützlich ist. Wie viele Künstler wurden nicht gezwungen, einen Brotberuf zu wählen, den sie später aufgaben, um sich ihrem eigentlichen Anliegen, der Kunst, widmen zu können? Die Marktgesetze sind wertindifferent, weil sie nur den Tauschwert als Nachfrage gelten lassen und alle ästhetischen, ethischen, religiösen, politischen oder wissenschaftlichen Werte tendenziell negieren.

An vielen Universitäten ist für das Überleben einer Studienrichtung nicht mehr die Qualität der Forschung oder der studentischen Arbeiten entscheidend, sondern die *Anzahl* der Absolventen: das von Simmel erwähnte „Wieviel". Peinlichst wird noch dort auf Qualität als Gebrauchswert geachtet, wo sich die bloße Produktion von Quantität auf dem Markt als unnütz, blamabel oder gar gefährlich erweisen könnte: in Informatik, Physik, Kristallographie oder Raumfahrttechnik.

Am klarsten tritt die Wertindifferenz des Tauschwerts im Handel zutage: Der Händler fragt nicht nach Geburt, Rasse, Religionszugehörigkeit oder den politischen Überzeugungen seiner Kunden. Er verkauft an alle, die pünktlich zahlen – und in möglichst großen Mengen einkaufen. Sein bevorzugter Kunde ist derjenige, der die größten Mengen bestellt, auch wenn er einer anderen Religionsgemeinschaft oder ethnischen Gruppe angehört als er selbst.

Dies ist zweifellos als Fortschritt im politischen Sinne zu werten: Markt und Handel sind tolerant, und sie fördern die tolerante Gesinnung, weil sie alle Beteiligten dazu anhalten, ihre (ohnehin nie begründbaren) religiösen, politischen, ethischen und ästhetischen Wertungen oder Überzeugungen hintanzustellen, um einen reibungslosen Ablauf der Transaktionen zu ermöglichen. Dies mag der Hauptgrund sein, warum viele Europäer bis tief ins 20. Jahrhundert hinein in den

---

[18] M. Horkheimer, Th. W. Adorno, *Dialektik der Aufklärung. Philosophische Fragmente*, in: Th. W. Adorno, *Gesammelte Schriften*, Bd. III (Hrsg. R. Tiedemann), 1984 (2. Aufl.), S. 29.

USA das „Land der unbegrenzten Möglichkeiten" sahen: Es war das Land der Toleranz und des unbegrenzten, unbürokratischen Handels, in dem fast jeder auf das schnelle Geldglück hoffen konnte.

In einer stark pluralisierten, fragmentierten Gesellschaft ist das Geld als Tauschwert das Medium, das alle sozialen Subsysteme, alle Gruppen und Individuen miteinander verbindet, weil sie alle die wertindifferente Sprache des Geldes verstehen, in den für die Systeme und Gruppen spezifischen fachlichen, ideologischen oder religiösen Sprachen jedoch nicht miteinander kommunizieren könnten. Der aus Indien stammende Sikh, der in New York als Taxifahrer arbeitet, nimmt jeden zahlenden Kunden auf, ohne ihn nach seiner Einstellung zu den Sikhs als religiöser Gruppe zu fragen.

Freilich kommt es auf diese Art zu einer Entfremdung zwischen Menschen als Kunden, weil jeder den anderen *nur als Mittel zum Zweck* behandelt – und der Zweck ist das Geld oder der eigene Vorteil. Dabei überwiegt die Instrumentalisierung oder *Verdinglichung* des anderen als Mittel: Er ist nur als Geldquelle interessant, als wandelnde Geldbörse. Diese Reduktion des Einzelsubjekts auf seinen Geldwert macht sich vor allem in der Tourismusindustrie bemerkbar: Das freundliche Lächeln des Reiseführers, Souvenirhändlers oder Kellners erlischt, sobald ihm klar wird, dass wir nicht zahlen wollen oder können. Es ist *durch den Tauschwert vermittelt*.

Diese Art von stummer Kommunikation als verdinglichten Tausch hat der Dichter Stéphane Mallarmé schon in der zweiten Hälfte des 19. Jahrhunderts beschrieben, als er mutmaßte, dass „es Jedem vielleicht zum Austausch des menschlichen Denkens genügen würde, aus der Hand des Nächsten schweigend eine Münze zu nehmen oder in sie zu legen (...)."[19] Wie oft ist diese Handlung schon verrichtet worden, seit Mallarmé seinen Gedanken zu Papier brachte?

Nicht nur Individuen werden auf dem Markt austauschbar, sondern ganze Gruppen mitsamt ihren Überzeugungen und Ideologien. In der pluralisierten Marktgesellschaft werden diese Ideologien relativiert und tendenziell indifferent, weil die wirtschaftlichen Tauschverhältnisse nur dann reibungslos funktionieren können, wenn religiöse, politische, ethische oder ästhetische Überzeugungen ausgeblendet, neutralisiert werden. In diesem Kontext erscheint die tauschwertbedingte

---

[19] S. Mallarmé, *Kritische Schriften. Werke II* (Hrsg. G. Goebel, B. Rommel), Gerlingen, Lambert Schneider, 1998, S. 229.

Indifferenz als die Kehrseite der pluralistischen Medaille: Die postmoderne Wirtschaftsgesellschaft ist nicht nur eine Gesellschaft des Pluralismus und der Toleranz, sondern auch eine Gesellschaft der alle Wertungen und Ideologien umfassenden *Indifferenz*.[20]

Es ist zugleich eine Gesellschaft der Entfremdung, weil das vorherrschende Tauschverhältnis, das die Kommunizierenden in Kunden verwandelt (neuerdings auch Patienten[21], Schüler und Universitätsstudenten), alle daran hindert, den Anderen in seiner sprachlichen, kulturellen und psychischen Besonderheit zu erkennen. Das Besondere der Person wird durch die universalisierende Abstraktion des Tauschwerts negiert.

4. Ideologie als Reaktion auf marktbedingte Indifferenz

Dass die Toleranz ihre Schattenseiten hat, weil sie das Besondere und Eigentümliche des Anderen, des nur Tolerierten, negiert, erkannte Goethe, als er schrieb: „Toleranz sollte eigentlich nur eine vorübergehende Gesinnung sein: sie muß zur Anerkennung führen. Dulden heißt beleidigen."[22] Beleidigt fühlen sich in den entwickelten spätmodernen und postmodernen Gesellschaften die religiösen und ideologischen Gruppen: nicht nur, weil ihnen die Anerkennung der anderen Gruppen und der vielen Durchschnittsbürger verweigert wird, sondern auch deshalb, weil sie selbst mit einem universellen Geltungsanspruch auftreten. Die meisten – liberalen, konservativen, marxistischen, feministischen oder „grünen" – Ideologen treten mit dem Anspruch auf, die gesamte Gesellschaft in Übereinstimmung mit ihren Grundsätzen verändern und verbessern zu können.

Schon aus diesem Grund ist die Ideologie, die stets für die gesamte Gesellschaft gelten soll und sich an alle richtet, mit dem Pluralismus

---

[20] Vgl. W. Welsch, *Unsere postmoderne Moderne*, Weinheim, VCH, 1991 (3. Aufl.), S. 36. Während Welsch die Postmoderne recht einseitig mit „Vielheit" oder „Pluralismus" identifiziert, zeigt Vf. in *Moderne / Postmoderne. Gesellschaft, Philosophie, Literatur*, Tübingen, Francke, 2014 (3. Aufl.), S. 100, dass die Kehrseite des Pluralismus die Indifferenz ist.

[21] Vgl. dazu die Psychologie von C. R. Rogers: C. R. Rogers, J. K. Wood, „Client-Centered Theory: Carl R. Rogers", in: A. Burton (Hrsg.), *Operational Theories of Personality*, New York, Brunner-Mazel, 1974.

[22] J. W. Goethe, *Maximen und Reflexionen*, München, DTV (*Gesamtausgabe*, Bd. XXI), 1968 (2. Aufl.), S. 103.

unvereinbar. Sie ist zugleich eine radikale und globale Negation der Indifferenz, selbst wenn sie die Marktgesellschaft als „soziale Marktwirtschaft" bejaht. Denn sie ist dazu da, die tendenziell gleichgültigen Individuen für bestimmte Werte zu mobilisieren und dem Eindruck der Austauschbarkeit oder Relativität aller Wertsetzungen und Ideologien *entgegenzuwirken*. Die *anderen* Ideologien mögen austauschbar oder gar falsch sein; die *eigene* Ideologie ist schlechthin wahr und wird bisweilen als „Wissenschaft" bezeichnet. Die Tatsache, dass dieser überzogene Wahrheits- und Geltungsanspruch unglaubwürdig ist und wesentlich zur Diskreditierung *aller* Ideologien und ihrer Wertsetzungen – d. h. zur globalen Indifferenz – beiträgt, wird von Ideologen selten wahrgenommen. Sie setzen sich mit dualistisch strukturierten Diskursen (hier das Gute, dort das Böse; hier das Wahre, dort das Falsche) für ihre Sache ein, ohne auf die zerstörerische und entfremdende Wirkung ihrer Rhetoriken zu achten (vgl. Kap. II. 4).

Entfremdung durch Ideologie weist zwei Aspekte auf: Durch den Missbrauch der Sprache in der ideologischen Propaganda, der alle Mittel recht sind, um den politischen Gegner zu diskreditieren, entstehen nichtssagende Worthülsen und Phrasen, die bei den Adressaten ein *Gefühl der Sinnlosigkeit* wecken (vgl. Kap. V. 4). Diejenigen jedoch, die sich für eine bestimmte Ideologie – als Ideal – einsetzen und ihre Phrasen als Losungen oder Weisungen ernst nehmen, isolieren sich zunehmend von Individuen und Gruppen, die diese Ideologie mit Skepsis betrachten: Sie können mit ihnen nicht mehr reden, werden von ihnen als Fremde mit Kopfschütteln bestaunt, belächelt oder achselzuckend abgelehnt.

Eine extreme gesellschaftliche und sprachliche Situation, in der die ursprüngliche Bedeutung von Wörtern durch ideologischen Missbrauch unkenntlich gemacht wurde, beschreibt George Orwell in seinem bekannten Roman *Nineteen eighty-four* (1949), dessen Protagonisten von einem fiktiven totalitären Regime gezwungen werden, einen *Newspeak* zu sprechen, in dem die Semantik der Wörter pervertiert wird: „WAR IS PEACE – FREEDOM IS SLAVERY – IGNORANCE IS STRENGTH."[23] Freilich handelt es sich hier nicht um reine Fiktion, sondern auch um eine Parodie totalitärer Gesellschaften der ersten Hälfte des 20. Jahrhunderts.

---

[23] G. Orwell, *Nineteen eighty-four* (1949), Harmondsworth, Penguin, 1963, S. 86.

In diesen Gesellschaften – sowohl im italienischen Faschismus und im deutschen Nationalsozialismus als auch im sowjetischen Kommunismus – kam es zu einer Entfremdung in der Sprache. Sie hatte u.a. zur Folge, dass der Einzelne in vielen Fällen gezwungen war, in der Öffentlichkeit eine andere Sprache zu sprechen als im Kreise der Familie und seinen Sprachgebrauch von Gesprächspartner zu Gesprächspartner radikal zu ändern. Im „Dritten Reich" wurden Wörter wie „völkisch", „entartet", „total" in bestimmten Kommunikationssituationen mit oder ohne Überzeugung verwendet, in anderen gemieden. Ähnliches gilt für Vokabeln des Marxismus-Leninismus wie „demokratischer Zentralismus", „Imperialismus" oder „Kosmopolitismus" (im pejorativen Sinne): Der leninistische Ausdruck „demokratischer Zentralismus", der das Gegenteil von „Demokratie" bedeutet, kommt Orwells *Newspeak* recht nahe. Auch im Kommunismus wurde die Sprache selektiv gebraucht und änderte sich – wie der Film *Das Leben der Anderen* zeigt – von Gesprächspartner zu Gesprächspartner.

Auf die Konstitution von ideologisch engagierten Individuen und Gruppen wirkten sich diese Sprachregelungen *verdinglichend* aus: Diese Subjekte unterwarfen sich einer von Ideologen (Intellektuellen) konzipierten künstlichen Sprache, die ihnen nicht gehörte, mit der sie sich aber zu identifizieren hatten, wenn sie nach gesellschaftlichem Erfolg strebten oder Sanktionen vermeiden wollten. Dadurch kam es einerseits zu einer Entfremdung vom ursprünglichen sprachlichen Ich (zur Selbstentfremdung), andererseits zu einer komplementären Entfremdung von den anderen, die die neuen ideologischen Sprachen mit Skepsis betrachteten und das offizielle Vokabular „der Partei" mitunter ironisch relativierten.

Es kam nicht selten vor, dass der ältere Vorgesetzte als „Parteigenosse" dem ideologischen Diskurs einen selbstironischen Unterton gab und dadurch den streitbaren jugendlichen Weggefährten verwirrte oder gar gegen sich aufbrachte, weil im eifrigen Neuling der Verdacht aufkam, der „Alte" habe sich vom Ideal der Partei entfernt.

Zugleich verdinglicht und entfremdet wurde auch der aus der „Volksgemeinschaft" oder der „sozialistischen Gemeinschaft" ausgestoßene Andere, der als „Volksfeind", „Parasit" oder „Klassenfeind" um sein Leben bangen musste. Er wurde auf ein sprachliches Stereotyp reduziert, das nahezu alle seine persönlichen Eigenschaften negierte und letztlich seine Diskriminierung oder gar Vernichtung rechtfertigte. Negiert wurde seine Subjektivität als solche, weil er durch einen schematischen und verdinglichenden Sprachgebrauch in ein zu beseitigendes Hindernis (d.h. in ein Objekt) verwandelt wurde (vgl. Kap. II. 4).

Lange nach dem Zweiten Weltkrieg wirkte im Frankreich der 1970er und 80er Jahre dieser entfremdende und verdinglichende ideologische Sprachgebrauch nach, als Gruppierungen der extremen Linken im Rahmen ihrer Ideologie den Arbeitgeber oder *patron* als Ausbeuter und Volksschädling definierten und das gesamte *patronat* verteufelten. Es kam in dieser sprachlichen Situation zu Morden („Hinrichtungen") an einzelnen Arbeitgebern oder Vertretern von Arbeitgeberverbänden. Hier wird deutlich, dass die Ideologie (auch die der „sozialen Marktwirtschaft") häufig im Gegensatz zur Marktwirtschaft und ihren Gesetzen steht und die Funktion erfüllt, tendenziell wertindifferente Angehörige von Marktgesellschaften gegen die tauschwertbedingte Indifferenz zu mobilisieren.

Ihre mobilisierende Funktion hat jedoch nicht nur destruktive Auswirkungen, sondern ist auch als Fortschritt im Sinne der Werktätigen und der Gewerkschaften zu werten, denen sie hilft, ihre Anliegen zu artikulieren. Die Ideologie, die als Begriff in der modernen Gesellschaft des frühen 19. Jahrhunderts entstand, erweist sich hier – wie der Markt – als eine ambivalente Erscheinung: als Entfremdung und Fortschritt zugleich. Ihre Ambivalenz wird im zweiten Kapitel ausführlicher erörtert.

5. Differenzierung und Arbeitsteilung in der Marktgesellschaft

Zu Recht wird die zunehmende Differenzierung moderner Gesellschaften, die als Arbeitsteilung die Spezialisierung von Individuen und Gruppen mit sich bringt, für Prozesse der Entfremdung verantwortlich gemacht. Den Zusammenhang von Differenzierung und Marktgesetz stellt Horst Pöttker in seinem Buch *Entfremdung und Illusion* anschaulich dar. Im Anschluss an Max Weber und Georg Simmel zeigt er, „daß in der Konkurrenz sozialer Gebilde (zum Beispiel Betriebe) das spezialisiertere auf die Dauer überlebt, weil es im Vergleich zu den weniger spezialisierten kostengünstiger arbeiten kann; daraus ergibt sich dann (...) ein allgemeiner Trend zur Spezialisierung, eben die funktionale Differenzierung (...)."[24] In dem hier entworfenen Zusammenhang stellt sich die Frage: Welche Folgen hat diese soziale Differenzierung für das Miteinander von Individuen und Gruppen?

Zunächst bewirkt die fortschreitende Differenzierung sozialer Systeme, mit der sich Soziologen wie Talcott Parsons in den USA und Niklas Luhmann in Deutschland ausführlich befasst haben (vgl. Kap. III. 1), dass in jedem sozialen System – z.b. in Religion, Kunst, Politik, Recht oder Wissenschaft – andere Werte und Normen gelten. Jedes System hat seinen Sprachgebrauch, der sich im Laufe der Jahre zwar entwickelt, aber dennoch eine gewisse Kontinuität im Bereich des Vokabulars und der Sprachnormen aufweist.

Dies kann dazu führen, dass die Interaktion heterogener Systeme in Unverständnis, Befremden und Irritation mündet. Immer wieder verletzen Künstler wie Charles Baudelaire, Oscar Wilde oder Thomas Bernhard nicht nur ästhetische, sondern auch religiöse, moralische oder juristische Normen und handeln sich dadurch Gerichtsverfahren ein. Zugleich schütteln Wissenschaftler, die klare Argumentation und empirisch überprüfbare Aussagen fordern, verständnislos den Kopf, wenn sie merken, dass Vertreter verschiedener Religionen und Politiker sinnlose oder logisch fragwürdige Behauptungen aufstellen, deren empirische Fundierung gar nicht möglich ist. Es geschieht daher häufig, *dass ein System als Ganzes dem Außenstehenden als eine fremde Welt erscheint*, die er nie verstehen wird.

Sogar innerhalb eines und desselben Systems – z.B. der Medizin – können Einschätzungen und Diagnosen auseinander treten und Befremden auslösen: wenn z.B. ein Patient vom Allgemeinmediziner für gesund gehalten und anschließend vom Spezialisten für schwer krank erklärt wird. Der praktische Arzt kann etwas übersehen, was nur der Spezialist mit Hilfe seines besonderen Instrumentariums wahrnimmt. Der Patient, der sich auf die Diagnose seines Hausarztes verließ, betritt beim Spezialisten eine neue, ihm völlig fremde Welt, die er anfangs kaum versteht. Hier wird deutlich, wie Differenzierung, Arbeitsteilung (Spezialisierung) und technischer Fortschritt zusammenhängen: Ohne seine Geräte könnte der Internist, Kardiologe oder Onkologe seine hochspezialisierte Aufgabe kaum erfüllen.

---

[24] H. Pöttker, *Entfremdung und Illusion*, op. cit., S. 128.

Eine ganz andere Art von Befremden verursachen die Überwachungskameras, die Spezialeinheiten der Polizei an Straßenecken, auf Parkplätzen oder vor öffentlichen Gebäuden aufstellen lassen, um auf ihre Art für mehr Sicherheit in den Städten zu sorgen. Der Durchschnittsbürger, der weder Anschläge noch Überfälle plant, mag solche Einrichtungen mit gemischten Gefühlen betrachten: denn auch er wird überwacht. Er mag dann irgendwo auf einer Waldwiese erleichtert feststellen, dass er hier jenseits aller Videoüberwachungssysteme frei atmen kann. Aber wie lange noch? Möglicherweise wird sich in nicht allzu ferner Zukunft eine Abteilung des Innenministeriums auf Waldwiesen und Schneisen spezialisieren.

Von der Soziologie und der Sozialpsychologie zu wenig beachtet wird die Tatsache, dass in der nachindustriellen oder nachmodernen Gesellschaft die differenzierende „Arbeitsteilung" längst auch die Freizeit erfasst hat. Freilich geht es hier nicht mehr um Arbeit, sondern um Freizeitbeschäftigung, die von vielen jedoch ernster genommen wird als ihr Beruf (vgl. Kap. II und IV).

Dass diese Art von Differenzierung sowohl auf kollektiver als auch auf individueller Ebene verschiedene Arten der Entfremdung mit sich bringen kann, liegt auf der Hand: Die älteren Motorradfahrer (die meisten zwischen 50 und 70), die als Gruppe in den Alpen oder in Skandinavien unterwegs sind, lassen ihre Frauen (sofern sie Partnerinnen haben) meistens zu Hause. Auf individueller Ebene *kann* die Freizeitdifferenzierung eine Situation entstehen lassen, in der sich die Frau ihren Pferden widmet, während der Mann Schach spielt oder mit seinem Segelflugzeug oder Motorrad unterwegs ist.

Auf diese Art werden im Freizeitbereich die *differenzierenden Prozesse der Arbeitswelt reproduziert*, die dazu führen können, dass eine Dame in ihrer Boutique ihrer Freundin gesteht: „Ich weiß nicht so recht, was mein Mann macht; er hat sich jetzt auf Nanotechnologie spezialisiert. Weißt du, was das ist?" Natürlich ist es denkbar, dass Motorradfahrer, Schachspieler, Segler und Nanotechnologe gemeinsam mit ihren Frauen regelmäßig die Oper besuchen oder im Gebirge wandern. Doch darum geht es nicht: Es geht um die *strukturellen Aspekte* differenzierender sozialer Prozesse, die bewirken, dass der eine eine Tätigkeit ausübt, die der andere kaum versteht. Sein Unverständnis kann (muss aber nicht) soziale und psychische Entfremdung bewirken.

6. Technischer Fortschritt als Folge der Differenzierung und als psychisches Problem

Dass technischer Fortschritt, der von den Marktmechanismen gefördert wird und mit der Differenzierung einhergeht, entfremdend wirken kann, wurde schon mehrmals angedeutet: Die Erfindung neuer Automaten durch Spezialisten ermöglicht Einsparungen bei Post, Bahn und Polizei und führt dazu, dass der Einzelne statt mit einem mehr oder weniger freundlichen Beamten mit einem mehr oder weniger gut funktionierenden Automaten oder einer Überwachungskamera konfrontiert wird. In Vorbereitung sind Supermärkte ohne Personal (Tankstellen ohne Personal gibt es schon), computergesteuerte Flugzeuge, Züge und Schiffe. Technisch ist dies alles schon möglich, wie die neuen Spielzeuge und die vom Militär eingesetzten Drohnen zeigen – aber wer ist willens, sich von einem Flugzeug ohne Piloten über den Atlantik befördern zu lassen? Der Mensch erweist sich immer wieder als Störfaktor auf dem Weg zur technologischen – personallosen – Utopie.

Dass Markt und Technik zusammenwirken, wenn es um die Ausschaltung dieses Faktors geht, sah bereits Sartre in seiner *Kritik der dialektischen Vernunft*. Für die Arbeitgeber werden die Arbeiterunruhen und Streiks zum Anlass, Erfindungen zu fördern, die Arbeiter überflüssig machen: „Die Arbeiterunruhen also sind das Mittel, das die Unternehmerschaft veranlaßt, Forschungen zu finanzieren und zu fördern."[25] Der Fortschritt erscheint hier abermals als zweischneidiges Schwert: Für die Gesellschaft als ganze mag er gewinnbringend sein; dem überflüssig werdenden Arbeiter bedeutet er Entfremdung von Technik und sozialer Umwelt.

Dass Technik sowohl innerhalb der Familie als auch in der Zweierbeziehung entfremdend wirken kann, wird sich hier im dritten und vierten Kapitel zeigen. Verschiedene Untersuchungen stellen anschaulich dar, wie das Fernsehen, das zum Mittelpunkt des Familienlebens wird, die einzelnen Familienmitglieder einander entfremdet, zumal in

---

[25] J.-P. Sartre, *Kritik der dialektischen Vernunft. Theorie der gesellschaftlichen Praxis*, Reinbek, Rowohlt, 1980, S. 243.

neuester Zeit jeder in seinem Zimmer mit seinem Programm oder seinen Programmen beschäftigt ist.

Die Zweierbeziehung kann endgültig daran zerbrechen, dass einer der Partner in der virtuellen Welt von „Second Life" einem Idealich (vgl. Kap. IV. 2) folgt und immer weniger Interesse an einer zerfallenden Beziehung zeigt. Diese kann sich auch deshalb als sinnlos erweisen, weil sich eines Tages zufällig herausstellt, dass einer der beiden Partner die frühere Geliebte oder den Geliebten durch eine technisch perfekte „Sexpuppe" ersetzt hat. Der marktgesteuerte technische Fortschritt, der Defizite und Bedürfnisse im menschlichen Leben schnell erspäht, scheint keine Grenzen zu kennen – und die ihn begleitende Entfremdung auch nicht.

Es galt hier zunächst, die *Grundstruktur der Entfremdung* in ihren verschiedenen Aspekten darzustellen, ohne auf ihre *psychischen Folgen* (Kap. IV) oder die *ästhetischen Reaktionen* im Sinne der künstlerischen *Verfremdung* (Kap. V) einzugehen. Im Folgenden wird die ambivalente Einheit von Fortschritt und Entfremdung im Zusammenhang mit den sozialphilosophischen, soziologischen, sozialpsychologischen und ästhetischen Debatten näher untersucht. Dabei sollen die theoretischen Überlegungen stets durch Beispiele und Modellanalysen aus den entsprechenden Lebensbereichen veranschaulicht werden.

I. Die Entfremdung der Intellektuellen

Über den Begriff *Entfremdung* wird oft geschrieben oder diskutiert, ohne dass die Frage nach seiner *gesellschaftlichen Herkunft* aufgeworfen wird. Es leuchtet jedoch ein, dass dieser Begriff, der häufig im Zusammenhang mit Marx und Sartre kommentiert wird, nicht Gemeingut ist, nicht von allen Menschen gleichermaßen verwendet wird wie vergleichbare Begriffe: Vereinsamung, Außenseitertum, Ausgrenzung oder Kritik. So mancher fühlt sich isoliert, ausgegrenzt oder gar krank, ohne den Begriff „Entfremdung" zu kennen und ohne über seinen Zustand als „Zustand der Entfremdung" nachzudenken. Sein Unbehagen bleibt unreflektiert und wird in vielen Fällen im Rahmen einer mehr oder weniger erfolgreichen Therapie behandelt. Das Unbehagen scheint gegenwärtig zuzunehmen, die Therapien werden zahlreicher, mannigfaltiger und raffinierter, aber das Wort „Entfremdung" fällt nur selten. Möglicherweise hält man es für unzeitgemäß, weil es in der Vergangenheit häufig mit Marxismus, Existenzialismus und Theologie assoziiert wurde.[1]

Dennoch gibt es eine umfangreiche und immer noch wachsende Literatur zum Thema „Entfremdung", an dessen Aktualität kaum gezweifelt wird, wie der Untertitel von Rahel Jaeggis Buch suggeriert: „Zur Aktualität eines sozialphilosophischen Problems".[2] In bestimmten Kreisen scheint man am Begriff der Entfremdung festzuhalten, um mit seiner Hilfe das Unbehagen in der Postmoderne erklären zu können. Um welche Kreise geht es? Die hypothetische Antwort lautet: Es geht um die noch verbleibenden Intellektuellen und Künstler, die im Gegensatz zu den vielen anderen in der Lage sind, ihr Unbehagen in Worte, Bilder oder Töne zu fassen und ihre Entfremdung auf verschiedene Arten zu artikulieren. *Entfremdung* als theoretischer Begriff ist ohne Reflexion und Kritik nicht möglich; daher liegt die Vermutung nahe, dass diesen Begriff die kritischen Intellektuellen der vergangenen Jahrhunderte prägten, die sich einer Gesellschaft entfremdet

---

[1] Vgl. A. Zurek, *Psychologie der Entfremdung. Eigen, fremd, entfremdet*, Kröning, Asanger, 2007, S. 249: „Diesem Anwachsen von Entfremdung entspricht paradoxerweise kein Entfremdungstheorie-Boom. Im Gegenteil!"
[2] Vgl. R. Jaeggi, *Entfremdung. Zur Aktualität eines sozialphilosophischen Problems*, Frankfurt-New York, Campus, 2005.

fühlten, welche auf ihre kritischen Zwischenrufe und Polemiken bisweilen mit Ausgrenzung und Hohn reagierte.

Entfremdet ist ein Intellektueller und Dichter wie Stéphane Mallarmé, der von seiner Dichtung sagt: „Elle, toujours restera exclue (...)." / „Sie wird, immerdar, ausgeschlossen bleiben (...).“[3] Die gesellschaftliche Situation des jungen Mallarmé schildert Jean-Luc Steinmetz in seiner Biografie, in der er auch Mallarmé ausführlich zu Wort kommen lässt: „Beim Anblick der Stadt Tournon, die in seinen Augen ‚halb von Menschen, halb von Schweinen' bewohnt wird, regt sich in ihm die Wut einer sonderbaren Revolte: ‚Gäbe es keine Gerichte, würde ich all die elenden Häuser, die ich tagaus, tagein in ihrer stets biederen Dummheit aus meinem Fenster sehe, anzünden: Und wie gern würde ich manchmal eine Kugel durch den verdummten Schädel der elenden Nachbarn jagen' (...).“[4] Hier schlägt radikale Entfremdung – wie später auch im Surrealismus – in Aggression um.

Nicht die dem Dichter verhassten biederen Bürger fühlen sich entfremdet, obwohl sie ebenfalls unter Industrialisierung, Kommerzialisierung und Bürokratie leiden mögen, sondern der einsame Intellektuelle, dessen hermetische Dichtung nur die *unhappy few* goutieren: seinesgleichen. Sie sind nicht nur ihrem gesellschaftlichen Umfeld entfremdet, sondern sind auch in der Lage, ihre gesellschaftliche und sprachliche Situation zu reflektieren und in Worte zu fassen. Sie sind unmittelbar für den Begriff *Entfremdung* verantwortlich und für die zahlreichen Theorien, die ihn mit Sinn erfüllen – aber auch mit Widersprüchen und Ungereimtheiten.

1. Entfremdung als spezifisches Problem der modernen Intellektuellen

Von der „sozialen Entfremdung" allgemein zu sprechen oder gar von einer „entfremdeten Gesellschaft" ist aus soziologischer Sicht unverantwortlich. Ebenso unverantwortlich wäre es, sich Kulturkritik, Ideologiekritik oder theoretische Reflexion als diffuse, freischwebende Prozesse einer Gesellschaft vorzustellen. Denn alle diese Aktivitäten gehen von Wissenschaftlern und Intellektuellen aus, die keineswegs

---

[3] S. Mallarmé, *Kritische Schriften*, Französisch und Deutsch (Hrsg. G. Goebel, B. Rommel), Gerlingen, Lambert Schneider, 1998, S. 248-249.
[4] J.-L. Steinmetz, *Stéphane Mallarmé. L'absolu au jour le jour*, Paris, Fayard, 1998, S. 84.

eine homogene Gruppe bilden, weil vor allem in der zeitgenössischen Gesellschaft ihre Belange immer weiter auseinander treten. Während die Wissenschaftler immer häufiger in ihren Fächern aufgehen, von ihren arbeitsteiligen Disziplinen so erfolgreich diszipliniert werden, dass sie die eigentlichen Probleme der Gesellschaft aus dem Blick verlieren, befassen sich die modernen Intellektuellen (als Wissenschaftler, Künstler oder Journalisten) mit Dingen, „die sie nichts angehen", wie Sartre es formuliert.

Während Wolf Lepenies behauptet, dass es die Intellektuellen erst seit Ende des 19. Jahrhunderts gibt[5], meint Sartre – wohl nicht zu Unrecht –, schon in den Philosophen der französischen Aufklärung die ersten Intellektuellen erkannt zu haben. Zugleich meldet er Zweifel an: „Soll man sie für die ersten Intellektuellen halten?" – fragt er und antwortet: „Ja und nein."[6] Sie sind Intellektuelle, weil sie die bürgerliche Kritik des Feudalabsolutismus und Klerikalismus in Worte fassen und den Blick der Bourgeoisie für die Missstände des *Ancien régime* schärfen.[7] Sie sind keine Intellektuellen im zeitgenössischen (postmarxistischen) Sinne, weil sie im bürgerlichen Humanismus verharren und die Interessen der Arbeiterschaft und der unterdrückten Kolonialvölker nicht zur Sprache bringen. Sie verfahren nach dem vereinfachenden Grundsatz: „Jeder Mensch ist Bürger, jeder Bürger ist Mensch – und dies nennt sich: bürgerlicher *Humanismus*."[8] Der Philosoph des 18. Jahrhunderts ist folglich der „organische Intellektuelle *seiner* Klasse".[9]

Die Lage ändert sich radikal gegen Ende des 19. Jahrhunderts und vor allem nach der Dreyfus-Affäre, als die Intellektuellen zu Oppositionellen schlechthin werden, indem sie sich gegen das herrschende

---

[5] Vgl. W. Lepenies, *Aufstieg und Fall der Intellektuellen in Europa*, Frankfurt-New York-Paris, Campus, Edition de la Maison des Sciences de l'Homme, Paris, 1992, S. 15.

[6] J.-P. Sartre, *Plaidoyer pour les intellectuels*, Paris, Gallimard, 1972, S. 23.

[7] Vgl. dazu den Artikel von Hans-Jürgen Lüsebrink: „Vom ‚Gelehrten' zum Philosophe. Selbstverständnis und Rollenbilder der ‚Intellektuellen' im französischen Aufklärungszeitalter", in: R. Bayreuther et al., *Kritik in der frühen Neuzeit. Intellektuelle avant la lettre*, Wiesbaden, Harrassowitz, 2011, S. 305: „Das Frankreich der frühen Neuzeit, insbesondere das Frankreich des 18. Jahrhunderts, des *Siècle des Lumières*, bildet (...) den mit Abstand wichtigsten sozio-kulturellen Kontext für die Entstehung, Herausbildung und Entwicklung des modernen ‚Intellektuellen'."

[8] J.-P. Sartre, *Plaidoyer pour les intellectuels*, op. cit., S. 24.

[9] Ibid., S. 30.

Bürgertum und seine Ideologien wenden. Sie werden sich darüber klar, dass der bürgerliche Humanismus als Universalideologie Herrschaftsverhältnisse verdeckt, die die Aufklärer nicht wahrnahmen. Statt sich dem arbeitsteiligen Prinzip zu beugen und sich mit dem erworbenen Fachwissen zu begnügen, brechen die Intellektuellen aus ihren Disziplinen aus und befassen sich mit dem, „was sie nichts angeht"[10]: mit Wirtschaft, Politik, Krieg. Sie reagieren damit auf ihre Entfremdung in arbeitsteiliger Zeit, in der Politiker von ihnen erwarten, dass sie ausschließlich in ihren Fachreservaten tätig sind.

Als Erben der Aufklärer des 18. Jahrhunderts nahmen Intellektuelle wie Marx, Lukács, Sartre, Camus, Adorno und Marcuse Stellung zu verwandten Problemen, die von der Wirtschaft bis zur Ästhetik reichten und die künstlerische Tätigkeit keineswegs ausschlossen. Einer ihrer Vorläufer war Jean-Jacques Rousseau, dem man – angesichts seines Konflikts mit den Enzyklopädisten – sicherlich nicht nachsagen kann, er sei ein Exponent des „bürgerlichen Humanismus" oder des „bürgerlichen Rationalismus" gewesen. In Wirklichkeit wandte er sich gegen die gesamte bürgerliche Stadtkultur, der er einen mythischen „Naturzustand" entgegensetzte, in dem der ursprünglich gute, von der Zivilisation noch unverdorbene Mensch zu Hause war. Nur so konnte er zum Vorläufer der europäischen Romantik werden.

„Der Knoten, der für die Kohärenz des wirtschaftlichen Rousseauismus bürgt", bemerkt Yves Vargas, „ist in wenige Worte zu fassen: Nieder mit der Stadt!"[11] Und Vargas zitiert die bekannte Passage aus Rousseaus pädagogischem Werk *Emile*, in dem der Abschied von Paris (der Stadt schlechthin) als Voraussetzung für Unschuld und Glück gilt. Dieser Abschied ist von der Suche nach dem verlorenen Naturzustand motiviert, dessen vom Zivilisationsprozess verursachter Verlust in Entfremdung von der Natur, vom sozialen Umfeld und von sich selbst mündet. Rousseaus nichtentfremdeten Menschen im Naturzustand beschreibt Friedrich Müller: „Er ist glücklich, weil ungebrochen, weil eins mit sich: in mühelosem, in vorgegebenem Gleichgewicht mit seiner physischen Umwelt, die noch nicht zur ‚Welt' des Kulturmenschen erweitert und problematisiert ist."[12]

---

[10] Ibid., S. 38.

[11] Y. Vargas, *Rousseau. Economie politique*, Paris, PUF, 1986, S. 70.

[12] F. Müller, *Entfremdung. Folgeprobleme der anthropologischen Begründung der Staatstheorie bei Rousseau, Hegel, Marx*, Berlin, Duncker und Humblot, 1985 (2. Aufl.), S. 25.

In dieser Welt herrscht der Narzissmus des *amour propre*. Mit seiner Unterscheidung von *amour propre* und *amour de soi* kritisiert Rousseau einen durch die Stadt- und Salonkultur vermittelten Narzissmus, der vom Schein lebt und die Menschen einander entfremdet. Zu Recht spricht Hans-Jürgen Fuchs im Zusammenhang mit Rousseaus Geschichtsauffassung von einem „Depravationsprozess": „Das korrupte, von der *opinion* der sozialen Umwelt abhängige und daher sich selbst entfremdete Selbst (*amour-propre*) wird von Rousseau erstmals konsequent als Produkt eines historischen Depravationsprozesses gedeutet, an dessen Anfang die noch nicht in Widerspruch zu sich selbst geratene Identität stand (*amour de soi*)."[13]

Diese Auffassung eines nichtentfremdeten Urzustandes orientiert sich – wie viele andere Auffassungen dieser Art – an einer verklärten Vergangenheit und an einer im Zusammenhang mit dieser Vergangenheit konstruierten „unverdorbenen menschlichen Natur" als Idealvorstellung. Weit davon entfernt, bürgerliche Ideale wie „Vernunft", „Fortschritt", „Urbanität" zu vertreten, stellt sich Rousseau – trotz seiner revolutionären Forderungen nach Freiheit und Gleichheit, die er mit den Enzyklopädisten teilt, – als utopischer Denker gegen das Bürgertum. So ist es zu erklären, dass Adorno sich in seinem Plädoyer für das Naturschöne (und die beherrschte Natur) auf ihn und Kant beruft: gegen Hegel und dessen Nachfolger.[14]

Rousseaus Natur-Utopie war die eines entfremdeten Intellektuellen, der auch deshalb mit Voltaire und den Aufklärern der *Enzyklopädie* brach, weil er ihren Rationalismus und ihren bürgerlichen Fortschrittsglauben nicht teilte. Die *Träumereien eines einsamen Spaziergängers* lassen den Nexus von Weltabgewandtheit, Einsamkeit und Naturverbundenheit zutage treten: „Nur in diesen Stunden der Einsamkeit, da ich Gelegenheit zum Nachsinnen habe und mich nichts ablenkt oder stört, bin ich ganz und gar ich selbst und gehöre mir allein; nur in diesen Stunden kann ich ehrlicherweise von mir behaupten zu sein, wie die Natur mich wollte."[15] Die Utopie des Naturmenschen

---

[13] H.-J. Fuchs, *Entfremdung und Narzißmus. Semantische Untersuchungen zur Geschichte der „Selbstbezogenheit" als Vorgeschichte von französisch „amour propre"*, Stuttgart, Metzler, 1977, S. 306.

[14] Vgl. Th. W. Adorno, *Ästhetische Theorie, Gesammelte Schriften*, Bd. VII (Hrsg. G. Adorno, R. Tiedemann), Frankfurt, Suhrkamp, 1970, S. 100.

[15] J.-J. Rousseau, *Träumereien eines einsamen Spaziergängers*, Stuttgart, Reclam, 2003, S. 19.

wird hier nur jenseits der sozialen Entfremdung, der Entfremdung von den anderen, erkennbar, fühlbar.

Rousseaus Revolte gegen das Bürgertum und dessen Urbanität lässt ihn als einen oppositionellen Intellektuellen im Sinne von Sartre erscheinen: als einen Kritiker des bürgerlichen Rationalismus, Universalismus und Urbanismus. Er entspricht auch deshalb Sartres Definition des Intellektuellen, weil er sich – als Schriftsteller, Vagabund und Träumer – mit vielem befasst, was ihn „nichts angeht": mit der sozialen Ungleichheit, der Erziehung und dem Gesellschaftsvertrag. Lange vor Sartre und Adorno verknüpft er Kunst und Erziehung, Ästhetik und Politik, Alltag und Traum.

Für ihn gilt ohne Einschränkung, was Wolf Lepenies von den Intellektuellen schreibt, die es seiner Meinung nach erst seit Ende des 19. Jahrhunderts gibt: „Der Intellektuelle klagt über die Welt, aber aus dieser Klage entsteht ein utopisches Denken, das eine bessere Welt entwirft und gleichzeitig damit die Melancholie vertreiben soll."[16] Aus Rousseaus *Rêveries* spricht sowohl die aus der sozialen Entfremdung hervorgehende Melancholie als auch die „Klage über die Welt"; zugleich meldet sich in ihnen aber die Utopie zu Wort, die eine Wiederherstellung des Naturzustandes und des natürlichen, unverdorbenen Menschen ankündigt. Aus dieser Sicht mögen die *Rêveries*, die *Confessions*, *Emile* und der *Contrat social* durchaus als Bestandteile eines einheitlichen Werks erscheinen.

Entfremdet und melancholisch ist auch der Frühromantiker Novalis, der wie Rousseau rückwärts blickt und im christlichen Mittelalter die noch unverdorbene, heile Welt zu erkennen meint, die er der zerrissenen und zerrütteten modernen Gegenwart gegenüberstellt: „Es waren schöne, glänzende Zeiten, wo Europa ein christliches Land war, wo *Eine* Christenheit diesen menschlich gestalteten Welttheil bewohnte (...)."[17] Wie bei Rousseau erscheint die Gegenwart als ein depraviertes Stadium der Geschichte: „Mit der Reformation war es um die Christenheit gethan."[18]

---

[16] W. Lepenies, *Aufstieg und Fall der Intellektuellen in Europa*, op. cit., S. 16.

[17] Novalis, (F. von Hardenberg), „Die Christenheit oder Europa", *Schriften*, Bd. III, Stuttgart-Berlin-Köln, Kohlhammer, 1983, S. 507.

[18] Ibid., S. 513.

Novalis' Entfremdung von seinem gesellschaftlichen Umfeld, das sein Vater verkörperte[19], und seine Flucht in eine mütterliche Welt der Nacht und des Traums wurden oft und ausführlich kommentiert. Seltener wurde seine politische Utopie zur Sprache gebracht, die sich keineswegs in Mittelalter-Sehnsucht und Weltflucht erschöpft, sondern eine neue christliche Zukunft Europas anpeilt. Auf dieses utopische Streben geht Hermann Kurzke ein: „Die Revolution geht nicht aus dem Protestantismus hervor, sondern aus dem Ancien Régime."[20] Freilich ist es ein religiös und dichterisch verklärtes Ancien Régime als ein in die Zukunft projizierter Feudalismus, in dem die christliche Gemeinschaft im Vordergrund steht, während die Herrschafts- und Unterdrückungsmechanismen im Hintergrund verschwinden.

Sowohl bei Rousseau als auch bei Novalis fällt auf, dass die utopischen Entwürfe aus der Kritik an einer als fremd und depraviert empfundenen Gegenwart hervorgehen, die der melancholische Dichter-Philosoph als unzumutbar und unerträglich ablehnt. Er ist dazu verurteilt, in dieser Welt als Außenseiter zu leben, und reagiert mit einer Flucht ins Imaginäre[21], das er rationalisiert und ästhetisiert.

Der utopische Bezugspunkt muss jedoch nicht in der Vergangenheit liegen: Er kann auch in die Zukunft projiziert werden. Dies wird bereits in den Schriften Rousseaus und Novalis' deutlich, in denen zwar ein ursprünglicher Naturzustand und ein idealisiertes christliches Mittelalter beschworen werden, in denen aber gleichzeitig eine künftige Wiederherstellung des Ideals anvisiert wird.

Im Gegensatz zu Rousseau und Novalis ergreifen die Junghegelianer und vor allem Marx eindeutig Partei für die Zukunft – obwohl es bei Marx (etwa wenn es um die Aufhebung der Arbeitsteilung geht) an nostalgischen Momenten nicht fehlt. Auf die enge Verbindung zwischen deutscher Romantik und Junghegelianismus weist beispielsweise Manfred Frank hin, wenn er von Schelling sagt, er habe sich „im Grunde seines Herzens" immer für den „geistigen Vater" der „junghe-

---

[19] Vgl. F. Roder, *Novalis. Die Verwandlung des Menschen. Leben und Werk Friedrich von Hardenbergs*, Stuttgart, Urachhaus, 1992, S. 35.

[20] H. Kurzke, *Romantik und Konservatismus. Das „politische" Werk Friedrich von Hardenbergs (Novalis) im Horizont seiner Wirkungsgeschichte*, München, Fink, 1983, S. 239.

[21] Zu Novalis' Flucht ins Mütterlich-Imaginäre im Sinne von Lacan vgl. Vf., *Der europäische Künstlerroman. Von der romantischen Utopie zur postmodernen Parodie*, Tübingen, Francke, 2008, Kap. I. 1.

gelianischen ‚Philosophen der Tat'"[22] gehalten, weil er im Gegensatz zu Hegel auf der Unabhängigkeit der Wirklichkeit von der Idee bestand.

2. Entfremdung und Kritik: Von den Junghegelianern zu Karl Marx

Es geht hier nicht primär um die viel diskutierte Theorie der Entfremdung bei Marx, die im nächsten Kapitel ausführlicher zur Sprache kommt, sondern um Marx' Schicksal als Intellektueller und entfremdeter Außenseiter, das er mit den meisten Junghegelianern teilte. Seine Ablehnung des kapitalistischen Fortschritts, dem er nie eine utopisch verbrämte Vergangenheit gegenüberstellte, ist ebenso durch sein Außenseitertum motiviert wie seine harsche Kritik einer national oder gar nationalistisch denkenden bürgerlichen Klasse, der er als Jude und Intellektueller – trotz der Stellung seines Vaters als Advokat-Anwalt, später Justizrat am Trierer Gericht – nicht wirklich angehörte. Insofern setzt er die emanzipatorische Gesellschaftskritik Ludwig Börnes fort[23], ohne sich Börnes moralistisch-idealistische Prämissen anzueignen.

Trotz seiner radikalen Kritik an Bruno Bauer, Ludwig Feuerbach und Max Stirner gehört der junge Marx dem sozialen Umfeld der Junghegelianer an. Davon zeugt u.a. die Tatsache, dass er maßgeblich an der von Arnold Ruge im Pariser Exil gegründeten Zeitschrift *Deutsch-Französische Jahrbücher* beteiligt war. „Es erschienen darin von ihm 1844 die Abhandlung über die Judenfrage und die Einleitung zur Kritik der Hegelschen Rechtsphilosophie sowie ein Briefwechsel zwischen Marx, Ruge, Bakunin und Feuerbach."[24]

Die Junghegelianer – B. Bauer, Feuerbach, Ruge, Stirner – sind, wie Ruges Beispiel zeigt, Randgestalten der Philosophie und der Gesellschaft, denen es nicht gelingt, in den staatlichen Institutionen und in der akademischen Welt (der Universität) Fuß zu fassen. Es sind oppositionelle Intellektuelle *par excellence*, auf die weder Sartre noch

---

[22] M. Frank, *Der unendliche Mangel an Sein. Schellings Hegelkritik und die Anfänge der Marxschen Dialektik*, München, Fink, 1992 (2. Aufl.), S. 254.

[23] Vgl. L. Börne, „Brief aus Paris", in: S. Schlaifer (Hrsg.), *Von der Literaturkritik zur Gesellschaftskritik: Ludwig Börne*, Stuttgart, Klett, 1973, S. 77.

[24] K. Löwith, *Von Hegel zu Nietzsche. Der revolutionäre Bruch im Denken des 19. Jahrhunderts*, Hamburg, Meiner, 1986 (9. Aufl.), S. 105.

Lepenies ausführlich eingehen, die aber in jeder Hinsicht ihrer Darstellung der kritischen Intellektuellen der Spätmoderne entsprechen.

Mit deren gesellschaftlicher Stellung und deren Schicksal hat sich ausführlich Jürgen Eßbach befasst, dessen These lautet: Die radikale Kritik der preußischen Junghegelianer erklärt sich aus ihrer „Entlassung" aus dem Staatsdienst, d.h. aus der Tatsache, dass ihnen mehrheitlich eine Universitätslaufbahn verwehrt wurde oder dass sie in einigen Fällen abgebrochen werden musste.

Konkrete Aspekte der sozialen Ausgrenzung nennt Eßbach gleich zu Beginn seiner Untersuchung: „1. Die Erwartung des Jahres 1840 und die Enttäuschung über die Politik des neuen Königs Wilhelm IV, die mit der Entlassung Bruno Bauers aus der Universität 1842 besiegelt wird." Die akademischen Rückschläge werden von politischen begleitet: „2. Das Scheitern der junghegelianischen Parteiversuche, das sich zur Jahreswende 1842/43 abzeichnet (...)." Schließlich besiegelt die politische Zensur die Marginalisierung der radikalen Philosophen-Gruppe: „3. Die Erfahrung der Zeitungsverbote 1843, die Enttäuschung über die politischen Möglichkeiten in Deutschland (...)."[25]

Auf diese Marginalisierung und Enttäuschung reagieren die Junghegelianer mit ätzender Polemik, die für die Position Bruno Bauers, der „wegen seiner radikalen theologischen Ansichten seiner Dozentur enthoben [wurde]"[26], besonders charakteristisch ist. Wie andere Junghegelianer greift er sowohl die offizielle Religion als auch den Staat an. Nicht zufällig identifiziert er sich mit den von der römischen Staatsmacht ausgegrenzten und verfolgten ersten Christen: „Wie die ersten Christen sind auch jetzt wieder alle diejenigen, die eine über den Augenblick hinausgehende Idee in sich tragen, den Staatsangelegenheiten schlechthin fremd (...)."[27]

Bauers Atheismus und sein „kritischer Nihilismus"[28], von dem Löwith spricht, potenzierten sein Fremdsein in einer ihm feindlich gesinnten Gesellschaft, und Sidney Hook übertreibt kaum, wenn er lakonisch feststellt: „Bauer's works were matters for the police."[29]

---

[25] W. Eßbach, *Die Junghegelianer. Zur Soziologie einer Intellektuellengruppe*, München, Fink, 1988, S. 26.
[26] K. Löwith, *Von Hegel zu Nietzsche*, op. cit., S. 82.
[27] B. Bauer, in: ibid., S. 124.
[28] Ibid., S. 125.
[29] S. Hook, *From Hegel to Marx. Studies in the Intellectual Development of Karl Marx*, Ann Arbor, The Univ. of Michigan Press, 1966 (2. Aufl.), S. 93.

Obwohl Marx später in *Die deutsche Ideologie* mit Bauer, Stirner und Feuerbach radikal abrechnet, gibt ein Junghegelianer wie Bauer die Stoßrichtung der Marxschen und (später) marxistischen Kritik vor, wenn er Religion, Staat und bürgerliche Gesellschaft grundsätzlich in Frage stellt.

Dies tut auch Ludwig Feuerbach, wenn er die monotheistische Religion als Folge einer Entfremdung des Menschen von sich selbst begreift. Rein formal betrachtet ist seine Argumentation der Rousseaus nicht unähnlich. Obwohl Feuerbach nicht von einem vor dem Entfremdungsprozess liegenden Naturzustand ausgeht, versucht auch er zu zeigen, dass der Zivilisationsprozess im religiösen Bereich den Menschen entzweit, indem er ihn mit einer ihm ähnlichen, zugleich aber fremden, weil bedrohlichen Instanz konfrontiert: mit Gott.

Feuerbachs psychologisch und anthropologisch vermittelter Materialismus, der Marx inspiriert hat[30], gipfelt in der These, dass die Gottesvorstellung eine Projektion des von sich selbst entfremdeten Menschen ist, eine transzendentale Spiegelung des idealisierten, von allen Beschränkungen befreiten menschlichen Wesens, in dem alle irdischen Ängste, unerfüllten Wünsche und Sehnsüchte des leiblichen, leidgeprüften Menschen aufgehoben sind. Die einzige Wirklichkeit, die Feuerbach anerkennt, ist die materielle Welt: der physische und psychische Mensch. Jenseits von Physis und Psyche gibt es nichts; daher soll die von Theologen gepredigte Gottesliebe durch diesseitige Menschenliebe ersetzt werden.

Hegel wirft der kritische Junghegelianer in Übereinstimmung mit seiner Religionskritik vor, er habe das Materielle und Sinnliche ins Geistige sublimiert: „Hegels Anerkennung der sinnlich-natürlichen Leiblichkeit sei also nur eine solche innerhalb der Voraussetzung einer sich aus sich selbst begründenden Philosophie des Geistes."[31] Diese Kritik am Idealismus kommt nicht von ungefähr, sondern hängt mit Feuerbachs Randexistenz als „freier philosophischer Schriftsteller"[32] zusammen, die in krassem Gegensatz zu Hegels Position eines vom preußischen König bestellten Staatsphilosophen steht. In diesem Zusammenhang zitiert Löwith den Kritiker und Materialisten Feuerbach, der zu Hegel bemerkt: „Er habe dem Kathederstandpunkt einen welt-

---

[30] Vgl. ibid., Kap. VII: „Ludwig Feuerbach and Karl Marx".
[31] K. Löwith, *Von Hegel zu Nietzsche*, op. cit., S. 93.
[32] W. Eßbach, *Die Junghegelianer*, op. cit., S. 68.

historischen Nimbus verliehen: ‚der absolute Geist ist nichts anderes als der absolute Professor'.“[33] Auf ähnliche Art haben Kierkegaard und später Sartre die Präsenz von Hegels Person im idealistischen System zur Sprache gebracht.

Wie die anderen Junghegelianer erkennt Feuerbach in Religion und Hegelscher Staatsphilosophie Formen der Entfremdung, Projektionen unerfüllter Wünsche, weil er selbst dem Staatswesen, das ihm wenig Anerkennung zollt, und der Gesellschaft, die ihn an ihre Peripherie verbannt, entfremdet ist. Anders als Hegel, der im idealistischen System den preußischen Staat ideologisch rechtfertigt, distanzieren sich Feuerbach und die anderen Junghegelianer von einem Staatswesen, das sie zu einem Schattendasein verurteilt. Die Tatsache, dass hier Ressentiment und Ranküne im Spiel sind, entwertet ihre Kritik keineswegs. Denn Benachteiligung und Entfremdung schärfen oft den Blick für die Ungereimtheiten und Lücken der etablierten Ordnung und für die blinden Flecken ihrer Apologeten.

Dies gilt auch für den Junghegelianer und Anarchisten Max Stirner, der vor allem die ihm fremd erscheinende Staatsmacht aufs Korn nimmt und trotz seines Eintretens für einen rücksichtslosen Egoismus plausible Argumente gegen den von Hegel idealistisch verbrämten Staat ins Feld führt. Nicht zu Unrecht sieht ihn Robert J. Hellmann „im Mittelpunkt einer sozial randständigen, bohèmeartigen Intellektuellengruppe, die sich, umstellt von der offiziellen Gesellschaft, einem blasphemischen Kritizismus hingibt“.[34]

Stirners marginale Stellung, die für die Stellung der Junghegelianer als Intellektuellengruppe kennzeichnend ist, erklärt – zumindest teilweise – seine feindselige Einstellung dem (preußischen) Staat und der Religion gegenüber. Aus seinem Buch *Der Einzige und sein Eigentum* (1845) spricht die Entfremdung des damaligen Intellektuellen von Gesellschaft, Staat, offizieller Ideologie und Religion.

Wie bei Rousseau, wie auch später bei Marx, liegt seiner radikalen Gesellschaftskritik eine Vorstellung vom „Wesen des Menschen“ zugrunde. Dazu bemerkt Ahlrich Meyer in seinem Nachwort zu Stirners bekanntem Werk: „Die Arbeit der Religionskritik ist ihm so lange nicht beendet, wie die ‚Unzufriedenheit mit dem *gegenwärtigen* Menschen' nun im Namen der Kritik selbst und der Politik verlangt, ‚ihn

---

[33] K. Löwith, *Von Hegel zu Nietzsche*, op. cit., S. 87-88.
[34] R. J. Hellmann, in: W. Eßbach, *Die Junghegelianer*, op. cit., S. 58.

zur Verwirklichung seines ‚Wesens‘, seiner Bestimmung [zu] bringen.“[35]

In dieser Passage treten zwei Probleme zutage, die einer jeden Kritik anhaften, die von der Entfremdung ausgeht. Das erste Problem
betrifft den „gegenwärtigen Menschen“: Wer genau ist mit ihm unzu-
frieden? Die Antwort müsste in diesem Fall wohl lauten: Stirner und
die anderen kritischen Intellektuellen (nicht jedoch ein staatstragender
Philosoph wie Hegel, in dessen Augen die Vernunft in der gesellschaftlichen Entwicklung zu sich kommt). Das zweite Problem betrifft
das „Wesen des Menschen“: Wer definiert dieses Wesen? Die Antwort liegt auf der Hand: der jeweilige Philosoph oder Theoretiker, der
eine bessere Welt herbeisehnt. Denn es fällt auf, dass sich Stirner dieses „Wesen“ ganz anders vorstellt als Rousseau oder Novalis: Der
Mensch erscheint ihm als von Natur aus selbstsüchtig und machtbe-
sessen. Darin stimmt er eher mit Hobbes als mit Rousseau überein.[36]

Folgerichtig stellt er sich eine Überwindung der sozialen Entfremdung als eine Rückkehr zum natürlichen Egoismus vor. Seinen Zeitgenossen ruft er zu: „All euer Tun und Treiben ist *uneingestandener*,
heimlicher, verdeckter und versteckter Egoismus. Aber weil Egoismus, den Ihr Euch nicht gestehen wollt, den Ihr Euch selbst verheim-
licht, also nicht offenbarer und offenkundiger, mithin unbewußter
Egoismus, darum ist er *nicht Egoismus*, sondern Knechtschaft.“[37]

Als Hegelianer und Hegel-Kritiker kehrt Stirner das Hegelsche
Verhältnis von Staat und Einzelperson um: Vernunft und Wahrheit
kommen nicht in der „Sittlichkeit“ des Staates zum Ausdruck, sondern
im rebellischen Einzelnen, für den er selbst spricht: „Darum sind Wir
beide, der Staat und Ich, Feinde.“[38] Staatsrecht ist ihm fremdes Recht
und eine der Hauptursachen der sozialen Entfremdung: „Alles bestehende Recht ist – *fremdes Recht*.“[39]

Es wäre freilich ein Irrtum, wollte man die Kritik der Junghegelianer – oder gar alle Kritik der Intellektuellen – auf ihre marginale Posi-

---

[35] A. Meyer, „Nachwort“, in: M. Stirner, *Der Einzige und sein Eigentum*, Stuttgart,
Reclam (1972), 1981, S. 424.
[36] Vgl. Vf, „Von Hobbes zu Stirner: Mensch, Naturzustand und Staat. *Leviathan* und
Der Einzige und sein Eigentum im Vergleich“, in: *Der Einzige* („Max Stirner und
Individualität“) 4, November 2004.
[37] M. Stirner, *Der Einzige und sein Eigentum*, op. cit., S. 182.
[38] Ibid., S. 196.
[39] Ibid., S. 204.

tion in der Gesellschaft und eine „partikulare Ideologie" im Sinne von Mannheim[40] zurückführen. Denn die Junghegelianer haben mit ihren mannigfaltigen Kritiken an Hegel, an der Religion, der Gesellschaft und dem Staat zum Teil Recht. Es wird sich zeigen, dass Marx einige ihrer kritischen Ansätze übernimmt und modifiziert, so dass seine eigene Gesellschaftskritik konkret nur im junghegelianischen Kontext zu verstehen ist. Ja sogar die Autoren der Kritischen Theorie gehen noch – wie Habermas gesehen hat[41] – von junghegelianischen Prämissen aus. Aber jede Kritik hat ihren Ursprung in einer bestimmten gesellschaftlichen und sprachlichen Situation, in der ein Intellektueller oder eine Intellektuellengruppe Position bezieht oder gezwungen wird, Position zu beziehen.

Zu Revolte und Kritik gezwungen wird der Junghegelianer Arnold Ruge, über den Löwith schreibt: „Ruge hat das Schicksal der revolutionären Intelligenz noch härter getroffen: in beständigem Streit mit Regierung und Polizei verlor er alsbald seine Hallesche Dozentur; sein Versuch, in Dresden eine freie Akademie zu gründen, mißlang und die *Jahrbücher für Wissenschaft und Kunst*, deren Mitherausgeber er war, mußten nach wenigen Jahren erfolgreichen Wirkens ihr Erscheinen einstellen."[42] Um einer Gefängnisstrafe zu entgehen, flüchtet Ruge erst in die Schweiz, dann nach Frankreich und schließlich nach Großbritannien.

Sein Schicksal erinnert an das von Karl Marx, der im Londoner Exil starb. Er vollzog auch Ruges Übergang „von der philosophischen Kritik zur politischen Praxis" (Löwith) nach, wenn auch auf einer anderen Ebene. Zu Ruges Einfluss auf Marx bemerkt Löwith: „Die von ihm eingeleitete Arbeit der theoretischen Kritik und praktischen Revolution des Bestehenden hat Marx mit extremer Konsequenz aufgenommen und weitergeführt."[43] Damit bezieht Marx die Gegenposition zu Hegel, zu dessen System Jacques d'Hondt lapidar bemerkt: „Für

---

[40] Vgl. K. Mannheim, *Ideologie und Utopie*, Frankfurt, Schulte-Bulmke, 1978 (6. Aufl.), S. 58.
[41] Vgl. J. Habermas, „Drei Perspektiven: Linkshegelianer, Rechtshegelianer und Nietzsche", in: ders., *Der philosophische Diskurs der Moderne*, Frankfurt, Suhrkamp, 1985 (2. Aufl.), S. 67.
[42] K. Löwith, *Von Hegel zu Nietzsche*, op. cit., S. 82.
[43] Ibid., S. 105.

Hegel hingegen ist das Ideal schon immer Wirklichkeit und das Wirkliche ideal."[44]

Hier wird deutlich, dass Marx als rebellischer Intellektueller zugleich ein Junghegelianer ist, der wie seine kritischen Zeitgenossen außerhalb der offiziellen Institutionen steht. Er gibt nicht nur den Gedanken, als Privatdozent an der Universität Bonn tätig zu sein, auf, sondern verzichtet schließlich auch auf die von ihm aus materiellen Gründen übernommene Redaktion der liberal-demokratischen *Rheinischen Zeitung*: „nicht allein, weil die Zeitung in Folge ihrer all zu scharfen Sprache von der Regierung verboten wurde, sondern vor allem aus Ekel vor den ständigen Zensurschikanen, die ihn zwangen, ‚mit Nadeln statt mit Kolben zu fechten‘, und weil er es überdrüssig war, ‚sich selbst zu verfälschen‘."[45]

Die Marx-Zitate in dieser Passage zeigen, dass das Gefühl der Entfremdung nicht einfach aus der Idealisierung eines wie auch immer aufgefassten „menschlichen Wesens" hervorgeht, sondern aus konkreten gesellschaftlichen und sprachlichen Verhältnissen, in denen von Behörden politischer Druck ausgeübt wird, in denen die Sprache zum Schlachtfeld wird, auf dem es gilt, sich gegen die Zensur zu behaupten und das wahre Wort zu verteidigen. Die von der Zensur verstümmelte Sprache wirkt fremd, und Marx beschließt zu emigrieren: „In Deutschland kann ich nichts mehr beginnen."[46]

Freilich war bei Marx nicht nur seine junghegelianische Kritik für die Entfremdung von Gesellschaft und Staat verantwortlich, sondern auch sein Judentum, mit dem er sich anlässlich von Bruno Bauers Schrift *Die Judenfrage* (1843) ausführlich befasst. In seiner Kritik dieser Schrift wird klar, dass es ihm nicht um Emanzipation im bürgerlichen Sinne geht, um Toleranz und Religionsfreiheit, sondern um die Befreiung von *aller* Religion: „Der Mensch wurde daher nicht von der Religion befreit, er erhielt die Religionsfreiheit. Er wurde nicht vom Eigentum befreit. Er erhielt die Freiheit des Eigentums."[47] Die Überwindung der religiösen Entfremdung, die schon Feuerbach an-

---

[44] J. d'Hondt, *De Hegel à Marx*, Paris, PUF, 1972, S. 146.

[45] S. Landshut, „Einleitung", in: K. Marx, *Die Frühschriften. Von 1837 bis zum Manifest der kommunistischen Partei 1848* (Hrsg. S. Landshut), Stuttgart, Kröner, 1971, S. XXI.

[46] K. Marx, in: S. Landshut, „Einleitung", op. cit., S. XXI.

[47] K. Marx, „Zur Judenfrage", in: K. Marx, *Die Frühschriften*, op. cit., S. 198.

strebte, ist für Marx nur als Tilgung des religiösen Bedürfnisses schlechthin vorstellbar.

István Mészáros, der dem Entfremdungsbegriff bei Marx eine ausführliche Studie gewidmet hat, verknüpft Marxens soziale Stellung als Jude und Intellektueller mit seiner Kritik der kapitalistischen Verhältnisse und schlägt dadurch eine Brücke vom Partikularen zum Universellen: „Seine Artikel *Zur Judenfrage*, geschrieben in den letzten Monaten von 1843 und im Januar 1844, kritisierten nicht nur heftig die deutsche Rückständigkeit und den politischen Anachronismus, die der jüdischen Emanzipation entgegenstanden, sondern zugleich auch allgemein die Struktur der kapitalistischen Gesellschaft wie die Rolle des Judentums in der Entwicklung des Kapitalismus."[48]

Mészáros versucht zu zeigen, dass der Begriff der Entfremdung, wie Marx ihn verwendet, konkret nur in diesem gesellschaftlichen Kontext zu verstehen ist, der von der Isolierung oder gar Ausgrenzung des jüdischen Intellektuellen geprägt ist: „Nur in diesem Rahmen konnte der Begriff der *Entfremdung* (...) eine zentrale Stelle als Konvergenzpunkt mannigfaltiger sozio-ökonomischer wie politischer Probleme im Marxschen Denken okkupieren (...)."[49] Die verschiedenen Aspekte dieses Begriffs werden im nächsten Kapitel erörtert und auf einige zeitgenössische Probleme bezogen; im Folgenden geht es um Marxens Reaktion auf die soziale Entfremdung, die auch *seine* Entfremdung war. Es soll deutlich werden, dass diese Reaktion bei Georg Lukács und in der Kritischen Theorie nachwirkt.

Für Marx ist Entfremdung eine universelle Erscheinung, die nicht einige Individuen, eine bestimmte soziale Gruppe oder Klasse betrifft, sondern die Gesellschaft als ganze. Dazu heißt es in *Die Heilige Familie* (1844/45): „Die besitzende Klasse und die Klasse des Proletariats stellen dieselbe menschliche Selbstentfremdung dar. Aber die erste Klasse fühlt sich in dieser Selbstentfremdung wohl und bestätigt, weiß die Entfremdung als ihre eigen Macht, und besitzt in ihr den Schein einer menschlichen Existenz; die Zweite fühlt sich in der Entfremdung vernichtet, erblickt in ihr ihre Ohnmacht und die Wirklichkeit einer unmenschlichen Existenz."[50]

---

[48] I. Mészáros, *Der Entfremdungsbegriff bei Marx*, München, List, 1973, S. 90.
[49] Ibid., S. 91.
[50] K. Marx, „Die Heilige Familie", in: ders., *Die Frühschriften*, op. cit., S. 517.

Selbstentfremdung erscheint hier unter zwei verschiedenen Aspekten: als Selbstentfremdung trotz eines allgemeinen oder oberflächlichen Wohlbefindens und als Selbstentfremdung im Sinne einer „unmenschlichen Existenz". Marx' Gedankengang wirft folgende Fragen auf: Was bedeutet „Selbstentfremdung"? Wovon ist der Mensch – Bürger oder Proletarier – entfremdet? Wird hier nicht implizit ein *nichtentfremdetes menschliches Wesen* postuliert – analog zu Rousseaus „Mensch im Naturzustand"? Ist eine Selbstentfremdung, die von den Betroffenen nicht wahrgenommen wird, noch als „Entfremdung" zu bezeichnen? Sollte der Begriff „Entfremdung" nicht der „unmenschlichen Existenz" vorbehalten sein?

Die vorletzte Frage ist vor allem im Zusammenhang mit einer postmodernen Gesellschaft (vgl. Abschn. 4) von Bedeutung, in der Fortschritt und Wohlstand so zusammenwirken, dass die Entfremdung von den meisten nicht mehr als solche erkannt wird. Diese Konstellation zeichnet sich bereits bei Marx ab, der nicht zu Unrecht davon ausgeht, dass sich die „besitzende Klasse" (das Bürgertum) in ihrer Selbstentfremdung wohlfühlt. In einer „postindustriellen" Gesellschaft[51], in der das Proletariat als verelendete Klasse verschwunden ist, weil es in die „soziale Marktwirtschaft" integriert und verbürgerlicht wurde, betrifft diese Frage *die gesamte Gesellschaft.*

Als entfremdeter Intellektueller, der sein Fremdsein immer wieder – sowohl in der Heimat als auch im Exil – zu spüren bekam, identifizierte sich Marx mit dem unterdrückten, revolutionären Proletariat. Von ihm versprach er sich die Auflösung der Klassengesellschaft und die Emanzipation des Menschen – auch seine eigene. Wenn Marx und Engels ihr *Kommunistisches Manifest* mit den bekannten Sätzen beschließen: „Die Proletarier haben (…) nichts zu verlieren als ihre Ketten. Sie haben eine Welt zu gewinnen"[52], so denken sie auch an sich selbst und ihre Weggefährten, die sich vom Fortschreiten der Geschichte eine Emanzipation der Menschheit und des kritischen Intellektuellen versprechen, der nicht mehr Zensur, Unterdrückung und Vertreibung zu fürchten haben wird.

---

[51] Vgl. D. Bell, *Die nachindustrielle Gesellschaft* (1973), Frankfurt-New York, Campus, 1989 sowie A. Touraine, *La Société postindustrielle*, Paris, Denoël, 1969.

[52] F. Marx, F. Engels, „Manifest der kommunistischen Partei", in: K. Marx, *Die Frühschriften*, op. cit., S. 560.

3. Von Georg Lukács zur Kritischen Theorie: Entfremdung und Kritik ohne Proletariat

Trotz der zahlreichen Unterschiede und Gegensätze, die vor allem den späten Lukács von den Autoren der Kritischen Theorie trennen, ist eine grundsätzliche Gemeinsamkeit kaum zu übersehen: die sie verbindende Hoffnung auf eine Überwindung der kapitalistischen Verhältnisse. Während aber Lukács als junger Marxist in seiner Aufsatzsammlung *Geschichte und Klassenbewußtsein* (1923) der Marxschen Symbiose zwischen dem Intellektuellen und dem Proletarier eine extreme Form gibt und auch später – trotz der Distanzierung von seinem Jugendwerk – auf eine Verwirklichung des Sozialismus durch die Arbeiterklasse hofft, brechen die Autoren der Kritischen Theorie mit der historischen Immanenz des Marxismus und beziehen Positionen der Negativität. Sie geben zwar die revolutionären Hoffnungen der Junghegelianer und Marxisten auf, nicht jedoch die Hoffnung auf Emanzipation und eine menschlichere Gesellschaft.

Gemeinsam ist ihnen und Lukács die Entfremdung von der bürgerlich-kapitalistischen Welt, in der sie als Intellektuelle und Juden exiliert sind, noch bevor sie durch die nationalsozialistische Politik und den Krieg gezwungen werden, ins Exil zu gehen: Adorno, Horkheimer und Marcuse in die Vereinigten Staaten, Lukács in die Sowjetunion. Dieses grundsätzliche soziologische Problem kommentiert Jürgen Habermas in seinem Essay „Der deutsche Idealismus der jüdischen Philosophen": „Die Juden mußten Gesellschaft als etwas, woran man sich stößt, so aufdringlich erfahren, daß sie einen soziologischen Blick sozusagen von Haus aus mitbekamen."[53]

Die Entfremdung des Intellektuellen spricht überdeutlich aus Lukács' Jugendwerk: aus seiner Essaysammlung *Die Seele und die Formen* (1910), die trotz aller romantischen Einflüsse Novalis' romantische Illusion kritisiert, die Wirklichkeit könne „poetisiert" werden. Diesen Sachverhalt kommentiert Nicolas Tertulian: „Als scharfsinniger Geist bemerkte der junge Lukács, dass die spektakulären Gesten der Romantiker die enorme Distanz, die Dichtung und Leben voneinander trennte, nur *scheinbar* tilgten."[54]

---

[53] J. Habermas, „Der deutsche Idealismus der jüdischen Philosophen", in: ders., *Philosophisch-politische Profile*, Frankfurt, Suhrkamp (1971), 1973, S. 58.
[54] N. Tertulian, *Georges Lukács. Etapes de sa pensée esthétique*, Paris, Le Sycomore, 1980, S. 59.

In Lukács' Essaysammlung geht es auch darum, diese Distanz zur Sprache zu bringen. Im Vordergrund steht dort der Gegensatz zwischen dem „wahren" und dem wirklichen oder empirischen Leben, und Lukács' Schlussfolgerung lautet: „Das wahre Leben ist immer unwirklich, ja immer unmöglich für die Empirie des Lebens."[55] Im Anschluss an diese Erkenntnis unterscheidet er *Form* und *Leben* und gelangt zu der Einsicht, dass die Form als sinnvolles Ganzes im Leben nicht zu verwirklichen ist.

Davon zeugt in seinen Augen Søren Kierkegaards tragische Beziehung zu Regine Olsen. Sie deutet Lukács wie folgt: „Und Kierkegaards Heroismus bestand darin: er wollte Formen schaffen aus dem Leben. Seine Ehrlichkeit: er sah Scheidewege und ging den Weg zu Ende, für den er sich entschieden hatte. Seine Tragödie: er wollte leben, was man nicht leben kann."[56]

Die Kluft, die Form und Leben trennt, entspricht der Unvereinbarkeit von intellektuellem Anspruch und bürgerlicher Existenz: einer Existenz, die von Marktgesetzen und materiellen Werten beherrscht wird und in der das fehlt, was Lukács im einleitenden Essay über den Essay als „System der Werte"[57] bezeichnet. Nach ihm sehnt sich der isolierte idealistische Intellektuelle, obwohl er weiß, dass die Sehnsucht unerfüllt bleiben muss.

Aus dieser Sackgasse des Idealismus, des ohnmächtigen romantischen Sehnens, versucht Lukács in seiner hegelianisch-marxistischen Aufsatzsammlung *Geschichte und Klassenbewußtsein* auszubrechen, indem er den Weg einschlägt, den vor ihm Marx und Engels beschritten haben: den Weg des revolutionären Proletariats. Statt auf neukantianische Art dem Leben die Form entgegenzusetzen, projiziert er seine emanzipatorischen Hoffnungen in die geschichtsimmanente Praxis der Arbeiterklasse. Von ihrer revolutionären Umwälzung der Herrschaftsverhältnisse verspricht er sich eine Überwindung der sozialen Entfremdung – auch seiner eigenen.

Mehr noch als Marx und Engels versieht er das Proletariat mit nahezu übermenschlichen, messianischen Eigenschaften, vor allem dann, wenn es gilt, im Rahmen einer Theorie des „zugerechneten Be-

---

[55] G. Lukács, *Die Seele und die Formen*, Neuwied-Berlin, Luchterhand, 1971, S. 219.
[56] Ibid., S. 61.
[57] Ibid., S. 30.

wusstseins"[58] die kognitive Überlegenheit der revolutionären Klasse dem Bürgertum gegenüber nachzuweisen. Wie in der Essay-Sammlung *Die Seele und die Formen*, in der die „Empirie des Lebens" das Unwahre darstellt, erscheint in *Geschichte und Klassenbewusstsein* die Unmittelbarkeit des bürgerlichen Empirismus als falsches Bewusstsein. Die Alternative ist der proletarische Standpunkt, der als der historisch höhere eingestuft wird: „Freilich ist die Erkenntnis, die sich vom Standpunkt des Proletariats ergibt, die objektiv wissenschaftlich höhere; liegt doch in ihr methodisch die Auflösung jener Probleme, um die die größten Denker der bürgerlichen Epoche vergeblich gerungen haben, sachlich die adäquate geschichtliche Erkenntnis des Kapitalismus, die für das bürgerliche Denken unerreichbar bleiben muß."[59]

Im Rückblick auf das 20. Jahrhundert und die sowohl widersprüchliche als auch leidvolle Geschichte des Marxismus, des Kommunismus und der Arbeiterbewegung kann die These, das Bewusstsein des Proletariats enthalte die „sachlich (...) adäquate geschichtliche Erkenntnis des Kapitalismus", nur als maßlose Übertreibung oder als Illusion erscheinen. Tatsächlich ist es die Illusion eines isolierten Intellektuellen, der in der ungarischen Räterepublik Béla Kuns (1919) als Volkskommissar für das Unterrichtswesen scheiterte und fast gleichzeitig (der hier zitierte Text stammt aus dem Jahr 1919) seine überzogenen Erwartungen mit dem Proletariat verknüpfte. Lukács' Selbstkritik aus dem Jahr 1967[60] zeigt, dass er seine Selbsttäuschung erkannt und seinen Standpunkt revidiert hat, ohne jedoch den Marxismus preiszugeben

Nicht um diese Selbstkritik und ihren theoretischen Status geht es hier, sondern um die Tatsache, dass „das Proletariat" in *Geschichte und Klassenbewußtsein* eine ähnliche Funktion erfüllt wie „die Form" in *Die Seele und die Formen*: Es erscheint dort ebenfalls als eine Al-

---

[58] Zum Begriff des „zugerechneten Bewusstseins", der nicht das empirische Bewusstsein einer Gruppe meint, sondern das ihr vom Intellektuellen oder Wissenschaftler aufgrund ihrer Stellung in der Gesellschaft zugeschriebene Bewusstsein, vgl. G. Lukács, *Geschichte und Klassenbewußtsein*, op. cit., S. 283-284 sowie L. Goldmann, „Conscience réelle et conscience possible, conscience adéquate et fausse conscience", in: ders., *Marxisme et sciences humaines*, Paris, Gallimard, 1970.

[59] G. Lukács, *Geschichte und Klassenbewußtsein*, Darmstadt-Neuwied, Luchterhand (1968), 1975, S. 288.

[60] Vgl. ibid., „Vorwort (1967)", S. 21, wo von einer „Hegelschen Überspannung" die Rede ist.

ternative zum bürgerlichen Alltag, zum marktorientierten bürgerlichen Pragmatismus und Empirismus. Der von seiner Klasse entfremdete bürgerliche Intellektuelle sucht einen Archimedischen Punkt außerhalb der bürgerlichen Gesellschaft und findet ihn in der „Form", in der Dichtung oder im Proletariat. Das mythisierte Proletariat wird ihm so buchstäblich zu einem Alibi (einem Anderswo) und einem Vorwand, der dem Arbeiter als eine Art von Missbrauch seiner Klasse erscheinen muss. Bekanntlich haben sich einige Arbeiter während der Pariser Mai-Revolten des Jahres 1968 in diesem Sinne über die Intellektuellen geäußert: „Was wollen sie von uns? Es sind doch Muttersöhnchen (ce sont des fils à papa)!"

Das Arbeiterbewusstsein war *nicht* jenseits von Unmittelbarkeit und Empirie: Es war – bis zu einem gewissen Grad schon im 19. Jahrhundert – kleinbürgerlich und materialistisch, wie Bourdieu richtig erkannt hat. So ist es zu erklären, dass die meisten Arbeiter später in der so genannten Wohlfahrtsgesellschaft ohne größere Probleme in die spätkapitalistische und „nachindustrielle" Ordnung integriert werden konnten. Ihnen schwebte auch eine „bessere Gesellschaft" vor, aber nicht im Sinne des deutschen Idealismus und des Humanismus, sondern im *materiellen* Sinn.

Dies bedeutet jedoch keineswegs, dass die Hoffnungen, die die Intellektuellen der Zwischenkriegszeit mit der Arbeiterbewegung verknüpften, nur auf Illusionen oder gar auf Heuchelei gründeten. Dies wird in den Zeugnissen der frühen Kritischen Theorie (der Zwischenkriegszeit) deutlich. Horkheimer spricht nicht nur für sich, sondern für die meisten Mitglieder des Instituts für Sozialforschung, wenn er in einem Interview aus dem Jahr 1970 sagt: „Als Hitler dann an der Macht war, hofften unzählige Menschen wirklich auf eine Revolution. Wahrscheinlich war diese Hoffnung eine Illusion, ein Traum. Aber sie hat jedenfalls meine Arbeiten während der Zeit von 1933 an beherrscht."[61]

In einem anderen Interview (auch 1970) bezieht sich Horkheimer ebenfalls auf die Zwischenkriegszeit, aber seine Bemerkungen zur Rolle des Proletariats klingen weitaus skeptischer: „Ich hatte aber

---

[61] M. Horkheimer, *Verwaltete Welt? Ein Gespräch,* Zürich, Die Arche, 1970, S. 26.

schon damals Zweifel, ob die von Marx verlangte Solidarität des Proletariats schließlich zu einer richtigen Gesellschaft führen würde."[62]

Diese Zweifel kamen in den 1940er Jahren auch bei anderen Mitgliedern de Instituts für Sozialforschung auf, wie Martin Jay in seinem Buch *Dialektische Phantasie* feststellt: „Mit der Verlagerung des Gewichts im Institut vom Klassenkampf auf den Kampf zwischen Mensch und Natur schwand die Möglichkeit eines historischen Subjekts, das fähig wäre, das revolutionäre Zeitalter einzuleiten."[63]

Anders als Lucien Goldmann, André Gorz und Serge Mallet in Frankreich, die eine Zeit lang versuchten, in ihren gesellschaftskritischen Theorien Marx' und Lukács' revolutionäres Proletariat durch die „neue Arbeiterklasse" zu ersetzen[64], brachen Horkheimer, Adorno und Marcuse nach ihrer Rückkehr in das im Wiederaufbau befindliche Deutschland die fruchtlose Suche nach dem revolutionären Subjekt der Geschichte ab.

Sie versuchten nicht länger, ihre im nordamerikanischen Exil schmerzlich empfundene Entfremdung von der spätkapitalistischen Gesellschaft durch Solidarität mit bestimmten gesellschaftlichen Kräften zu überwinden, sondern gelangten zu der Einsicht, „daß sich ein letzter Rest der Weltvernunft zu einigen wenigen Menschen geflüchtet hat, vor allem denen dem Institut angeschlossenen, die sie bewahren und ihr eine Zukunft zu geben versuchen sollten".[65] Die Vernunft wird nicht mehr – wie noch bei Marx und Lukács – bei der gesellschaftlichen Mehrheit, der ausgebeuteten Klasse, gesucht, sondern auf eine kleine Gruppe von Intellektuellen beschränkt, deren Entfremdung durch den Rückzug in eine akademische Enklave nur zunehmen kann.

In diesem sozialen und historischen Kontext ersetzt Adorno die Identität mit dem revolutionären Subjekt konsequent durch „Nichtidentität". Nicht nur gegen das „Identitätsdenken" Hegels, sondern auch gegen Marx' und Engels' Dialektik der historischen Immanenz

---

[62] M. Horkheimer, *Die Sehnsucht nach dem ganz Anderen. Ein Interview mit Kommentar von H. Gumnior*, Hamburg, Furche, 1970, S. 55.

[63] M. Jay, *Dialektische Phantasie. Die Geschichte der Frankfurter Schule und des Instituts für Sozialforschung 1923-1950*, Frankfurt, Fischer, 1976, S. 325.

[64] Vgl. A. Gorz, *Zur Strategie der Arbeiterbewegung im Neokapitalismus*, Köln-Wien, Europäische Verlagsanstalt, 1967 sowie ders., *Abschied vom Proletariat. Jenseits des Sozialismus*, Köln-Wien, Europäische Verlagsgesellschaft, 1980.

[65] A. Demirović, *Der nonkonformistische Intellektuelle. Die Entwicklung der Kritischen Theorie zur Frankfurter Schule*, Frankfurt, Suhrkamp, 1999, S. 76.

(der Identität mit dem Proletariat und der historischen Entwicklung) richtet sich der bekannte Satz aus der *Negativen Dialektik*: „Dialektik ist das konsequente Bewußtsein von Nichtidentität."[66] Nichtidentität meint hier auch die Trennung von Theorie und Praxis, von historischem (revolutionärem) Prozess und kritischem Denken. Vor allem wird aber Theorie von den Machtansprüchen der herrschenden marxistisch-leninistischen Parteien getrennt: „Indem aber, in der gerühmten Theorie-Praxis, jene unterlag, wurde diese begriffslos, ein Stück der Politik, aus der sie hinausführen sollte (...)."[67]

Einerseits wird die Entfremdung durch die Trennung der Theorie – und des Intellektuellen – von allen gesellschaftlichen Kräften gesteigert; andererseits nimmt sie ab, weil Theorie und Theoretiker von den ideologischen Zwangsmechanismen befreit werden (vgl. Kap. II. 4). Vor diesem Hintergrund erscheint Adorno als ein Denker des doppelten Exils: nicht nur des geographischen Exils in Großbritannien und den USA, sondern auch des *innergesellschaftlichen*, das in der Distanz zu allen gesellschaftlichen Kräften im Nachkriegsdeutschland zum Ausdruck kam: zuletzt auch in der Distanz zur Studentenbewegung, die dazu neigte, kritische Gesellschaftstheorie in ein ideologisches Kampfmittel zu verwandeln.

Adornos Forderung nach Nichtidentität führte – schon in der von ihm und Horkheimer verfassten *Dialektik der Aufklärung* – zur Kunst. In ihrem mimetischen Moment meinte er, eine andere Art der Vernunft zu erblicken, eine Alternative zur instrumentellen, naturbeherrschenden Vernunft der Rationalisten und Aufklärer. Im Gegensatz zur instrumentellen, herrschaftlichen Vernunft, die alles Mimetische verdrängt hat, nehmen kritische Kunstwerke Mimesis als Annäherung an die Objekte und an die Natur als gegenständliche Welt in sich auf. Dadurch ermöglichen sie eine Befreiung des Subjekts von den Zwängen der rationalistischen Naturbeherrschung. Komplementär zu den Überlegungen in der *Dialektik der Aufklärung* heißt es später lapidar in der *Ästhetischen Theorie*: „Ratio ohne Mimesis negiert sich selbst."[68]

Mit diesen Aussagen bezieht Adorno eine Position, die von der Mallarmés gar nicht so weit entfernt ist. Schon Mallarmé war in seiner

---

[66] Th. W. Adorno, *Negative Dialektik*, in: *Gesammelte Schriften*, Bd. VI (Hrsg. R. Tiedemann), Frankfurt, Suhrkamp, 1973, S. 17.
[67] Ibid, S. 146.
[68] Th. W. Adorno, *Ästhetische Theorie*, op. cit., S. 489.

Kritik an den Anarchisten[69] der Meinung, dass Dichtung weitaus kritischer und subversiver wirke als die Attentate und Bomben der Gewalttäter. Auch in Adornos Augen erscheint Dichtung (Kunst) als die wahre kritische Instanz; mehr noch, sie wird zur Statthalterin des verlorenen menschlichen Gesamtsubjekts, des Proletariats. Dazu heißt es in Adornos Essay über Valéry „Der Artist als Statthalter": „Der Künstler, der das Kunstwerk trägt, ist nicht der je Einzelne, der es hervorbringt, sondern durch seine Arbeit, durch passive Aktivität wird er zum Statthalter des gesellschaftlichen Gesamtsubjekts."[70]

Karl Markus Michel mag auch an diesen Satz Adornos gedacht haben, als er Ende der 1970er Jahre schrieb: „Ja ich behaupte: für Adorno ist die Kunst das, was für die linke Intelligenz hundert Jahre lang das Proletariat war (...)."[71] Manchen Intellektuellen im Nachkriegseuropa mochte diese Hinwendung zur Kunst als eine Lösung erscheinen – oder als eine Erlösung vom dogmatischen Marxismus-Leninismus, dessen Ideologen anachronistisch und *pro forma* an Marx' und Lukács' historischer Immanenz festhielten: an dem Gedanken, dass der historische Prozess irgendwann eine „klassenlose Gesellschaft" hervorbringen würde.

Die von Karl Markus Michel postulierte Analogie zwischen Proletariat und Kunst wirkt jedenfalls im Hinblick auf die soziale Entfremdung erhellend, weil sich Adorno von der entfremdeten modernen Kunst den Vorschein einer nichtentfremdeten, menschlicheren Welt verspricht: „So sehr Kunst von der universalen Entfremdung gezeichnet und gesteigert ward, darin ist sie am wenigsten entfremdet, daß alles in ihr durch den Geist hindurchging, vermenschlicht ist ohne Gewalt."[72] Analog dazu hofften Marx und Lukács – jeder auf seine Art – dass das entfremdete, leidende Proletariat die Klassengesellschaft auflösen und eine Ära der Freiheit einläuten würde. Allerdings ist diese Analogie mit Vorsicht zu betrachten, weil sich Marx und der junge Lukács vom Proletariat eine Verwirklichung der klassenlosen

---

[69] Vgl. J.-L. Steinmetz, *Mallarmé*, op. cit., S. 390.
[70] Th. W. Adorno, „Der Artist als Statthalter", in: ders., *Noten zur Literatur I*, *Gesammelte Schriften*, Bd. XI (Hrsg. R. Tiedemann), Frankfurt, Suhrkamp, 1974, S. 126.
[71] K. M. Michel, „Versuch, die *Ästhetische Theorie* zu verstehen", in: B. Lindner, W. M. Lüdke (Hrsg.), *Materialien zur ästhetischen Theorie. Th. W. Adornos Konstruktion der Moderne*, Frankfurt, Suhrkamp (1979), 1980, S. 73.
[72] Th. W. Adorno, *Ästhetische Theorie*, op. cit., S. 173.

Gesellschaft versprachen, während bei Adorno die Überwindung der Entfremdung durch die Kunst als Utopie erscheint – und nicht länger als geschichtsimmanentes Ziel.

„Nur den Kunstwerken gelingt es, Nichtidentität als Besonderheit und Einzigartigkeit konkret auszubilden"[73], schreibt Britta Scholze. Dies trifft insofern zu, als Kunstwerke auf einen nichtentfremdeten Zustand hindeuten – der jedoch im Hinblick auf die gesellschaftlichen Zustände, in denen das Besondere ideologisch oder marktgerecht gleichgeschaltet wird, Utopie bleibt. Adorno, der das utopische Moment in seiner Ästhetik immer wieder zur Sprache bringt, ist sich dessen durchaus bewusst, und Anders Bartonek hat Recht, wenn er anmerkt, dass Adorno auch in seiner *Negativen Dialektik* „den utopischen Wunsch *nicht nur* kritisieren, sondern ihn auch lebendig halten"[74] will. Tatsache ist jedoch, dass die Hoffnung der kritischen Intellektuellen auf eine reelle, geschichtsimmanente Überwindung der Entfremdung nach dem Zweiten Weltkrieg geschwunden ist.

Davon zeugt auch die Position Herbert Marcuses, der einerseits (in den 1960er Jahren) Ausschau nach sozialen Gruppierungen hält, die gegen die spätkapitalistischen Verhältnisse aufbegehren könnten, andererseits aber – vor allem in *Die Permanenz der Kunst* (1977) – wesentliche Argumente aus Adornos *Ästhetischer Theorie* übernimmt und aus der Kunst ein utopisches Versprechen herauszulesen meint[75], das über die entfremdenden Verhältnisse hinausweist: „Die in der Kunst gestaltete Welt wird als Wirklichkeit erkannt, die in der realen Welt unterdrückt und verfälscht ist."[76]

Wie Adorno distanziert sich Marcuse vom „politischen" Engagement Brechts und Sartres und identifiziert das kritische Potenzial der Kunst mit deren Form: „Die kritische Funktion der Kunst, ihr Beitrag

---

[73] B. Scholze, *Kunst als Kritik. Adornos Weg aus der Dialektik*, Würzburg, Königshausen und Neumann, 2000, S. 131.

[74] A. Bartonek, *Philosophie im Konjunktiv. Nichtidentität als Ort der Möglichkeit des Utopischen in der negativen Dialektik Theodor W. Adornos*, Würzburg, Königshausen und Neumann, 2011, S. 112.

[75] Zu Marcuses Kunstutopie vgl. Ch. Reitz, *Art, Alienation and the Humanities. A Critical Engagement with Herbert Marcuse*, Albany, State University of New York Press, 2000, S. 207. Reitz zeigt, dass Marcuse in seinem Spätwerk (ähnlich wie Adorno) die Entfremdung der Kunst von der Gesellschaft betont. Er spricht von einem „increasing stress on the separation and alienation of art from life".

[76] H. Marcuse, „Die Permanenz der Kunst", in: *Schriften*, Bd. IX, Lüneburg, Zu Klampen, 2004, S. 201.

zum Kampf um Befreiung, liegt in ihrer ästhetischen Form."[77] Nicht zufällig beruft er sich auf die hermetische Lyrik Mallarmés, von der er behauptet, sie sei „eine Feier der Sinne, die mit der repressiven Erfahrung [breche] und ein radikal anderes Realitätsprinzip, eine andere Sinnlichkeit [antizipiere]".[78] Es fragt sich allerdings, ob Mallarmés formale Hermetik geeignet ist, als utopische Antizipation einer Befreiung der Sinne auf Marcuses nicht-repressive Sublimierung (als Alternative zur repressiven Entsublimierung) hinzudeuten. Die von Marcuse gefeierte Sinnlichkeit erinnert eher an Baudelaire oder Verlaine...

Tatsache ist, dass Marcuses Rückzug in die ästhetische Enklave seine Ansichten der späten 1960er Jahre desavouiert[79], als es noch um die Frage nach einer „Umwälzung" der bestehenden gesellschaftlichen Verhältnisse ging: um die „Opposition der Intellektuellen, besonders der Studenten"[80], und um „jene Teile der Arbeiterklasse, die noch nicht dem Integrationsprozeß verfallen sind".[81]

In *Die Permanenz der Kunst* ist von diesen Gruppierungen nicht mehr die Rede; vielmehr wird mit der Revolution die „Umwälzung" als solche in Frage gestellt: „Damit ist aber die Revolution gleichsam überholt – vielleicht sogar in Frage gestellt, soweit sie keine Antwort auf die Not des menschlichen Daseins gibt und nicht einen Bruch mit der menschlichen Vergangenheit in sich trägt."[82] Mit dieser Zeitdiagnose kehrt Marcuse zum einleitenden Satz von Adornos *Negativer Dialektik* zurück: „Philosophie, die einmal überholt schien, erhält sich am Leben, weil der Augenblick ihrer Verwirklichung versäumt ward."[83] Die Revolution ist misslungen auch dort, wo sie scheinbar siegreich war, und die Philosophie als „Kopf des Proletariats" (Marx) wurde nicht Wirklichkeit.

---

[77] Ibid., S. 202.
[78] Ibid., S. 209.
[79] Zum Übergang von der geschichtsimmanenten zu einer auf die Kunst ausgerichteten Kritik vgl. G. Raulet, *Herbert Marcuse. Philosophie de l'émancipation*, Paris, PUF, 1992, Kap. V: „La ‚fin de l'utopie'. A la recherche des agents du changement" und „Epilogue. La Dimension esthétique".
[80] H. Marcuse, *Das Ende der Utopie. Vorträge und Diskussionen in Berlin 1967*, Frankfurt, Verlag Neue Kritik, 1980, S. 21.
[81] Ibid.
[82] H. Marcuse, „Die Permanenz der Kunst", op. cit., S. 206.
[83] Th. W. Adorno, *Negative Dialektik*, op. cit., S. 15.

Marcuses und Adornos Hinwendung zur Kunst zeugt von der Entfremdung der kritischen Intellektuellen von einer Gesellschaft, die allmählich „eindimensional" wird im Sinne von Marcuses *Der eindimensionale Mensch*. Durch ihre Ausrichtung auf Leistung und materielle Werte wie körperliche Gesundheit, Statussymbole und Konsum als „Kaufkraft" erstickt sie die Sehnsucht nach einer besseren Welt, nach einer Versöhnung mit der (nicht länger ausgebeuteten) Natur und einem menschlichen Einverständnis jenseits von sprachlichen Stereotypen, Slogans und Worthülsen im Keim.

Entfremdung und Isolierung der kritischen Intellektuellen hängen damit zusammen, dass die Mehrheit der Bevölkerung sich nicht mehr nach Alternativen zur bestehenden Ordnung sehnt und ihre eigene Entfremdung kaum noch als solche wahrnimmt: trotz der Zunahme von Leistungsdruck, von psychischen Krankheiten, Gewalttaten und der von Menschen verursachten Naturkatastrophen (vgl. Kap. II. 1).

Hermann Schuller, der Marcuses Theorie der Entfremdung ausführlich kommentiert, beschreibt treffend die Stellung des Frankfurter Philosophen in der Nachkriegsgesellschaft: „Marcuses gesamte Entfremdungstheorie muß als ‚resignativ' und ‚pessimistisch' bezeichnet werden. So findet er eine Arbeiterklasse vor, die durch ihre Integrierung in die Gesamtgesellschaft weit davon entfernt ist, als ein ‚aktives Subjekt' einer möglichen Revolution aufzutreten; zudem deuten alle Tendenzen der Gesellschaftsentwicklung darauf hin, daß die Entfremdung und Verdinglichung in einer immer geschlosseneren ‚eindimensionalen Gesellschaft' stetig [zunehmen], und damit zugleich auch die Möglichkeit, ‚utopische Gegenbilder' zu entwerfen, stetig abnimmt."[84]

Dies ist zugleich eine aktuelle Charakteristik postmoderner Verhältnisse, die auch Jean-François Lyotard als Karikatur skizziert, wenn er als ehemaliger Marxist und entfremdeter Intellektueller bemerkt: „Die zeitgenössische Welt zeigt das Bild eines imperialistischen liberalen Kapitalismus nach seinem Sieg über seine letzten beiden Herausforderer, den Faschismus und den Kommunismus: So spräche der Marxismus, wenn er nicht tot wäre."[85]

---

[84] H. Schuller, *Die Logik der Entfremdung. Versuch einer wissenschaftlichen Grundlegung der Entfremdungstheorie*, Regensburg, Roderer, 1991, S. 333.
[85] J.-F. Lyotard, *Moralités postmodernes*, Paris, Galilée, 1993, S. 171. Vgl. auch: C. Pagès, *Lyotard et l'aliénation*, Paris, PUF, 2011, S. 133 : „L'aliénation irrémédiable".

Marcuse hat den Marxismus nie für tot erklärt; er hat sich von ihm als geschichtsimmanenter, materialistischer Theorie durch seine Hinwendung zur Kunst abgewandt. Das „Ästhetischwerden"[86] der Kritischen Theorie zeugt von der Marginalisierung der oppositionellen Intellektuellen im Übergang von der Spätmoderne zur Postmoderne.[87]

4. Fortschritt und Entfremdung in der Postmoderne: Ende des entfremdeten Bewusstseins und der Kritik?

In dieser Schlussbetrachtung geht es im Wesentlichen um die Frage, warum in der zeitgenössischen Gesellschaft die Entfremdung von vielen Individuen und Gruppen – trotz aller Probleme, mit denen sie täglich konfrontiert werden, – nicht als solche empfunden wird und weshalb der Begriff „Entfremdung", der in den 1960er und 70er Jahren noch im Mittelpunkt philosophischer und soziologischer Diskussionen stand, nur noch sporadisch diskutiert wird.

Diese Frage wird hier in drei Schritten beantwortet: 1. im Hinblick auf die *Schwächung der kritischen Intellektuellen*, von denen bisweilen behauptet wird, es gebe sie nicht mehr; 2. im Hinblick auf die radikale und umfassende *Säkularisierung der Gesellschaft*, die bewirkt, dass Religion und Kunst in Enklaven verbannt werden, die Niklas Luhmann als „Systeme" und Pierre Bourdieu als „Felder" bezeichnet; 3. schließlich im Hinblick auf den *wirtschaftlichen, sozialen und technischen Fortschritt*, der u.a. dazu führt, dass Entfremdung nicht als solche wahrgenommen, sondern in ihre Bestandteile zerlegt wird: in Rentabilität (Nutzen), Komplexität, Anonymität, Individualisierung, Single-Dasein, Narzissmus usw.

Diese Aspekte des zeitgenössischen Alltags können alle als Begleiterscheinungen des sozialen und technischen Fortschritts gedeutet und mit einer gewissen Resignation hingenommen werden. Schließlich hat Individualisierung, die aus dem Zerfall überholter Traditionen

---

[86] R. Bubner, „Kann Theorie ästhetisch werden? Zum Hauptmotiv der Philosophie Adornos", in: B. Lindner, W. M. Lüdke (Hrsg.), *Materialien zur ästhetischen Theorie Th. W. Adornos*, op. cit., S. 114-115.
[87] Vgl. Vf., *Essay / Essayismus. Zum theoretischen Potenzial des Essays: Von Montaigne bis zur Postmoderne*, Würzburg, Königshausen und Neumann, 2012, Kap. XI: „Epilog: Plädoyer für die kritischen Intellektuellen".

hervorgeht, auch Vorteile, wie Anthony Giddens bemerkt.[88] Eine ihrer Voraussetzungen, die Georg Simmel ausführlich kommentiert[89], ist die Anonymität der Großstadt. Und wer wollte schon gegen eine Komplexität wettern, die es uns gestattet, *online* blitzschnell Reisen zu buchen, Bankgeschäfte zu erledigen und Kontakt zu anderen Personen aufzunehmen?

Entfremdung, so könnte jemand einwenden, ist eben der Preis, den wir für unsere Freiheiten, die neuen Organisationsformen und den technischen Fortschritt zu zahlen haben. „Entfremdung – der Preis der Freiheit?" – so lautet der Titel, den Guy Kirsch seinem Vortrag gab.[90] Immerhin verwendet er den Begriff „Entfremdung" und deutet an, dass sozialer Fortschritt (als individuelle Freiheit) Entfremdung nicht ausschließt. Es käme darauf an, die *Dialektik von Fortschritt und Entfremdung* besser zu verstehen.

Möglicherweise ist das – von manchen behauptete – Verschwinden der kritischen Intellektuellen selbst ein gesellschaftlicher Fortschritt: Haben die Klagen Rousseaus und Novalis' über die sich entwickelnde Moderne nicht gezeigt, dass der Intellektuelle die in seinen Augen depravierte Gesellschaft an Idealwelten misst, die es nur in der mythischen Vergangenheit seiner Fantasie gibt? Legen Marx' und Lukács' Mystifizierungen des Proletariats nicht die Vermutung nahe, dass der exilierte und isolierte Intellektuelle die aus seiner Entfremdung hervorgehenden Wunschvorstellungen als „zugerechnetes Bewusstsein" mit der Arbeiterklasse identifiziert? Zeugt die Klage der Intellektuellen über die modernen Zustände nicht von ihrer Unfähigkeit, den beschleunigten Rhythmus der sozialen Entwicklung im 19. und 20. Jahrhundert nachzuvollziehen?

Alle diese Fragen kann man zweifellos mit „ja" beantworten. Aber ihre Bejahung ist weit davon entfernt, das Problem der Entfremdung aus der Welt zu schaffen. Im Gegenteil: Sie wirft neue Fragen auf, die sich allesamt auf die *Fragwürdigkeit des modernen und postmodernen Fortschritts* beziehen. Wird die Kluft zwischen Arm und Reich auf

---

[88] Vgl. A. Giddens, *Modernity and Self-Identity. Self and Society in the Late Modern Age*, Cambridge-Oxford, Polity-Blackwell (1991), 1994, Kap. III: „The Trajectory of the Self".

[89] Vgl. G. Simmel, „Die Großstädte und das Geistesleben", in: ders., *Das Individuum und die Freiheit. Essais*, Berlin, Wagenbach, 1984.

[90] Vgl. G. Kirsch, *Entfremdung – Der Preis der Freiheit?*, Tübingen, Mohr-Siebeck, 1984.

nationaler und internationaler Ebene nicht immer größer? Ist die Kommerzialisierung oder Marktabhängigkeit der Gesellschaft nicht schon so weit gediehen, dass auch die scheinbar autonomen und „autopoietischen Systeme" (Luhmann) „Politik" und „Wissenschaft" den Marktgesetzen gehorchen, so dass Korruption zur Regel wird? Bestätigen die sich häufenden Naturkatastrophen nicht Adornos und Horkheimers These, dass die seit der Aufklärung immer intensiver werdende Naturbeherrschung ein fatales Prinzip ist, dem Teile der Menschheit schon geopfert wurden und dem schließlich die ganze Menschheit zum Opfer fallen könnte?

Es geht hier nicht um die Beantwortung dieser Fragen, die im nächsten Kapitel in einem anderen Kontext wieder aufgeworfen werden, sondern um den Gedanken, dass die Intellektuellen einerseits zwar partikulare Positionen beziehen, die auf bestimmten zeitbedingten und sogar anachronistischen Wertungen gründen, andererseits aber kritische Argumente ins Feld führen, die heute gültiger sind denn je.

Als konkretes Beispiel mag Karl Marx' Bemerkung zur Einverleibung der Wissenschaft in das System des Kapitals dienen: „Die ‚fremde' Wissenschaft wird dem Kapital einverleibt, wie fremde Arbeit."[91] Enthält dieser Satz nicht *in nuce* eine zweifache Theorie der Entfremdung, in der die Unterwerfung der Arbeitskraft mit der Unterwerfung der Wissenschaft unter die Gesetze des Kapitals verknüpft wird? Marx' These über die „Verelendung des Proletariats", die die Unvermeidlichkeit der Revolution begründen sollte, mag sich als falsch erwiesen haben; aber seine These über die Fremdbestimmung von Arbeit und Wissenschaft durch das Kapital ist heute aktueller als im 19. Jahrhundert.

Sie wird von Peter Weingart konkretisiert, der zur Wechselbeziehung von Wirtschaft und Wissenschaft schreibt: „Ähnlich wie für das Verhältnis der Wissenschaft zur Politik und zu den Medien läßt sich auch im Hinblick auf das Verhältnis zur Wirtschaft von einer *engeren Kopplung* sprechen."[92] Diese „Kopplung" ist mittlerweile so eng, dass sogar in den universitären Evaluierungen der Geisteswissenschaften Gruppenprojekte, die (im Optimalfall aus „Drittmitteln") finanziert

---

[91] K. Marx, *Das Kapital*, Bd. I. *Der Produktionsprozeß des Kapitals*, Frankfurt-Berlin-Wien, Ullstein, 1969, S. 345.
[92] P. Weingart, *Die Stunde der Wahrheit? Zum Verhältnis der Wissenschaft zu Politik, Wirtschaft und Medien in der Wissensgesellschaft*, Weilerswist, Velbrück, 2001, S. 175.

werden, weitaus höher bewertet werden als nichtfinanzierte Projekte von Einzelforschern, die durchaus origineller sein können.

Könnte es nicht sein, dass der Intellektuelle als soziales Phänomen allmählich verschwindet, weil er als Wissenschaftler in einem arbeitsteiligen Beruf aufgeht, der ihm zudem alle möglichen wirtschaftlichen und technischen Fähigkeiten und Engagements abverlangt, so dass für ein „Engagement" im Sinne von Sartre keine Zeit übrig bleibt? Tatsache ist, dass die meisten zeitgenössischen Wissenschaftler keine Zeit mehr haben, sich mit Dingen zu befassen, „die sie nichts angehen", wie Sartre sagt.

Jean-François Lyotard scheint sich diesen Überlegungen anzuschließen, wenn er in *Tombeau de l'intellectuel* zu bedenken gibt, dass der Intellektuelle vom Gedanken an ein „Universalsubjekt" („sujet universel") lebt: „Die Verantwortung der ,Intellektuellen' ist unzertrennlich mit dem (allen gemeinsamen) Gedanken an ein Universalsubjekt verknüpft."[93] In einer hochdifferenzierten Gesellschaft geht dieser Universalismus in der arbeitsteiligen Expertenkultur unter: „Diese neuen Manager sind als solche keine Intellektuellen. Beim Einsatz ihrer beruflichen Intelligenz geht es nicht darum, in ihrem Kompetenzbereich die Idee eines Universalsubjekts so gut wie möglich zu vertreten, sondern darum, die bestmöglichen Leistungen zu erbringen."[94] Dabei setzt sich ein Partikularismus durch, der die universellen, allgemein menschlichen Anliegen der kritischen Intellektuellen im Sinne von Sartre vergessen lässt.

In diesem neuen arbeitsteiligen Kontext der Leistungsgesellschaft gehen drei Eigenschaften des kritischen Intellektuellen verloren: die Vielseitigkeit, der Müßiggang sowie die Fähigkeit zu Reflexion und Kritik. Alle drei Eigenschaften vereinigte auf geradezu vorbildliche Art Walter Benjamin als Flaneur, Philosoph, Kulturkritiker und Dilettant. Dazu bemerkt Benjamin selbst: „Im Flaneur, so könnte man sagen, kehrt der Müßiggänger wieder, wie ihn sich Sokrates als Gesprächspartner auf dem athenischen Markte auflas."[95] Der Flaneur ist Philosoph, Dilettant und nachdenklicher Kritiker in einem; er ist der Intellektuelle *par excellence*, der sich unablässig mit Dingen befasst,

---

[93] J.-F. Lyotard, *Tombeau de l'intellectuel et autres papiers*, Paris, Galilée, 1984, S. 12.

[94] Ibid., S. 13.

[95] W. Benjamin, *Charles Baudelaire. Ein Lyriker im Zeitalter des Hochkapitalismus*, Frankfurt, Suhrkamp, 1974, S. 181.

„die ihn nichts angehen": mit dem Verhältnis von Kultur und Wirtschaft, mit dem Kunstwerk, der Architektur, dem sozialen Elend der Angestellten – und mit Politik.

Zur Gestalt des Flaneurs bei Benjamin bemerkt Susan Buck-Morss, dass der Flaneur, „der im neunzehnten Jahrhundert durch die Straßen der Großstadt schlendert [...], am Anfang von Benjamins eigener Klasse der Literaturproduzenten steht".[96] Sie zeigt auch, wie beim Literaturproduzenten Baudelaire Muße und Produktion zusammenhängen: „Er macht das ziellose Umherwandern durch die Straßen der Stadt selbst zur Methode der produktiven Arbeit."[97] Mit anderen Worten: Er lässt die Eindrücke, die er beim Flanieren sammelt, in seine Dichtung eingehen.

Für diese Art von Produktivität haben die hochspezialisierten Wissenschaftler oder Journalisten der Postmoderne keine Zeit – ebenso wenig wie die mediensüchtigen Pseudointellektuellen, denen es vorwiegend um ihre öffentlichen Auftritte geht.[98] Entsprechend sehen ihre Produktionen aus: Sie sind von Hast gezeichnet und lassen sowohl Muße als auch Reflexion vermissen. Auch intellektuelle Kritik im Sinne der Universalkritik ist vom Spezialistentum bedroht: denn letztlich wird nur „fachlich fundierte Kritik" akzeptiert.

Die Kritik der Intellektuellen weist – seit Rousseau und Novalis – stets über die bestehenden Verhältnisse hinaus: auf die Utopie, auf das „ganz Andere" im Sinne von Horkheimer. Sowohl bei Adorno als auch bei Marcuse antizipiert die Kunst ein Jenseits der entfremdeten Zustände: ein besseres, menschlicheres Leben. Davon zeugt Franz Koppes Bemerkung zu Marcuses Utopie-Begriff: „Hier liegt auch das die repressive Lebenswirklichkeit der Klassengesellschaft transzendierende Moment der Kunst. In dieser ,Transzendenz' ist sie aber, trotz ihrer konkreten Sinnlichkeit, nicht schon selbst jene Wirklichkeit der

---

[96] S. Buck-Morss, *Dialektik des Sehens. Walter Benjamin und das Passagen-Werk*, Frankfurt, Suhrkamp, 2000, S. 365.
[97] Ibid., S. 229.
[98] Vgl. J. Jurt, *Frankreichs engagierte Intellektuelle. Von Zola bis Bourdieu*, Göttingen, Wallstein, 2012 (2. Aufl.), S. 245. Zu den „Medienphilosophen" Bernard-Henri Lévi und Glucksmann heißt es dort: „(...) andererseits imitieren sie mit ihren Interventionen den Gestus früherer engagierter Intellektueller, wirken so fast als Parodie und gehorchen letztlich einer sachfremden Aufmerksamkeitslogik der elektronischen Medien."

Utopie, sondern Schein: und zwar, wegen ihrer Sinnlichkeit, schöner Schein."[99]

In einer radikal säkularisierten postmodernen Gesellschaft, in der sowohl die Funktion der Religion als auch die der Kunst auf ein besonderes Subsystem beschränkt ist, verschwindet die Verbindlichkeit der hier beschriebenen „Transzendenz". Nur noch Randgruppen der Gesellschaft – innerhalb und außerhalb des Wissenschaftsbetriebs – nehmen sie wahr. Die Mehrheit der Bevölkerung hat mit der Zeit das Fazit eines Säkularisationsprozesses akzeptiert, der sowohl Religion als auch Kunst erfasst: Es gibt nichts außerhalb der bestehenden Wirklichkeit.

Vor diesem Hintergrund wird klar, warum der Begriff *Entfremdung* gegenwärtig problematisch ist: Wo außerhalb des Bestehenden nichts zu existieren scheint, wo keine Alternativen zu Wirtschaft, Gesellschaft und Politik sichtbar sind, dort fällt es auch schwer, von Entfremdung zu sprechen. Denn als fremd oder entfremdet kann nur etwas erscheinen, was gleichsam „von außen", von einem Archimedischen Punkt aus, betrachtet werden kann. Doch dieser Archimedische Punkt fehlt in der radikal verweltlichten Postmoderne, die sowohl die religiösen als auch die innerweltlichen Utopien als *weltfremd* erscheinen lässt. Eine Überwindung der bestehenden Verhältnisse im Sinne des Marxismus oder der 1968er Revolten scheint überflüssig zu sein. Hat der Fortschritt nicht die Erfüllung fast aller Wünsche ermöglicht?

Die zahlreichen Protestbewegungen, die nicht nur von Randgruppen der Gesellschaft ausgehen, scheinen eine umstandslose Bejahung dieser Frage auszuschließen. Aber nur selten stellt ein Protest die gesamte spätkapitalistische Ordnung in Frage – und wenn (etwa nach der Krise von 2008), dann ist er nur von kurzer Dauer. Mit einer gewissen Persistenz scheinen nur die (stets marginalen und bald vereinnahmten) „widerspenstigen Subkulturen"[100] zu agieren, mit denen sich Karl H. Hörnig und Rainer Winter ausführlich befassen.

---

[99] F. Koppe, „„Durchsichtig als Situation und Traum der Menschheit'. Grundzüge einer Kunstphilosophie im Ausgang von Herbert Marcuse", in: Inst. für Sozialforschung (Hrsg.), *Kritik und Utopie im Werk von Herbert Marcuse*, Frankfurt, Suhrkamp, 1992, S. 247.

[100] Vgl. K. H. Hörnig, R. Winter (Hrsg.), *Widerspenstige Kulturen. Cultural Studies als Herausforderung*, Frankfurt, Suhrkamp, 1999, S. 7-12 sowie S. 379-390. Vgl. auch R. Winter, *Widerstand im Netz. Zur Herausbildung einer transnationalen Öf-*

Vor diesem Hintergrund definiert Gianni Vattimo die Postmoderne als ein Zeitalter der „Verwindung" im Sinne von Heidegger: „Es ist nun genau der Unterschied zwischen Verwindung und Überwindung, der uns helfen kann, das ‚post' der Postmoderne philosophisch zu bestimmen."[101] Während in der Moderne die kritischen Intellektuellen – von den Romantikern bis Adorno und Marcuse – nach einer *Überwindung* der bürgerlichen Verhältnisse strebten, stellen die noch verbliebenen Intellektuellen resignierend fest, dass die eindimensionale postmoderne Gesellschaft nicht so schnell überwunden wird: Sie haben ihre Enttäuschung (nach 1968) *verwunden* und die Eindimensionalität der heutigen Gesellschaft zumindest implizit anerkannt. *Ihre Verwindung ist selbst ein Aspekt ihrer – oft nur latenten – Entfremdung*.

Die Eindimensionalität, von der Marcuse spricht, kommt auch darin zum Ausdruck, dass Kultur und Wissen in der Wirtschaftsgesellschaft im Rahmen des sich immer brutaler durchsetzenden Utilitarismus *instrumentalisiert* werden. Aus der Sicht der Ministerien, der Universitätsverwaltungen und der Geldgeber sollen sie nicht länger der Wahrheitsfindung und der Kritik dienen, sondern dem *Nutzen* im wirtschaftlichen, sozialen und technischem Sinn.

Frank Furedi macht diese Entwicklung für das allmähliche Verschwinden der Intellektuellen, die Alwyn W. Gouldner in den 1960er Jahren noch für eine neue revolutionäre Klasse hielt[102], verantwortlich. Seine allgemeine Diagnose lautet: „Diese Entwertung der Rolle des Intellektuellen ist unmittelbar auf die zeitgenössische Einstellung zum Wissen zurückzuführen."[103] Diese Einstellung ist utilitaristisch, weil sie alles Wissen instrumentalisiert, statt nach seinem Wahrheitsgehalt und seinem kritischen Potenzial zu fragen. Furedi spricht von einem „instrumentalist ethos of the market" und stellt fest: „Erst in neuester Zeit gelang es dem instrumentalistischen Ethos, die Art zu bestimmen, wie die Gesellschaft ihre künstlerischen und intellektuel-

---

fentlichkeit durch netzbasierte Kommunikation, Bielefeld, Transcript, 2010, S. 101-106.

[101] G. Vattimo, *Das Ende der Moderne*, Stuttgart, Reclam, 1990, S. 178.

[102] Vgl. A. W. Gouldner, *The Future of Intellectuals and the Rise of the New Class*, London, Macmillan, 1973.

[103] F. Furedi, *Where Have all the Intellectuals Gone?*, London-New York, Continuum, 2006 (2. Aufl.), S. 9.

len Aktivitäten einschätzt."[104] Wo sich der Instrumentalismus als marktvermittelter Utilitarismus durchsetzt, dort werden die nach Wahrheit strebenden kritischen Intellektuellen als elitäre Grübler an den Rand der Gesellschaft abgedrängt. Sie bekommen die Macht des Kapitals zu spüren, das primär nach dem Nutzen als Tauschwert fragt.[105]

Dazu bemerkt Terry Eagleton, in *The Illusions of Postmodernism*: „Die Macht des Kapitals hat gegenwärtig eine so trostlose Vertrautheit angenommen, sie ist so unbeschreiblich allmächtig und allgegenwärtig, dass sie sogar in linken Kreisen zunehmend als natürlich betrachtet wird, als verfestigte Struktur, die sogar den Mut, die Stimme zu erheben, im Keim erstickt."[106] In dem hier entworfenen Zusammenhang kommt dem Wort „natürlich" eine besondere Bedeutung zu: Was als „natürlich" erscheint, wirkt nicht mehr fremd, und es fällt schwer, Phänomene der Entfremdung zu *bezeichnen*.

Sie gelten als *natürlich*, zumal sie mit einem Fortschritt einhergehen, der sich in allen gesellschaftlichen Bereichen – in den Naturwissenschaften, in den Medien, in Technik und Medizin – bemerkbar macht. Dass die Naturwissenschaften die „Entzauberung der Welt" (M. Weber) immer weiter treiben, die kommerzialisierten Medien die Menschen voneinander isolieren, die Technik einerseits zur Umweltrettung, andererseits zur Umweltzerstörung beiträgt und die Medizin immer mehr von Marktgesetzen beherrscht wird, will nicht allen auf Anhieb einleuchten, zumal sie auf die Wohltaten, die der Fortschritt in allen diesen Bereichen mit sich bringt, nicht verzichten möchten.

So entsteht schließlich eine Art *postmodernes Syndrom*, in dem die drei Entwicklungen – Schwächung der Intellektuellen durch Arbeitsteilung und Leistungsdruck, radikale Säkularisierung und wachsende Markt- und Fortschrittsabhängigkeit des Einzelnen – zusammenwirken und einander potenzieren: Der Einzelne und die Gruppe vermögen sich nichts mehr jenseits von Leistung, Konsum, Finanzierung und technischer Optimierung vorzustellen. Davon zeugt die arbeitsteilige Freizeit (vgl. Kap. III. 2), die mehr als je zuvor von diesen vier Fakto-

---

[104] Ibid., S. 13.

[105] Vgl. ibid., S. 72: „Moreover, the subordination of knowledge to pragmatic objectives has helped foster an intellectual mood that is inhospitable to experimentation and the development of powerful ideas. The displacement of the thinker by the expert has also weakened the public's interest in debating big issues."

[106] T. Eagleton, *The Illusions of Postmodernism*, Oxford, Blackwell, 1996, S. 23.

ren beherrscht wird: vom *Mountainbiking* bis zum Wintersport. Der Einzelne, der seine Freizeit dem im Berufsleben beklagten oder gar verpönten Leistungsprinzip opfert, nimmt keine Entfremdung wahr, weil er nicht merkt, wie sehr das marktgesteuerte und leistungsorientierte „Freizeitangebot" sein Leben organisiert.

II. Entfremdung als kritischer Begriff: Naturbeherrschung, Tauschwert, Ideologie

Es mag verlockend sein, den Begriff *Entfremdung* von seinem Ursprung bei den kritischen Intellektuellen abzulösen, um ihn in einen „wertfreien", empirisch anwendbaren Terminus zu verwandeln.[1] Auf diese Art wird bestenfalls eine Scheinobjektivität gewahrt, die darüber hinwegtäuscht, dass es sich, wie Franck Fischbach richtig bemerkt, um einen „*kritischen* Begriff"[2] handelt, dessen normativer Charakter mit der prekären Lage der europäischen Intellektuellen – von Rousseau bis Marx und Lyotard – zusammenhängt, deren Außenseitertum im vorigen Kapitel zur Sprache kam.

Ein Aspekt dieses Außenseitertums ist die Trennung von Subjekt und Objekt, von Ich und Welt[3], an der Rousseaus „promeneur solitaire" ebenso leidet wie die Helden der Romantik, die rebellierenden Junghegelianer und die vom Arbeitsprodukt und Arbeitsprozess entfremdeten Arbeiter, auf die sich viele der kritischen Intellektuellen beriefen in der Hoffnung, die Entfremdung gemeinsam mit dem Proletariat überwinden zu können. Vor diesem Hintergrund kristallisiert sich der theologische Begriff der *Erlösung* als positives, euphorisches Pendant zur *Entfremdung* heraus, das vom Streben nach *Versöhnung* nicht zu trennen ist: nicht nur bei Rousseau, den Romantikern und den Junghegelianern, sondern auch bei Marx. Zu den theologischen Grundlagen von dessen Gesellschaftskritik bemerkt Christoph Türcke: „Nur eine Theorie, in deren Innerstem das Feuer der Erlösungsidee brennt, ist in der Lage, die Totalität des Kapitalverhältnisses als falsche Totalität zu durchschauen und damit angemessen darzustellen."[4]

---

[1] Vgl. M. Seeman, „On the Meaning of Alienation", in: *American Sociological Review* XXIV, 1959, S. 783-791 sowie M. Seeman, *On the Meaning of Alienation*, New York, Irving Publishers, 1993.

[2] F. Fischbach, *Sans objet. Capitalisme, subjectivité, aliénation*, Paris, Vrin, 2009, S. 130.

[3] Vgl. W. Schulz, *Ich und Welt. Philosophie der Subjektivität*, Pfullingen, Neske, 1979, Kap. IX.

[4] Ch. Türcke, „Über die theologischen Wurzeln der Marxschen Kritik", in: G. Schweppenhäuser, D. zu Klampen, R. Johannes (Hrsg.), *Krise und Kritik. Zur Aktualität der Marxschen Theorie*, Lüneburg, zu Klampen, 1987 (2. Aufl), S. 31.

Hier drängt sich der Gedanke auf, dass die rasch fortschreitende Säkularisierung, die alle postmodernen Gesellschaften kennzeichnet, das Verlangen nach Erlösung abschwächt und zugleich das Gefühl, von den spätkapitalistischen Verhältnissen entfremdet zu sein, im Keim erstickt. Diese „Eindimensionalität"[5] des Denkens, von der Marcuse spricht, ist auch auf den Doppelcharakter des Fortschritts zurückzuführen, von dem in der Einleitung die Rede war: Die Euphorien, die den stets zu begrüßenden wissenschaftlichen, technischen oder medizinischen Fortschritt begleiten, lassen den Gedanken, dass er auch zerstörerisch wirkt und möglicherweise ein Fortschreiten zur Katastrophe ist, erst gar nicht aufkommen. So potenzieren Säkularisierung und Fortschrittsglaube einander und konvergieren in einer Eindimensionalität, welche die komplementären theologischen Begriffe *Entfremdung*, *Versöhnung* und *Erlösung* als unzeitgemäß erscheinen lässt.

Als unzeitgemäß gilt gegenwärtig alles, was die Errungenschaften und Annehmlichkeiten des Fortschritts in Frage stellen oder gar rückgängig machen könnte: Geschwindigkeit, Zeitersparnis, Kostenminimierung und Reduktion von Arbeitszeit. Der Brief ist teuer, langsam und wird durch e-Mail oder Telefon ersetzt. Dass dabei Genauigkeit des Ausdrucks, Ausführlichkeit, Höflichkeit und mitunter sogar Grammatik und Syntax auf der Strecke bleiben, mag so manchen noch stören; aber wer wird deshalb im Geschäftsleben oder sogar an einer philologischen Fakultät zum teuren Brief zurückkehren wollen? Vielen ist durchaus bewusst, was alles durch Fortschritt verloren geht; aber sie eilen weiter, ohne sich umzudrehen, ohne sich bei den Verlusten lange aufzuhalten.

Einige – die Intellektuellen, die Philosophen, die kritischen Soziologen – drehen sich bisweilen doch um, weil ihnen klar ist, dass die zerstörerischen Auswirkungen des Fortschritts nur im Rückblick zu erkennen sind: gleichsam kontrastiv zur Vergangenheit.

Nicht nur Rousseau stellt sich einen ursprünglichen Naturzustand vor, von dem sich die moderne urbane Gesellschaft als Zerrbild abhebt; auch der junge Marx bezieht sich auf vorkapitalistische Gesellschaftsformen, um die Entfremdung im Kapitalismus stärker hervortreten zu lassen. Einerseits bezeichnet er „Maschinerie und Geld" als

---

[5] Vgl. H. Marcuse, *Der eindimensionale Mensch*, Neuwied-Berlin, Luchterhand, 1967.

„Destruktionskräfte"[6] und wirft Licht auf die destruktiven Aspekte des Fortschritts[7]; andererseits scheint er an Rousseaus Gedankengang anzuknüpfen, wenn er den nicht-entfremdeten „Wilden" mit dem „Armen" der Industriegesellschaft vergleicht: „Der Wilde in seiner Höhle (...) fühlt sich nicht fremder, oder fühlt sich vielmehr so heimisch, als der *Fisch* im Wasser. Aber die Kellerwohnung des Armen ist eine feindliche, als fremde Macht an sich haltende Wohnung (...)."[8]

Auch in *Das Kapital* wird die kapitalistische Warenproduktion kontrastiv mit der handwerklichen verglichen, die sie – als Fortschritt – zerstört. Von der Warenproduktion heißt es zu Beginn des zweiten Bandes: „Im Umfang wie diese sich entwickelt, wirkt sie zersetzend und auflösend auf jede ältere Form der Produktion, die, vorzugsweis auf den Selbstbedarf gerichtet, nur den Überschuß des Produkts in Ware verwandelt."[9] Freilich plädiert Marx nicht für eine Rückkehr zu den „älteren Formen", aber seine Vorstellung von der „kommunistischen Gesellschaft", die die kapitalistische ablösen soll, beinhaltet eine Wiederbelebung der Menschlichkeit, die den „älteren Formen" eigen war. Bei ihm – wie bei Rousseau – sollte der Fortschritt radikal seine *Richtung ändern*.

Im Anschluss an beide Denker erscheint es daher sinnvoll, Fortschritt und Entfremdung als *ambivalente Einheit* zu betrachten und den „dialektischen Nexus" wahrzunehmen, der „Fortschritt und Entfremdung miteinander verbindet"[10], wie Menachem Rosner es ausdrückt.

Weiter als Marx holen Adorno und Horkheimer in ihrer Kritik des Fortschritts aus, wenn sie die Krise des Spätkapitalismus nicht ausschließlich aus Warenproduktion und Klassenherrschaft ableiten, son-

---

[6] K. Marx, *Die Frühschriften. Von 1837 bis zum Manifest der kommunistischen Partei 1848* (Hrsg. S. Landshut), Stuttgart, Kröner, 1971, S. 366.

[7] Vgl. A. E. Wendling, *Karl Marx on Technology and Alienation*, Basingstoke-New York, Palgrave-Macmillan (2009), 2011, S. 174: „In fact, Marx's description of technology is vexed, and this vexation corresponds to an ambiguity in the social uses of science and technology in nineteenth-century capitalist society." Wir sind weit davon entfernt, diese Zweideutigkeit überwunden zu haben (vgl. Kap. III).

[8] Ibid., S. 266.

[9] K. Marx, *Das Kapital*, Bd. II. *Der Zirkulationsprozeß des Kapitals* (Hrsg. F. Engels), Frankfurt-Berlin-Wien, Ullstein, 1970, S. 39.

[10] M. Rosner, „Aliénation, fétichisme, anomie", in: *Freudo-marxisme et sociologie de l'aliénation. Colloque de „L'homme et la société"*, Paris, Editions Anthropos, 10/18, 1974, S. 227.

dern aus dem *Prinzip der Naturbeherrschung*, von dem sie annehmen, dass es sich lange vor der Entstehung moderner Klassengesellschaften durchgesetzt hat. Da ihr theoretischer Ansatz auf der *breitesten theoretischen Basis* gründet und alle Herrschaftsformen umfasst – auch die Klassenherrschaft im Sinne von Marx und Engels –, soll er hier im ersten Abschnitt kommentiert werden. Denn „Entfremdung" im Sinne von Adorno und Horkheimer ist nicht nur Entfremdung im Kapitalismus, sondern meint die jahrhundertealte, sich vertiefende Kluft zwischen Mensch und Natur, die dadurch entsteht, dass sich der Mensch als Subjekt (als Geist) die Natur als Objekt unterwirft, statt sich mit ihr zu versöhnen.

1. Entfremdung als Naturbeherrschung

Wie der Junghegelianer Friedrich Theodor Vischer, der Hegel vorwirft, die Natur gering zu schätzen, so dass sie schließlich aus seinem System ausgeschlossen wird[11], lehnen auch Adorno und Horkheimer Hegels Versuch ab, die Natur dem Geist, das Objekt dem Subjekt unterzuordnen. In dieser Hinsicht erscheint ihnen Hegel als Erbe der von ihm selbst kritisierten Aufklärung, die wesentlich zur Konsolidierung der Naturbeherrschung durch den Geist als Logos beigetragen hat. Der Rationalismus der Aufklärung trifft sich mit Hegels Idealismus in der Absicht, zusammen mit der Natur alles Andersartige dem begrifflichen Denken anzugleichen und mit diesem zu *identifizieren*.

Dadurch kommt es zu einer fortschreitenden Entfremdung zwischen dem kalkulierenden, planenden und herrschenden menschlichen Subjekt und der von ihm beherrschten Natur: „Denn je gründlicher das Subjekt, nach idealistischem Brauch, die Natur sich gleichmacht, desto weiter entfernt es sich von aller Gleichheit mit ihr."[12] In ihrer *Dialektik der Aufklärung* fassen Adorno und Horkheimer das Ergebnis dieses rationalistischen und aufgeklärten Strebens nach vollkommener Naturbeherrschung als Identität von Subjekt und Objekt (Geist und Natur) in wenigen Worten zusammen: „Subjekt und Objekt werden

---

[11] Vgl. F. Th. Vischer, „Der Traum. Eine Studie zu der Schrift: *Die Traumphantasie von Dr. Johann Volkelt*", in: ders., *Kritische Gänge*, Bd. IV (Hrsg. R. Vischer), München, Meyer und Jessen, 1922, S. 482.
[12] Th. W. Adorno, *Negative Dialektik*, in: *Gesammelte Schriften*, Bd. VI (Hrsg. R. Tiedemann), Frankfurt, Suhrkamp, 1973, S. 266.

beide nichtig. Das abstrakte Selbst, der Rechtstitel aufs Protokollieren und Systematisieren hat nichts sich gegenüber als das abstrakte Material, das keine andere Eigenschaft besitzt als solchem Besitz Substrat zu sein."[13]

Adorno und Horkheimer sind der Meinung, dass dieser Prozess der gegenseitigen Vernichtung, in dem sich Subjekt und Objekt befinden, von der modernen Wissenschaft und den aus ihr hervorgehenden Technologien bis zur Katastrophe weitergetrieben wird. Sie sehen in der zeitgenössischen Wissenschaft eine Erbin der rationalistischen Aufklärung und des Hegelschen Idealismus.

Diesem Idealismus, der darauf aus ist, die Natur dem Geist, das Objekt dem Subjekt zu unterwerfen, bleiben nach Adorno auch Marx und Engels verhaftet, weil sie in ihrem Plädoyer für eine gesamtgesellschaftliche Kontrolle der Produktionsmittel, die mit einer Planung der Wirtschaft einhergeht, das weiterhin bestehende Moment der Naturbeherrschung nicht wahrnehmen. Daher meint Adorno, in Marx einen Erneuerer der Hegelschen Philosophie und des gesamten Idealismus zu erkennen, der Geist und Natur, Subjekt und Objekt identifiziert, da „auch bei Marx der ganze Idealismus noch drinsteckt insofern, als die Voraussetzung gemacht wird, daß auch das, was nicht Ich, was nicht identisch ist, sich gleichsam völlig in das gegenwärtige, präsente Ich, in den actus purus soll auflösen können".[14] Davon zeugt die Idealisierung des Proletariats von Marx bis Lukács, das als Erbe des Hegelschen Weltgeistes eine Identität von Subjekt und Objekt, Ich und Welt herbeiführen und der Entfremdung ein Ende bereiten soll.

Adorno erscheint der real existierende Sozialismus als Beleg dafür, dass die gesellschaftliche oder staatliche Kontrolle der Produktionsmittel einen fragwürdigen Fortschritt darstellt, der die Herrschaft über die Natur und die Menschen nur intensiviert und die Entfremdung der Menschheit von der Natur ebenso wenig beseitigt wie die zwischenmenschliche. Insofern ist weder der von Marx ins Auge gefasste noch der später in seinem Namen verwirklichte Sozialismus „die *wahrhafte*

---

[13] M. Horkheimer, Th. W. Adorno, *Dialektik der Aufklärung. Philosophische Fragmente*, in: Th. W. Adorno, *Gesammelte Schriften*, Bd. III (Hrsg. R. Tiedemann), Frankfurt, Suhrkamp, 1984 (2. Aufl.), S. 43.

[14] Th. W. Adorno, *Metaphysik. Begriff und Probleme. Nachgelassene Schriften*, Abt. IV (Hrsg. Adorno-Archiv), *Vorlesungen*, Bd. XIV (Hrsg. R. Tiedemann), Frankfurt, Suhrkamp, 1998, S. 221.

Auflösung des Widerstreits zwischen dem Menschen mit der Natur"[15], wie der junge Marx in „Nationalökonomie und Philosophie" schreibt.

Als Alternative zu Marxens Theorie und den ihr folgenden marxistischen Entwürfen erscheint Adorno und Horkheimer die Kunst, die sich aufgrund ihrer mimetischen, nichtbegrifflichen Sprache der Natur und ihren Objekten zu nähern vermag, ohne sie zu beherrschen, zu vereinnahmen: „Mit fortschreitender Aufklärung haben es nur die authentischen Kunstwerke vermocht, der bloßen Imitation dessen, was ohnehin schon ist, sich zu entziehen."[16] In der Kunst wird die Herrschaft über die Natur, die als Prinzip den Naturwissenschaften und der Technik innewohnt, durch ein Streben nach Versöhnung, nach mimetischer, sich angleichender Annäherung ersetzt: „In den Kunstwerken ist der Geist nicht länger der alte Feind der Natur. Er sänftigt sich zum Versöhnenden."[17]

Für die *Theorie* bedeutet dies, dass sie ihre Entfremdung von der Natur nur überwinden kann, wenn es ihr gelingt, die mimetischen, nichtbegrifflichen Momente der Kunst aufzunehmen. Dies meint Adornos lapidare Feststellung in der *Ästhetischen Theorie*: „Ratio ohne Mimesis negiert sich selbst."[18] Adorno selbst versucht, sich durch essayistisches, kunstnahes Schreiben[19], durch ein „Denken in Modellen" in seiner *Negativen Dialektik* und die parataktische Anordnung der postum veröffentlichen *Ästhetischen Theorie*, den Zwängen des begrifflich-logischen Denkens zu entziehen – ohne jedoch die Begrifflichkeit als solche preiszugeben. Theorie soll der mimetischen Kunst ähnlich werden und sich der Natur und ihren Objekten angleichen, anverwandeln, statt sie auf zweckrationale Art zu beherrschen, zu instrumentalisieren.

Mit anderen Worten: Die Entfremdung zwischen Mensch und Natur kann nur durch radikales *Umdenken* rückgängig gemacht werden: dadurch, dass Theorie künstlerisch oder „ästhetisch"[20] wird. Es ist

---

[15] K. Marx, *Die Frühschriften*, op. cit., S. 235.

[16] M. Horkheimer, Th. W. Adorno, *Dialektik der Aufklärung*, op. cit., S. 34.

[17] Th. W. Adorno, *Ästhetische Theorie*, in: ders., *Gesammelte Schriften*, Bd. VII (Hrsg. G. Adorno, R. Tiedemann), Frankfurt, Suhrkamp, 1970, S. 202.

[18] Ibid., S. 489.

[19] Zu Adornos Essayismus vgl. Vf., *Essay / Essayismus. Zum theoretischen Potenzial des Essays: Von Montaigne bis zur Postmoderne*, Würzburg, Königshausen und Neumann, 2012, Kap. VI: „Der Essay als Utopie: Von Lukács zu Adorno".

[20] Vgl. R. Bubner, „Kann Theorie ästhetisch werden? Zum Hauptmotiv der Philosophie Adornos", in: B. Lindner, W. M. Lüdke (Hrsg.), *Materialien zur ästhetischen*

jedoch keineswegs sicher, dass dies außerhalb von Adornos Werk, das durch eine besondere, unnachahmbare Schreibweise geprägt ist, gelingt und allen Wissenschaften als Ausweg aus der „logozentristischen" Sackgasse empfohlen werden kann.

Es kommt hinzu, dass Jürgen Habermas nicht zu Unrecht daran erinnert, dass Adorno und Horkheimer das kritische Potenzial der modernen Sozialwissenschaften unterschätzen und dass sie „die kulturelle Moderne" in einer „eingeengten Optik" wahrnehmen, „die gegenüber den Spuren und den existierenden Formen kommunikativer Rationalität unempfindlich macht".[21]

Es ist hier nicht der Ort, Habermas' Theorie des kommunikativen Handelns als Alternative zu Adornos „mimetischem Diskurs"[22] zu betrachten. Tatsache ist jedoch, dass weder der ästhetisch-mimetische Ansatz noch Habermas' Universalpragmatik mittelfristig dazu beitragen werden, den sich verschärfenden Gegensatz zwischen Mensch und Natur zu mildern.

Im Gegenteil, die immer rücksichtsloser ausgebeutete Natur erweist sich zunehmend als dem Menschen fremde, unkontrollierbare Macht, die auf ihre Instrumentalisierung durch Wissenschaft, Technologie und Technik mit „Klimawandel" und Naturkatastrophen aller Art reagiert: mit dem Schmelzen der Polkappen, dem Anstieg des Meeresspiegels, mit Waldbränden, Orkanen und Überschwemmungen. Statt radikal umzudenken, rüsten sich Forscher, Wirtschaftsexperten und Ölgesellschaften für eine profitable Erdölgewinnung in der (hoffentlich) bald eisfreien Arktis.

Diese Gleichgültigkeit der Natur gegenüber ist schon unter Jugendlichen feststellbar. Dazu bemerkt Rainer Brämer in *Jugendreport Natur '03*: „So wird der Abstand der jungen Hightech-Generation zu ihrer natürlichen Umwelt nicht nur objektiv immer größer. Auch subjektiv empfindet sie die Natur angesichts des Trommelfeuers von Schlüsselreizen aus der Konsum- und Medienwelt zunehmend als

---

Theorie. Th. W. Adornos Konstruktion der Moderne, Frankfurt, Suhrkamp (1979), 1980.

[21] J. Habermas, *Der philosophische Diskurs der Moderne. Zwölf Vorlesungen*, Frankfurt, Suhrkamp, 1985 (2. Aufl.), S. 155.

[22] Vgl. Vf., „Der mimetische Diskurs", in: P. V. Zima, *Kritik der Literatursoziologie*, Frankfurt, Suhrkamp, 1978.

langweilig."[23] Seine Diagnose lautet: „eine grundlegende Naturent-
fremdung"[24] der Jugend. Ergänzend beschreibt Adam Zurek die zunehmende Naturphobie anhand eines Beispiels aus dem Wattenmeer:
„So wurde mitten im Wattenmeer vor dem Deich in Wremen (Nord-
see) ein Schwimmbad-Koloss gesetzt: durch die Fenster des Bades
kann man rundherum Wattenmeer, also die Illustration Meer, genießen, aber bei warmem, klarem und chloriertem Wasser, alles geka-
chelt, statt watttrübe."[25]

Diese Entfremdung von der Natur, die von der Naturbeherrschung
und vom Herrschaftsdenken nicht zu trennen ist, führt zur Atrophie
der menschlichen Erfahrung. Der Mensch als zivilisiertes Naturwesen
verliert die Fähigkeit, Erfahrungen zu machen: in dem Maße, wie er
sich als herrschendes Subjekt von der Natur und ihren Objekten entfernt. Nicht zufällig gehört *Erfahrung* zu den Schlüsselbegriffen von
Adornos Philosophie.

Das Tragische an Adornos und Horkheimers Theorie der Entfren-
dung von Mensch und Natur besteht wohl in der Diskrepanz zwischen
ihrem Wahrheitsgehalt und ihrer Ohnmacht. Es geht hier aber nicht
nur um den Erkenntniswert einer Theorie und ihre praktische Wirkung, sondern um die Tatsache, dass die Menschen sehr wohl wissen,
dass der unverzichtbare Fortschritt fatale Folgen hat, jedoch außer-
stande sind, eine radikale Kurswende herbeizuführen. Denn der „reale
Sozialismus", der von vielen als Gegenmodell zum zerstörerischen
Kapitalismus gepriesen wurde, erwies sich als ebenso natur- und men-
schenfeindlich wie sein historischer Rivale. In beiden Fällen wurde –
und wird – die Natur dem zweckrationalen, instrumentellen Denken
unterworfen; und im Zuge der immer intensiveren Naturbeherrschung
wird auch der Mensch als Arbeitskraft instrumentalisiert.

Diesen Prozess fasst Gerhard Gstrein knapp und klar zusammen,
wenn er über die zeitgenössische Leistungsideologie schreibt: „Leistungsideologie erzeugt und verstärkt die Entfremdung der Menschen
von sich selbst und von den anderen, indem sie den Zugang zu den
besseren Möglichkeiten des Daseins verstellt – Selbstbestimmung und

---

[23] R. Brämer, *Jugendreport Natur '03. Nachhaltige Entfremdung*, Marburg, Universität Marburg, 2004, S. 68.
[24] Ibid.
[25] A. Zurek, *Psychologie der Entfremdung. Eigen, fremd, entfremdet*, Kröning,
Asanger, 2007, S. 241.

wirkliche Kooperation werden fremd und utopisch."[26] Dass sich der Einzelne selbst Gewalt antun und auf Erfahrung verzichten muss, um in einer feindseligen Umwelt zu überleben, haben bereits Adorno und Horkheimer im Zusammenhang mit Odysseus festgestellt: „Odysseus erkennt die archaische Übermacht des Liedes an, indem er, technisch aufgeklärt, sich fesseln läßt."[27] In diesem Satz tritt die Rolle des Archaischen und Irrationalen (des Mythos) in der Ratio der Aufklärung zutage: Der Einzelne muss sich – auf durchaus „rationale" Art – Gewalt antun, um seine Umwelt beherrschen zu können.

Diese Selbstvergewaltigung setzt sich in der avancierten Marktgesellschaft des Spätkapitalismus fort. Die von Adorno und Horkheimer kommentierte rationalistische List des Odysseus wird von Arbeitern und Angestellten reproduziert, die sich den marktbedingten Sachzwängen beugen, indem sie sie verinnerlichen: „Der Sachzwang, der den Arbeitern bereits vom globalen Arbeitsmarkt aufgezwungen wird, wird zusätzlich verstärkt. Es wird von den Mitarbeitern gefordert, dass sie sich selbst als ein Unternehmen im Unternehmen wahrnehmen sollen und sich so, wie die Unternehmen unter sich, der inner- und außerbetrieblichen Konkurrenz stellen".[28] In einer Gesellschaft, die aufgrund ihrer instrumentellen, dem Herrschaftsprinzip gehorchenden Vernunft zum Irrationalen neigt, setzt sich die unversöhnte Natur als Naturwüchsigkeit durch. In der Welt des Spätkapitalismus triumphiert letztlich das Recht des Stärkeren – wie in der Urnatur.

Komplementär dazu heißt es in einer Studie von Wolfgang Hoebig über die Produzenten in der Warengesellschaft: „Ihr gesellschaftlicher Zusammenhang stellt sich dar außerhalb der Arbeit in der Warenzirkulation als ein äußerliches, unbegriffenes und unbeeinflußbares Zwangsverhältnis, in dem der eine sich selbst instrumentalisiert, um den anderen zu instrumentalisieren."[29]

---

[26] G. Gstrein, *Leistungsideologie und Entfremdung. Über mögliche Entfremdungen und die Entfremdung von Möglichkeiten durch die Leistungsideologie*, Diplomarbeit, Univ. Innsbruck, Geisteswiss. Fakultät, 1997, S. 135.

[27] M. Horkheimer, Th. W. Adorno, *Dialektik der Aufklärung*, op. cit., S. 78.

[28] S. Legille, B. Toussaint, *Soziale Entfremdung. Zusammenhang von Arbeitsbedingungen und Phänomenen sozialer Entfremdung in Tätigkeiten mit interaktivem Charakter*, Diplomarbeit, Univ. Innsbruck, 2007, S. 47.

[29] W. Hoebig, *Bedürftigkeit – Entfremdung der Bedürfnisse im Kapitalismus*, Berlin, Max-Planck-Institut für Bildungsforschung (*Materialien zur Bildungsforschung* 25), 1984, S. 225.

Hier setzt sich in vollem Ausmaß das durch, was Horkheimer als „instrumentelle Vernunft"[30] bezeichnet. Diese Vernunft hat eine entfremdende Wirkung, weil sie die Subjektivität des Anderen negiert und ihn auf ein zu manipulierendes Objekt reduziert. Zugleich bewirkt sie Selbstentfremdung, weil sich das zweckrational oder „instrumentell" denkende und handelnde Subjekt selbst Gewalt antun und sich objektivieren, verdinglichen muss, um in der Tauschgesellschaft erfolgreich zu sein.

Diese Selbstinstrumentalisierung und Selbstmanipulation ist nicht nur für den Produktionsprozess und das Arbeitsleben kennzeichnend, sondern setzt sich in der nachmodernen Gesellschaft immer häufiger in der „freien" Zeit fort. Davon zeugt nicht nur der Leistungssport – etwa „Iron Man" –, der jenseits der Berufssphäre längst die Freizeit erfasst hat, sondern auch das alltägliche *Joggen* mit der Stoppuhr, das *Bodybuilding* und der immer professioneller werdende Radsport. Der Freizeitsportler sucht nicht so sehr Entspannung und Erholung, sondern versucht, sich selbst zu beweisen, dass er jeden Tag mehr leistet, dass er „es schafft" und die anderen jederzeit überbieten kann. Dabei bleiben Geselligkeit und Spiel auf der Strecke, weil die *aus der Arbeitswelt stammende Leistungsorientierung* die Beteiligten einander entfremdet: Jeder wird zum Konkurrenten des anderen. Insofern ist die Bezeichnung „Freizeit", die suggeriert, jenseits von Produktionsprozess, Leistung und Arbeitszeit zu sein, irreführend.

Was Steve Legille und Benjamin Toussaint über den zeitgenössischen Arbeiter schreiben, gilt *mutatis mutandis* auch für den Freizeitsportler: „Der Arbeitnehmer wird also anhand der *Ergebnisse*, die er liefert, kontrolliert und muss sich einer rigiden Selbstkontrolle unterwerfen (...)."[31] Diese Selbstkontrolle veranschaulicht Adornos und Horkheimers gefesselter Odysseus.

Marx und Engels haben, wie sich im nächsten Abschnitt zeigen wird, die Entfremdung in der kapitalistischen Arbeitswelt in allen Einzelheiten dargestellt und kritisch kommentiert. Anders als Adorno und Horkheimer haben sie jedoch nicht bedacht, dass das grundsätzliche, das allgemeine Problem nicht der Kapitalismus als besondere gesellschaftliche Formation ist, sondern die immer intensivere *Naturbeherr-*

---

[30] Vgl. M. Horkheimer, *Zur Kritik der instrumentellen Vernunft. Aus den Vorträgen und Aufzeichnungen seit Kriegsende* (Hrsg. A. Schmidt), Frankfurt, Fischer, 1974, S. 94-95.

[31] S. Legille, B. Toussaint, *Soziale Entfremdung*, op. cit., S. 47.

schung, die die gesamte gesellschaftliche Entwicklung in die falsche Richtung treibt.

Den jungen Marx hindert sein aufklärerisches und positivistisches Penchant daran, in der Naturwissenschaft das Prinzip der Naturbeherrschung zu erkennen: „Aber desto *praktischer* hat die Naturwissenschaft vermittelst der Industrie in das menschliche Leben eingegriffen und es umgestaltet und die menschliche Emanzipation vorbereitet, so sehr sie unmittelbar die Entmenschung vervollständigen mußte.“[32]

Unübersehbar ist hier das hegelianisch-dialektische Vertrauen auf den historischen Prozess, der durch „Entmenschung“ zur „Emanzipation“ und zur Rückkehr des Menschen zu sich selbst führen soll. Adornos und Horkheimers Kritische Theorie sagt dieser Art von Dialektik ab, weil ihr die Einsicht innewohnt, dass mit zunehmender Naturbeherrschung und Instrumentalisierung die Katastrophe immer näher, die Emanzipation hingegen in weite Ferne rückt.

2. Entfremdung, Tauschwert und Geldherrschaft: Von Hegel und Marx zu Simmel und Baudrillard

Die Argumentation im vorigen Abschnitt läuft nicht auf die These hinaus, dass die Theorien von Marx und Engels nicht mehr aktuell seien, dass „Marx gestorben“[33] sei, wie ein „neuer Philosoph“ schon vor längerer Zeit voreilig, aber publikumswirksam in Frankreich verkündete. Diese Theorien greifen zu kurz, weil sie *das Prinzip der Naturbeherrschung nicht in seiner Gesamtheit* betrachten, sondern nur in seiner kapitalistischen Ausprägung.

Es kommt hinzu, dass Marx und Engels nicht das Verhältnis von Mensch und Natur und das Problem der Naturbeherrschung ins Zentrum ihrer Betrachtungen rücken, sondern den von Hegel geerbten *Arbeitsbegriff*. Zu Recht spricht István Mészáros von Marxens „Identifizierung mit dem Standpunkt der Arbeit“.[34] Dadurch kommt es zu ei-

---

[32] K. Marx, *Die Frühschriften*, op. cit., S. 244.

[33] Vgl. J.-M. Benoist, *Marx est mort*, Paris, Gallimard, 1970.

[34] I. Mészáros, *Der Entfremdungsbegriff bei Marx*, München, List Verlag, 1973, S. 81. Vgl. auch: H. Popitz, *Der entfremdete Mensch. Zeitkritik und Geschichtsphilosophie des jungen Marx*, Frankfurt, Europäische Verlagsanstalt, 1968 (2. Aufl.), S. 111: „Die Grundlage dieses Systems, das Marx entwirft, bildet daher eine *Philosophie der Arbeit* (...).“

ner Einengung der Perspektive, die bewirkt, dass das Herrschaftsprinzip in seiner allgemeinsten Form, in der es sich auch in allen realexistierenden sozialistischen Gesellschaften durchsetzt (als Umweltzerstörung, Ausbeutung der Arbeitskräfte und politische Unterdrückung), aus dem Blickfeld verschwindet.

Der wesentliche Unterschied zwischen Hegels Auffassung der Entfremdung und dem Marxschen Entfremdungsbegriff ist nicht der zwischen Allgemeinheit (im Sinne der allgegenwärtigen Naturbeherrschung) und Besonderheit, sondern *der zwischen geistiger und materieller Arbeit*. Während bei Hegel „Vergegenständlichung" und „Entfremdung" Stadien des sich entfaltenden und zu sich selbst kommenden Geistes sind, werden sie schon beim jungen Marx als gesellschaftlich-wirtschaftliche Zustände aufgefasst. Während bei Hegel Entfremdung mit geistig-begrifflichen Mitteln (also durch geistige Arbeit) überwunden werden soll, kann sie bei Marx nur durch eine Umwälzung der gesamten gesellschaftlichen und wirtschaftlichen Verhältnisse beseitigt werden.

Tatsache ist jedoch, dass Marx Hegels Entfremdungsbegriff aufgreift und umdeutet, wie Marcella D'Abbiero bemerkt: „Nach Marx besteht Hegels Verdienst darin, dass er in der *Phänomenologie* die Idee menschlicher ‚Entfremdung' eingeführt und beibehalten hat."[35]

Bekanntlich läuft Hegels Argumentation auf eine Versöhnung von Subjekt und Objekt und eine Rechtfertigung der existierenden Verhältnisse hinaus: „Die Behauptung der Einheit von Subjekt und Objekt, die den Verhältnissen zu weit vorauseilt, feiert das schlechte Bestehende."[36] Der Vernunftbegabte erkennt die Notwendigkeit der bestehenden Ordnung, die Hegel als gottgewollt erscheint: „Denn die Vernunft ist das Vernehmen des göttlichen Werkes."[37] Entfremdung soll durch die vernünftige Einsicht in den rationalen Charakter und die Notwendigkeit des Weltlaufs überwunden werden.

Von dieser Einsicht des Vernünftigen heißt es in Hegels *Grundlinien der Philosophie des Rechts*, sie sei „die *Versöhnung* mit der Wirklichkeit, welche die Philosophie denen gewährt, an die einmal die

---

[35] M. D'Abbiero, *„Alienazione" in Hegel. Usi e significati di Entäusserung, Entfremdung, Veräusserung*, Rom, Edizioni dell'Ateneo, 1970, S. 10.

[36] F. Böckelmann, *Über Marx und Adorno. Schwierigkeiten der spätmarxistischen Theorie*, Frankfurt, Makol Verlag, 1972, S. 12.

[37] G. W. F. Hegel, *Vorlesungen über die Philosophie der Geschichte*, in: ders., *Werke*, Bd. XII, Frankfurt, Suhrkamp (1970), 1986, S. 53.

innere Anforderung ergangen ist, zu *begreifen* (...).["38] Durch „begreifen", durch geistige Arbeit wird bei Hegel die Entfremdung überwunden und die Kluft zwischen Subjekt und Objekt überbrückt – nicht durch materielle Tätigkeit.

Dazu bemerkt Hermann Schmitz in *Die entfremdete Subjektivität*: „Praktisch läuft dies darauf hinaus, daß der Wille sich mit den vorgegebenen Inhalten und Umständen abfindet und sie sich so zu eigen macht, daß sie ihm nicht mehr als Hemmungen seines Strebens widerfahren."[39] Zu Recht spricht in diesem Zusammenhang Michael Rosen von „Hegel's purified self, whose activity constitutes the self-development of Thought".[40] Den Kern der Hegelschen Geschichtsphilosophie fasst Jürgen Hüllen in *Entfremdung und Versöhnung* zusammen, wenn er den rein geistigen Charakter des historischen Geschehens im Sinne von Hegel betont: „Der weltgeschichtliche Fortschritt ist in erster Linie ein Fortschritt im Bewußtsein. (...) Erst indem sich der Mensch erkennend und begreifend der Welt bemächtigt und damit sich seines Wesens als Freiheit bewußt wird, ,ist die Fremdheit verschwunden', ist der Mensch ,zu Hause'."[41]

Einen weiteren Aspekt der Marxschen Kritik an Hegel hat Jean-Yves Calvez in seinem schon älteren Werk beleuchtet, in dem die Entfremdung zentral ist. Es geht dort um den Philosophen als spezialisierten „Kopfarbeiter", der weitab von aller Wirklichkeit und ihren realen Widersprüchen über Möglichkeiten spekuliert, Antagonismen zu überwinden und die Entfremdung aus der Welt zu schaffen: „Das philosophische Leben ist eine verstümmelte Tätigkeit des Menschen. Hier lebt er bloß im Gedanken, als ein intellektueller Arbeiter, ohne Kontakt mit der manuellen, geschichtlich bedingten Arbeit."[42]

Im Rückblick muss man sich jedoch fragen, ob Marx und später Lukács den deutschen Idealismus nicht im materialistischen Gewand auferstehen lassen, wenn sie das Proletariat als „Auflösung aller Klas-

---

[38] G. W. F. Hegel, *Grundlinien der Philosophie des Rechts*, in: ders., *Werke*, Bd. VII, Frankfurt, Suhrkamp (1970), 1986, S. 27.

[39] H. Schmitz, *Die entfremdete Subjektivität. Von Fichte zu Hegel*, Bonn, Bouvier, 1992, S. 279.

[40] M. Rosen, *Hegel's Dialectic and its Criticism*, Cambridge, Univ. Press (1982), 1984, S. 113.

[41] J. Hüllen, *Entfremdung und Versöhnung als Grundstruktur der Anthropologie*, Freiburg-München, Alber, 1982, S. 84.

[42] J.-Y. Calvez, *Karl Marx. Darstellung und Kritik seines Denkens*, Olten-Freiburg, Walter-Verlag, 1964, S. 138.

sen" idealisieren und als gesellschaftliches Gesamtsubjekt mit fantastischen Eigenschaften ausstatten. Nicht nur Hegel betrachtete die Welt vom Standpunkt der Entfremdung aus – auch Marx und Engels als marginalisierte Intellektuelle taten es, wie sich im ersten Kapitel gezeigt hat.

Dies bedeutet keineswegs, dass Marxens Werk nicht mehr aktuell ist. Aktuell ist nach wie vor seine frühe Kritik an der Hegelschen Apologie des Realen: „Hegel ist nicht zu tadeln, weil er das Wesen des modernen Staats schildert, wie es ist, sondern weil er das, was ist, für das *Wesen des Staats* ausgibt. Daß das Vernünftige wirklich ist, bewegt sich eben im *Widerspruch* der *unvernünftigen Wirklichkeit* (...).“[43] Hegel beschreibt zwar die verschiedenen Arten der Entfremdung, hebt sie aber nur geistig-begrifflich auf: „Wenn er z.B. Reichtum, Staatsmacht etc. als dem *menschlichen* Wesen entfremdete Wesen gefaßt, so geschieht dies nur in ihrer Gedankenform... Sie sind Gedankenwesen – daher bloß die Entfremdung des *reinen*, das ist abstrakten philosophischen Denkens.“[44] Im Anschluss an seine Hegel-Kritik nimmt Marx sich vor, das vernünftige Prinzip in der sozioökonomischen Wirklichkeit durchzusetzen und die Entfremdung nicht im Geiste, sondern mit materiellen Mitteln – durch die proletarische Revolution – aufzuheben.

Aus diesem Grunde nimmt seine Kritik in erster Linie die materiellen Verhältnisse aufs Visier, die Entfremdung (im strukturellen Sinn, vgl. „Einleitung") verursachen, d.h. die Strukturen und Institutionen, die entfremdend wirken. Diese sind: das Privateigentum an Produktionsmitteln, die soziale Arbeitsteilung und die Umwandlung menschlicher Arbeit in eine Ware durch die Herrschaft des Tauschwerts in der Marktgesellschaft.[45]

Die Arten der Entfremdung (des Arbeiters) beschreibt Alfred A. Oppolzer in *Entfremdung und Industriearbeit*, wo er von der „Sys-

---

[43] K. Marx, *Die Frühschriften*, op. cit., S. 74.

[44] Ibid., S. 254.

[45] Obwohl es Tauschverhältnisse in vormodernen Gesellschaften gab, ist die Herrschaft des Tauschwerts für die Moderne charakteristisch. Vgl. B. Ollman, *Alienation. Marx's Concept of Man in Capitalist Society*, Cambridge, Univ. Press, 1971, S. 183: „Thus, although exchange on the basis of exchange-value took place in precapitalist times, ‚exchange-value‘ is a modern concept (...)."

tembedingtheit der Entfremdung"[46] spricht: „(a) als Entfremdung des Arbeiters von seiner *Tätigkeit*, deren Zwecke ihm fremd sind (...); (b) als Entfremdung vom *Produkt*, das er für einen anonymen Markt produziert und das ihm gleichgültig ist, weil für seinen Konsum allein der Lohn relevant ist, den er erhält; (c) als Entfremdung von den anderen *Menschen* und von der menschlichen *Gattung*."[47] Diese drei Arten der Entfremdung münden schließlich in die Selbstentfremdung des Arbeiters, der auf seine *Arbeitskraft* reduziert wird.

Während Marx' Kritik an Privateigentum und Arbeitsteilung (die im dritten Kapitel ausführlicher zur Sprache kommt) in der zeitgenössischen Gesellschaft bisweilen antiquiert wirkt, weil die Komplexität der Eigentumsverhältnisse in der Wirtschaft stark zugenommen hat und die Differenzierungsprozesse in Wirtschaft, Verwaltung, Wissenschaft und Technik (vgl. Kap. III. 1) mit der von Marx beschriebenen *industriellen Arbeitsteilung* kaum zu vergleichen sind, ist seine *Kritik der Warenwirtschaft und der Vermittlung durch den Tauschwert*, die auch in Oppolzers Kurzdarstellung anklingt, aktueller denn je.

Denn die Kommerzialisierung der Gesellschaft und die Herrschaft des Tauschwerts haben im Laufe des 20. Jahrhunderts Ausmaße angenommen, die alle Vorstellungen des 19. Jahrhunderts übertreffen, zugleich aber Marx' Diagnosen und Prognosen bestätigen. An sie knüpfen in verschiedenen Kontexten und mit stark divergierenden Absichten Georg Simmel, Georg Lukács und Jean Baudrillard an.

Zu Recht bezeichnet Lucien Sève in *Marxistische Analyse der Entfremdung* „die ökonomische Entfremdung als die historische Grundform der menschlichen Entfremdung".[48] „Es ist natürlich nicht zufällig", bestätigt Berthold Werlein diesen Befund, „daß Marx und Engels die ökonomische Entfremdung in den Mittelpunkt rücken, denn sie ist die Grundlage aller anderen Entfremdungsformen"[49] – d.h. der religiösen und der politischen.

Innerhalb dieser ökonomischen Entfremdung sind der Warentausch und die Vermittlung durch den Tauschwert die zentralen Faktoren.

---

[46] A. A. Oppolzer, *Entfremdung und Industriearbeit: Die Kategorie der Entfremdung bei Karl Marx*, Köln, Pahl-Rugenstein, 1974, S. 69.

[47] Ibid., S. 68.

[48] L. Sève, *Marxistische Analyse der Entfremdung*, Frankfurt, Verlag Marxistische Blätter, 1978, S. 25.

[49] B. Werlein, *Entfremdung und Mechanisierung der Produktionsarbeit. Kritik des Technikfetischismus*, Köln, Pahl-Rugenstein, 1981, S. 48.

Marx hat sehr früh erkannt, dass das Geld in der bürgerlich-kapitalistischen Gesellschaft allmählich zum Selbstzweck wird, dass es als Tauschwert alle anderen (kulturellen) Werte überwuchert, Entfremdung und Selbstentfremdung in alle Lebensbereiche hineinträgt und die *Verdinglichung* zu einem der Hauptmerkmale der Spätmoderne werden lässt (vgl. Abschn. 3).

Der junge Marx antizipiert einige Kritiken Adornos und Horkheimers, wenn er erklärt, „wie sehr das Geld, das als Mittel erscheint, die wahre *Macht* und der einzige *Zweck* ist – wie sehr überhaupt *das* Mittel, das mich zum Wesen macht, das mir das fremde gegenständliche Wesen aneignet, *Selbstzweck* ist (...).“[50]

Das Geld, das sich in der Marktgesellschaft als Mittel präsentiert, verdrängt letztlich alle anderen Zwecke und wird zum Selbstzweck: sooft „Immobilien“ oder Kunstwerke als Investitionen erworben werden, sooft mit Grundstücken, Aktien oder Währungen „spekuliert“ wird. Es gehört zum Wesen der für den Markt produzierten Ware, dass den Verkäufer nicht ihr Gebrauchswert interessiert (das Wohnen oder die Wahrheit der Kunst), sondern ihr Tauschwert. Im „Austauschverhältnis der Waren“ wird dieser „charakterisiert durch die Abstraktion von ihren Gebrauchswerten“[51], erläutert Marx den Sachverhalt im ersten Band von *Das Kapital*, das *auf dieser Ebene* als eine Fortsetzung der Frühschriften gelesen werden könnte – in Übereinstimmung mit Lucien Sèves These, dass Marx in seinem Spätwerk seine Entfremdungstheorie unter neuen, historisch-materialistischen Vorzeichen weiterentwickelt.[52]

In der Tauschgesellschaft werden kulturelle – religiöse, politische, ästhetische oder ethische – Wertgegensätze durch die Vermittlerrolle des Geldes aufgehoben. Marx beschreibt, wie diese Gegensätze in der *Ambivalenz* zusammengeführt werden und sich schließlich in der *Indifferenz* (als austauschbare Einheiten) auflösen. Er spricht von der „*verkehrenden* Macht“ des Geldes und fügt hinzu: „Es [das Geld] verwandelt die Treue in Untreue, die Liebe in Haß, den Haß in Liebe, die Tugend in Laster, die Laster in Tugend, den Knecht in den Herrn,

---

[50] K. Marx, *Die Frühschriften*, op. cit., S. 266.

[51] K. Marx, *Das Kapital*, Bd. I, Frankfurt-Berlin-Wien, Ullstein (1969), 1981, S. 19.

[52] Vgl. L. Sève, *Marxistische Analyse der Entfremdung*, op. cit., S. 54: „Im Gegensatz zu einer verbreiteten Behauptung ist das Vokabular der Entfremdung im reifen Marxschen Werk vorhanden, ja massiv vorhanden, und zwar nicht nur als Randerscheinung, sondern im Gegenteil in zentraler Position.“

den Herrn in den Knecht, den Blödsinn in Verstand, den Verstand in Blödsinn." Es ist „die allgemeine *Verwechslung* und *Vertauschung* aller Dinge (...), es ist die Verbrüderung der Unmöglichkeiten, es zwingt das sich Widersprechende zum Kuß."[53]

Wie „Blödsinn in Verstand" verwandelt wird, führen uns täglich Werbung und Boulevardpresse vor, wenn sie schnelle Schlankheitskuren und wunderwirkende Haarwuchsmittel anpreisen oder versuchen, mit sensationellen Schlagzeilen oder Pseudoargumenten höhere Absatzraten zu erzielen. Die von Marx beschriebene Indifferenz, die im Folgenden eine wesentliche Rolle spielen wird, ist nicht Gleichgültigkeit im affektiven Sinn, sondern Austauschbarkeit, „Vertauschung" gegensätzlicher Werte, Meinungen und Positionen. In den *Grundrissen* wird allerdings gezeigt, dass die vom Tauschwert bewirkte Austauschbarkeit auch *Gleichgültigkeit als soziale Einstellung* zeitigt: „Der Druck der allgemeinen Nachfrage und Zufuhr aufeinander vermittelt den Zusammenhang der gegeneinander Gleichgültigen."[54]

Diese grundsätzliche Entfremdung, welche sowohl die frühe als auch die spätmoderne Marktgesellschaft durchwirkt, kommt dadurch zustande, dass der Markt Individuen und Gruppen zusammenführt und bisweilen zusammenzwingt, die einander mit Gleichgültigkeit betrachten, weil sie gegensätzliche, unvereinbare Werte vertreten. Ihre soziale und affektive Gleichgültigkeit entsteht durch die marktbedingte Begegnung von unvereinbaren Vorstellungen, Werten und Normen. *Diese Zusammenführung als strukturell bedingte Erscheinung wird hier als Indifferenz bezeichnet.*

Sie zeitigt nicht nur Gleichgültigkeit, sondern mitunter auch Unverständnis, Feindseligkeit und Aggression. Dies wird in „multikulturellen" Gesellschaften deutlich, in denen heterogene ethnische oder religiöse Gruppen vom Markt zur Interaktion gezwungen werden: Bestenfalls wickeln sie ihre Geschäfte mit Gleichgültigkeit ab; schlimmstenfalls trachten sie einander nach dem Leben. Den französischen „Multikulturalismus" fasst Claude Ollier als „Gettobildung" auf: „Jede Gruppe versucht, sich hinter ihren eigenen Dogmen zu verschanzen."[55] Dass diese Situation konfliktträchtig ist, vor allem dann,

---

[53] K. Marx, *Die Frühschriften*, op. cit., S. 301.
[54] K. Marx, *Produktivkräfte und Produktionsverhältnisse* (Hrsg. H. Reichelt, R. Zech), Frankfurt-Berlin-Wien, Ullstein, 1983, S. 187.
[55] F. Ollier, *L'Idéologie multiculturaliste en France. Entre fascisme et libéralisme*, Paris, L'Harmattan, 2004, S. 117.

wenn die Marktgesetze Kommunikation und Interaktion erzwingen, liegt auf der Hand. In Annäherung und Austausch tritt die Fremdheit erst richtig zutage.

Dies gilt auch für die individuelle Ebene, auf der Marx die entfremdende Wirkung des Geldes als Tauschwert anschaulich beschreibt. Das Geld überdeckt, übertüncht gleichsam alle guten und schlechten Eigenschaften: „Was durch das *Geld* für mich ist, was ich zahlen, d.h., was das Geld kaufen kann, das *bin ich*, der Besitzer des Geldes selbst. (...) Ich *bin* häßlich, aber ich kann mir die *schönste* Frau kaufen. Also bin ich nicht *häßlich*, denn die Wirkung der *Häßlichkeit*, ihre abschreckende Kraft, ist durch das Geld vernichtet. (...) Ich bin *geistlos*, aber das Geld ist der *wirkliche Geist* aller Dinge, wie sollte sein Besitzer geistlos sein?"[56]

Nun ist es keineswegs sicher, dass „Hässlichkeit" und „Geistlosigkeit" durch das Geld aufgehoben werden. Eher entsteht ein Widerspruch wie im „Multikulturalismus", der Verstellung und Konflikt zeitigen kann: Die „schönste Frau" wird ihren reichen Partner möglicherweise betrügen oder gar umbringen, um seinen Reichtum zu erben; seine Geistlosigkeit wird belächelt, kommentiert, parodiert. Es breitet sich eine alles durchdringende *Ambivalenz* aus, die dadurch zustande kommt, dass das Geld unvereinbare Werte wie Hässlichkeit und Schönheit, Geistlosigkeit und Geist zusammenführt und die von ihm abhängigen Akteure zwingt, diese Zusammenführung ironisch und selbstironisch zu dulden. Auch in diesem Fall besteht die Entfremdung darin, dass einander fremde Menschen zu Interaktion und Heuchelei gezwungen werden.

Marx selbst zeigt, wie die Ambivalenz allmählich in *Indifferenz* übergehen kann, wenn er zum Geistlosen bemerkt: „Zudem kann er sich die geistreichen Leute kaufen, und wer die Macht über die Geistreichen hat, ist der nicht geistreicher als der Geistreiche!"[57] In der Tat, man könnte sich fragen, wo der Geist der – sich schlau wähnenden – Geistreichen bleibt, wenn sie sich auf so plumpe Art vom Geistlosen manipulieren lassen. Angesichts solcher Übergänge und Metamorphosen entsteht der Eindruck, dass sich Differenzen auflösen, indifferent werden.

---

[56] K. Marx, *Die Frühschriften*, op. cit., S. 298.
[57] Ibid., S. 298-299.

Ein Aspekt der entfremdenden Vermittlung durch den Tauschwert, der bei Marx unterbelichtet bleibt, wird von Georg Simmel in den Mittelpunkt seiner Betrachtungen gerückt: die *Anonymität*. Der hässliche Reiche, dem es zeitweise gelingt, mit Hilfe des Geldes die „schönste Frau" an sich zu binden, bleibt in der von ihm eingegangenen Beziehung anonym, fremd – ebenso wie seine Partnerin. Anonymität herrscht auch zwischen den einander fremden Individuen und Gruppen der „multikulturellen" Gesellschaft. Sie bedeuten einander nichts, weil sie sich letztlich nur für das zwischen ihnen vermittelnde Geld interessieren: wie der Touristenführer, der Souvenirhändler oder der Hotelbesitzer in einem „Urlaubsland" (ein durch den Tauschwert vermittelter Begriff).

An einem von europäischen und nordamerikanischen Touristen bevölkerten indischen Strand herrschen (schon im Jahre 1979) Gleichgültigkeit und Langeweile: „Langeweile? Na, kaufen wir halt etwas! Vor dem Restaurant sitzt der Kaschmiri auf einem dicken Geldbeutel und träumt von seiner angenehm kühlen Heimat im fernen Norden, die er nur verlassen hat, um hier den reichen Kindern aus Europa und Amerika alte Bauernfetzen zu unverschämten Preisen anzubieten. Und aus nahezu jeder Freßbude dröhnt ein Kassettenrecorder mit eiernder Rockmusik, von Reisenden zum Verkauf mitgebracht, Seitenmoränen einer Konsumwelle, vor der viele hier flohen. Kein Geschäft wird ausgelassen...["][58]

Eine ganz andere Art von Tauschgesellschaft beschreibt Georg Simmel, wenn er die sich durchsetzende spätkapitalistische Marktwirtschaft mit der expandierenden Großstadt und ihrer von Anonymität geprägten Kultur verknüpft: „Die moderne Großstadt aber nährt sich fast vollständig von der Produktion für den Markt, d.h. für völlig unbekannte, nie in den Gesichtskreis des eigentlichen Produzenten tretende Abnehmer. Dadurch bekommt das Interesse beider Parteien eine unbarmherzige Sachlichkeit (...).["][59] Wie Marx hebt auch Simmel die Unterschiede zwischen großstädtisch-kapitalistischer und vorkapitalistischer Produktion hervor.

Dabei betont er neben der Anonymität und der „Sachlichkeit" auch die „Blasiertheit" als „Abstumpfung gegen die Unterschiede der Din-

---

[58] Ch. Marwitz, „Haschisch, Morphium oder Money-Change?", in: *Die Zeit* 40, 28. 9. 1979, S. 57.
[59] G. Simmel, „Die Großstädte und das Geistesleben", in: ders., *Das Individuum und die Freiheit. Essais*, Berlin, Wagenbach, 1984, S. 194.

ge" und fügt hinzu: „(...) Indem das Geld alle Mannigfaltigkeiten der Dinge gleichmäßig aufwiegt, alle qualitativen Unterschiede zwischen ihnen durch Unterschiede des Wieviel ausdrückt, indem das Geld, mit seiner Farblosigkeit und Indifferenz, sich zum Generalnenner aller Werte aufwirft, wird es der fürchterlichste Nivellierer, es höhlt den Kern der Dinge, ihre Eigenart, ihren spezifischen Wert, ihre Unvergleichbarkeit rettungslos aus."[60] Komplementär dazu spricht er an anderer Stelle von einer „vorschreitenden Überdeckung der qualitativen Werte durch einen bloß quantitativen".[61]

Simmels Argumente ergänzen die von Marx dadurch, dass sie die *Anonymität des Geldes*, seine *quantifizierende* und *abstrahierende* Wirkung sowie seine Indifferenz allen qualitativen Werten gegenüber erkennen lassen. Da die affektive Bindung von Individuen und Gruppen an qualitative Werte auch bei Simmel vorausgesetzt wird, wird auch bei ihm ein Widerspruch zwischen dieser Bindung und der Indifferenz des Tauschwerts erkennbar, der Entfremdung bewirkt. Auf dem Markt begegnen Menschen einander als Fremde, weil der Tauschwert von ihren affektiven und kulturellen Besonderheiten *abstrahiert.* Simmel betont, dass diese Abstraktion in der Großstadtgesellschaft immer mehr zur Geltung kommt und die zwischenmenschliche Kommunikation beherrscht.

Es wäre allerdings ein Fehler, Marx und Simmel einseitig als Kritiker oder Gegner kapitalistischer Marktwirtschaft darzustellen. Denn beiden ist klar, dass diese Wirtschaftsform, die mit der sich beschleunigenden Urbanisierung einhergeht, ein sozialer *Fortschritt* ist, der in seiner Ambivalenz betrachtet werden muss: als Befreiung und Unterwerfung des Subjekts, als Zerstörung und Wachstum zugleich.

Simmel weicht zwar radikal von Marx und Engels ab, weil er nicht glaubt, dass sich dieser Fortschritt auf ein historisches Telos, etwa auf die klassenlose Gesellschaft, zubewegt, aber er nimmt sehr wohl die befreiende, emanzipatorische Funktion des Geldes wahr.[62] In seiner *Philosophie des Geldes* spricht er zwar von der „Charakterlosigkeit

---

[60] Ibid., S. 196.
[61] G. Simmel, *Schriften zur Soziologie. Eine Auswahl* (Hrsg. H.-J. Dahme, O. Rammstedt), Frankfurt, Suhrkamp, 1983, S. 85.
[62] Vgl. H. Brinkmann, *Methode und Geschichte. Die Analyse der Entfremdung in Georg Simmels „Philosophie des Geldes"*, Gießen, Fokus, 1974, S. 93-94.

des Geldes"[63], betont aber an anderer Stelle „die Bedeutung der Geldwirtschaft für die individuelle Freiheit".[64] Lange bevor „Multikulturalität" diskutiert wurde, weist er auf die Vermittlerrolle des Geldes hin, das einander fremde Individuen und Gruppen zusammenführt: „Denn damit läßt es eine Gemeinsamkeit der Aktion von solchen Individuen und Gruppen entstehen, die ihre Getrenntheit und Reserviertheit in allen sonstigen Punkten scharf betonen."[65] Unerwähnt bleibt hier das Konfliktpotenzial, das eine solche Scheingemeinsamkeit birgt.

Obwohl Marx und Simmel – jeder auf seine Art – die Orientierung von Denken und Handeln am Tauschwert beschreiben, antizipieren sie nur selten einen Zustand, in dem Gebrauchswerte oder „qualitative Werte" so stark vom Tauschwert überwuchert werden, dass sie von vielen nicht mehr wahrgenommen werden, nicht mehr *benannt* werden können. Denkbar ist eine „eindimensionale" postmoderne Gesellschaft, in der Geld und Gewinn zu den einzigen Kriterien werden: in Politik, Kunst, Wissenschaft und – Medizin.

Vor der Entstehung einer solchen Gesellschaft warnt Giovanni Maio in seinem Artikel „Wider die ökonomisierte Medizin". Er wendet sich gegen die Behandlung von Patienten als Kunden: „Heute wird den Ärzten implizit beigebracht, die Patienten in ökonomische Kategorien einzuordnen und bei jedem Patienten mit zu reflektieren, welche Bilanz er verspricht."[66] Das Ende seines Artikels kann kaum zuversichtlich stimmen: „Es wird immer deutlicher: Wenn die Medizin nur noch der ökonomischen Logik folgt, wird sie am Ende keine Medizin mehr sein."[67] Was wird sie sein? Möglicherweise eine Wissenschaft „jenseits der Menschen", die den *menschlichen Körper* vorwiegend aus der Sicht des innovativen Experiments und des mit ihm einhergehenden Markterfolgs betrachtet.

Eine solche „eindimensionale" Gesellschaft, in der keine Wertskala jenseits des Tauschwerts mehr *wahrgenommen* wird, hat Jean Baudrillard ins Auge gefasst. Im letzten Jahrzehnt seines Schaffens entfernt er

---

[63] G. Simmel, *Philosophie des Geldes*, Berlin, Duncker und Humblot, 1977 (6. Aufl.), S. 483.
[64] Ibid., S. 311.
[65] G. Simmel, *Schriften zur Soziologie*, op. cit., S. 80.
[66] G. Maio, „Wider die ökonomisierte Medizin", in: *Forschung und Lehre* 4/13, 2013, S. 261.
[67] Ibid.

sich immer mehr von den neomarxistischen Prämissen, auf denen seine Bücher *Le Système des objets* (1968) und *Pour une critique de l'économie politique du signe* (1972) noch gründen.[68] Er versucht zu zeigen, dass Marx' Unterscheidung zwischen Gebrauchswert und Tauschwert, die nicht nur die Frühschriften, sondern auch *Das Kapital* durchzieht, in der Postmoderne (er verwendet den Begriff)[69] obsolet wird, weil der Tauschwert durch seine Allgegenwart und die Allgegenwart seiner Vermittlungen alle Gebrauchswerte überlagert und zum Verschwinden bringt: „Dort, wo die marxistische Analyse am überzeugendsten ist, dort tritt auch ihre Schwäche zutage: nämlich in der Unterscheidung von Tauschwert und Gebrauchswert."[70]

Wo aber der Gebrauchswert – auch als ästhetischer, kognitiver oder politischer Wert – nicht mehr im Gegensatz zum Tauschwert bestimmt werden kann, dort kann es auch keine Entfremdung als Bewusstseinszustand geben, weil sich das entfremdete Bewusstsein stets an kulturellen Werten jenseits des Tauschwerts orientiert: an wahrer Erkenntnis, demokratischer Selbstbestimmung, sozialer Gerechtigkeit, einer heilen Natur und dem Wahrheitsgehalt der Kunst (und nicht ihrem Marktwert).

Diese Orientierung verschwindet bei Baudrillard in dem Maße, wie der Tauschwert zum Wert schlechthin wird, so dass nur noch „Trugbilder" oder „simulacra" sichtbar sind – aber keine Wirklichkeit. Seit *Pour une critique de l'économie politique du signe* entwirft er ein dreistufiges Modell, das die sich durchsetzende Herrschaft des Tauschwerts veranschaulichen soll. Ein „natürliches Stadium", in dem noch der Gebrauchswert dominiert, wird von einem „kommerziellen Stadium" des Tauschwerts abgelöst und dieses von der Abstraktion eines „strukturalen Stadiums", das vom Tauschwert als Zeichen geprägt ist. In *Transparenz des Bösen* fügt er ein viertes – „fraktales" – Stadium hinzu, in dem der Tauschwert nicht mehr bezeichnet werden kann, weil er zum Wert *tout court* geworden ist: „Im vierten Stadium, dem fraktalen oder vielmehr viralen oder noch besser bestrahlten Stadium des Werts, gibt es überhaupt keinen Bezugspunkt mehr, der

---

[68] Vgl. J. Baudrillard, *Pour une critique de l'économie politique du signe*, Paris, Gallimard, 1972, S. 174-175.

[69] Vgl. J. Baudrillard, *Die Illusion des Endes oder der Streik der Ereignisse*, Berlin, Merve, 1994, S. 61.

[70] J. Baudrillard, *Le Miroir de la production*, Paris, Galilée, 1975, S. 10.

Wert strahlt in alle Richtungen, in alle Lücken, ohne irgendeine Bezugnahme auf irgendetwas, aus reiner Kontiguität."[71]

In dieser Situation herrscht völlige Austauschbarkeit als Indifferenz, die Baudrillard schon in *Der symbolische Tausch und der Tod* beschreibt. Seine radikale Rhetorik der Übertreibung und der vagen Analogie mag so manchen Leser skeptisch stimmen; sie kann aber zugleich als eine Rückkehr zu den Frühschriften von Marx gedeutet werden, in denen von der „allgemeinen *Verwechslung* und *Vertauschung* aller Dinge" (s.o.) die Rede ist: „Alles wird unentscheidbar, das ist die charakteristische Wirkung der Herrschaft des Codes, die auf dem Prinzip der Neutralisierung und der Indifferenz beruht. Das ist das allgemeine Bordell des Kapitals, das kein Bordell der Prostitution ist, sondern ein Bordell der Substitution und der Kommutation."[72]

Es ist kaum verwunderlich, dass in diesem Indifferenzzusammenhang, in dem wesentliche, qualitative Unterschiede den „Substitutionen" und „Kommutationen" des Tauschwerts zum Opfer fallen, das Gefühl, entfremdet zu sein, nicht so recht aufkommen will: Wer nur den Tauschwert kennt, lebt in der Tauschgesellschaft wie der Fisch im Wasser; er nimmt, was anders wäre, nicht mehr wahr.

Möglicherweise übertreibt Baudrillard aber, wenn er im „fraktalen Stadium" den wirklichkeitsverdeckenden Tauschwert mit dem „Wert" („la valeur") schlechthin identifiziert. In seiner *Kritik der Warenästhetik* zeigt Wolfgang Fritz Haug, warum es durchaus sinnvoll ist, Gebrauchswert und Tauschwert zu unterscheiden, selbst wenn der letztere alles durchdringt: „Das ästhetische Gebrauchswertversprechen der Ware wird zum Instrument für den Geldzweck. So entlockt sein entgegengesetztes Interesse dem Tauschwertstandpunkt Anstrengungen zum Gebrauchswertschein, die gerade deshalb so übertrieben auftreten, weil vom Standpunkt des Tauschwerts der Gebrauchswert das Unwesentliche ist."[73] Hier wird deutlich, dass es weiterhin möglich

---

[71] J. Baudrillard, *Transparenz des Bösen. Ein Essay über extreme Phänomene*, Berlin, Merve, 1992, S. 11.
[72] J. Baudrillard, *Der symbolische Tausch und der Tod*, München, Matthes und Seitz, 1982, S. 21.
[73] W. F. Haug, *Kritik der Warenästhetik*, Frankfurt, Suhrkamp, 1976 (5. Aufl.), S. 17.

ist, Gebrauchswert und Tauschwert, Sein und Schein zu unterscheiden – auch wenn es im Alltag so manchem schwer fällt.[74]

Wo aber diese Unterscheidung gilt, dort ist auch Entfremdung von den Tauschverhältnissen vorstellbar – und die mit ihr einhergehende *Kritik* (die Baudrillard ebenfalls für obsolet hält). In einer postmodernen Gesellschaft, die zu einer durch den Tauschwert vermittelten „Eindimensionalität" tendiert, käme es darauf an, am Gegensatz zwischen Tauschwert und Gebrauchswert festzuhalten und allen Versuchen, Gesellschaftskritik in Verruf zu bringen, entgegenzutreten.

3. Entfremdung als Verdinglichung: Von Marx und Lukács zu Goldmann

Verdinglichung kann sowohl aus marxistischer Sicht als auch im Anschluss an Adornos und Horkheimers Kritische Theorie als Begleiterscheinung der Vermittlung durch den Tauschwert aufgefasst werden. Im Zusammenhang mit der *Dialektik der Aufklärung* und Horkheimers Kritik der instrumentellen Vernunft könnte Verdinglichung jedoch umfassender definiert werden: als ein Aspekt der Naturbeherrschung, die lange vor der Industrialisierung und dem Kapitalismus eingesetzt hat. In diesem Fall würde es nicht genügen, die „kapitalistischen Verhältnisse" zu überwinden, um sie zu beseitigen: Möglicherweise haben Adorno und Horkheimer Recht, wenn sie vermuten, die Fehlentwicklung habe in einer viel früheren Phase eingesetzt (aber in welcher genau?). Dennoch soll das Phänomen „Verdinglichung" im Folgenden primär auf die *Tauschwertproblematik* bezogen werden: nicht nur aus Kohärenzgründen, sondern auch um der Argumentation eine möglichst spezifische Ausrichtung zu geben.

Der *Nexus von Tauschwert, Verdinglichung und Indifferenz* wird auf besonders prägnante Art von Joachim Israel in seinem Buch *Der Begriff Entfremdung* beschrieben. Er weist darauf hin, dass die Interagierenden den kooperativen, gesellschaftlichen Charakter ihrer Arbeit aus dem Blickfeld verlieren, und erklärt: „Da es weder gemeinsame Ziele noch Einflußmöglichkeiten für die Individuen gibt, werden sie

---

[74] Vgl. W. Hoebig, *Bedürftigkeit – Entfremdung der Bedürfnisse im Kapitalismus*, op. cit., S. 263: „Das Kapital ist zwar gleichgültig gegen den Gebrauchswert, nichtsdestotrotz aber nur Kapital, solange es Gebrauchswerte produziert." Dies ist der entscheidende Einwand gegen Baudrillard.

gleichgültig gegenüber den sozialen Beziehungen und den Bedürfnissen anderer. Sie tauschen ihre Arbeit oder ihre Arbeitskraft gegen Geld und kaufen für dieses Geld Gegenstände. Die sozialen Beziehungen zwischen Individuen sind zu Tauschbeziehungen nicht-gesellschaftlicher Art geworden, in denen sich das Individuum als Objekt, als Ware wahrnimmt und in denen es die anderen als Objekt erfährt."[75]

Sowohl in seinen Frühschriften als auch in *Das Kapital* kommentiert Marx die Verdinglichung, die darin besteht, dass das Produkt der Arbeit nicht mehr als solches wahrgenommen wird, sondern nur noch als Tauschobjekt, als Ware. Zugleich wird der Mensch als Arbeiter oder Angestellter selbst verdinglicht, weil er sich als Arbeitskraft auf dem Markt jemandem „verdingen" muss.

Im Folgenden werden im Anschluss an die Tauschwertproblematik vor allem diese beiden Aspekte der Verdinglichung näher betrachtet: *die Verdinglichung des Arbeitsprodukts als Ware und die Verdinglichung des Menschen als käuflicher Arbeitskraft*. In beiden Fällen kommt es zur Entfremdung: weil die Beteiligten den Arbeitsprozess nicht mehr wahrnehmen, sondern nur das Endprodukt, das „Ding" als Ware, zur Kenntnis nehmen, und weil sie den vielseitigen Menschen auf seine Arbeitskraft reduzieren. Dadurch verwandelt er sich in einen Mechanismus, dem ein bestimmter Marktwert innewohnt.

An entscheidenden Stellen von *Das Kapital* beschreibt Marx die Verwandlung der Arbeit und des Arbeitsprodukts in eine Ware. Bei der Ware, die auf dem Markt als Äquivalent anderer Waren gehandelt wird, wird vom Arbeitsprozess und vom Gebrauchswert abstrahiert. Als „abstrakte Arbeit" hat die Ware ausschließlich Tauschwert: „Der Körper der Ware, die zum Äquivalent dient, gilt stets als Verkörperung abstrakt menschlicher Arbeit und ist stets das Produkt einer bestimmten nützlichen, konkreten Arbeit."[76] Letztere wird nicht mehr wahrgenommen, weil der Tausch- oder Marktwert sie verdeckt.

Was für die Arbeit als Gebrauchswert gilt, gilt auch für den arbeitenden Menschen. Er wird nur als Arbeitskraft, als Teil seiner selbst wahrgenommen: als zu tauschende Ware. Ausgeblendet werden alle seine übrigen Eigenschaften, die ihn zu einem besonderen, unver-

---

[75] J. Israel, *Der Begriff Entfremdung. Zur Verdinglichung des Menschen in der bürokratischen Gesellschaft*, Reinbek, Rowohlt, 1985 (Neuausgabe), S. 101.

[76] K. Marx, *Das Kapital*, Bd. I, op. cit., S. 39.

wechselbaren Menschen machen. Über die kapitalistische Produktion schreibt Marx in „Nationalökonomie und Philosophie": „Die Produktion produziert den Menschen nicht nur als eine *Ware*, die *Menschenware*, den Menschen in der Bestimmung der *Ware*, sie produziert ihn, dieser Bestimmung entsprechend, als ein ebenso geistig wie körperlich *entmenschtes* Wesen."[77]

Dieses Wesen ist als Ware sich selbst und den anderen, mit denen es auf dem Markt interagiert, entfremdet. Es ist sich selbst entfremdet, weil es auf einen Teil seiner selbst reduziert und dadurch verstümmelt wird; es ist den anderen entfremdet, weil sie in ihm nur eine mit vielen anderen vergleichbare Funktion im Arbeitsprozess erkennen und nicht den denkenden, handelnden, hoffenden und resignierenden Einzelnen. Dieser macht sich selbst den entfremdeten und entfremdenden Blick zu eigen, sooft er die anderen als Konkurrenten, Kontrolleure oder einfach als Hindernisse auf dem Weg zum Erfolg betrachtet.

Neuere Arbeiten zeigen, wie aktuell Marx' Analysen heute noch sind. Nach den objektivierenden Strategien des Taylorismus und Fordismus, die das arbeitende Subjekt offen und uneingeschränkt der marktbedingten Konkurrenz und dem technisch vermittelten Leistungsprinzip aussetzten, mehren sich Versuche, Arbeit zu „humanisieren" und zu „subjektivieren", d.h. menschliche Subjektivität (als Autonomie und Selbstverwirklichung) in die verschiedenen Formen der Arbeitsorganisation einzubeziehen.

Manfred Moldaschl analysiert die neuen – subtileren – Zwangsmechanismen, die die tayloristischen und fordistischen ersetzt haben: „Die Institutionen, die Macht über die Subjekte ausüben und Rahmenbedingungen setzen, in denen die Subjekte ihre freiwilligen Leistungen erbringen, sind auch nach ihrer Dezentralisierung und Virtualisierung noch aktiv und wirksam, sie haben nur ihre Form verändert."[78]

Im Anschluss an Moldaschl bemerken Steve Legille und Benjamin Toussaint: „Die Arbeit erfährt eine höhere Subjektivierung, diese liegt jedoch nicht im Sinne der arbeitenden Individuen, sondern eher im Sinne der Wirtschaft (...). Nicht die Arbeit wird an den *complex man* angepasst, sondern der *flexible man* hat sich an die Marktbedingungen

---

[77] K. Marx, *Die Frühschriften*, op. cit., S. 303.
[78] M. Moldaschl, „Subjektivierung. Eine neue Stufe in der Entwicklung der Arbeitswissenschaften?", in: M. Moldaschl, G. G. Voß (Hrsg.), *Subjektivierung von Arbeit*, München-Mering, Rainer Hampp Verlag, 2002, S. 36.

anzupassen."[79] Die Flexibilität des neuen Arbeiters oder Angestellten, die Richard Sennett in *Der flexible Mensch* (1998, engl. / dt.) beschreibt[80], ist indessen eine Form von Verdinglichung: Der Einzelne passt sich dem Markt an, indem er dessen Gesetze verinnerlicht – oft ohne sich dessen bewusst zu sein.

Seine unreflektierte Anpassung hat unerträglichen Stress am Arbeitsplatz und die Flucht in den Konsum als Reaktion auf diese Art von psychischer Belastung zur Folge. Zu Recht fasst Cornelia Johnsdorf diese Flucht „als Folge der Entfremdung" und „als eine Form der Kompensation"[81] auf. Entscheidend ist, dass nur die wenigsten Beschäftigten die „flexiblen" Mechanismen durchschauen, die zu dieser Überforderung in humanisierter und subjektivierter Arbeit führen.

Diese Unfähigkeit, den Gesamtzusammenhang der Verdinglichung zu reflektieren, bringt Lukács in *Geschichte und Klassenbewusstsein* (1923) zur Sprache, wo er im Anschluss an Marx die Ansicht vertritt, dass nur das Proletariat, das unter der Verdinglichung am meisten leidet, diese durchschauen und durch die Revolution überwinden kann. Das Bürgertum als herrschende Klasse ist nicht fähig, jenseits der Verdinglichung zu denken, weil es die durch den Tausch verdinglichten sozialen Beziehungen als Beziehungen zwischen Dingen, nicht zwischen Menschen, wahrnimmt.

Dazu bemerkt Lukács in „Die Verdinglichung und das Bewußtsein des Proletariats", dem Aufsatz, der im Mittelpunkt von *Geschichte und Klassenbewusstsein* steht: „Das Wesen der Warenstruktur ist bereits oft hervorgehoben worden, es beruht darauf, daß ein Verhältnis, eine Beziehung zwischen Personen den Charakter einer Dinghaftigkeit und auf diese Weise eine ‚gespenstische Gegenständlichkeit' erhält, die in ihrer strengen, scheinbar völlig geschlossenen und rationellen Eigengesetzlichkeit jede Spur ihres Grundwesens, der Beziehung zwischen Menschen, verdeckt."[82]

---

[79] S. Legille, B. Toussaint, *Soziale Entfremdung*, op. cit., S. 44.
[80] Vgl. R. Sennett, *Der flexible Mensch. Die Kultur des neuen Kapitalismus*, München, Siedler-Goldmann, 2000 (7. Aufl.), S. 10-11.
[81] C. Johnsdorf, *Nachhaltigkeit – Entfremdung – Selbstverwaltete Betriebe. Probleme und Perspektiven von Nachhaltigkeit im Kontext neoliberaler Globalisierung*, Diss., Hochschule für Wirtschaft und Politik (Hamburg), 1998, S. 120.
[82] G. Lukács, *Geschichte und Klassenbewusstsein. Studien über marxistische Dialektik*, Darmstadt-Neuwied, Luchterhand (1968), 1975, S. 170-171.

Die Hoffnungen, die der junge Lukács in das Proletariat setzte, waren sicherlich überzogen, und seine hegelianisch-marxistische Aufsatzsammlung trägt zweifellos, wie er in seinem Vorwort aus dem Jahr 1967 selbst feststellt, Spuren des deutschen Idealismus, aber die hier zitierte Passage ist nach wie vor aktuell. Die „gespenstische Gegenständlichkeit" macht sich in der Nachmoderne verstärkt bemerkbar, sooft internationale Konzerne „Arbeitskräfte" oder Menschenware aus allen Kulturbereichen der Welt importieren, ohne nach kulturellen Werten, Einstellungen oder Subjektivitäten zu fragen. Sie propagieren eine multikulturelle Ideologie, um die Importhindernisse zu beseitigen und eine freie Zirkulation der Menschenware zu ermöglichen. Den eingewanderten, auf ihre Arbeitskraft reduzierten und daher austauschbaren Fremden stehen sie völlig gleichgültig gegenüber. Von den Menschenhändlern, die Frauen, Kinder oder Flüchtlinge über Grenzen schmuggeln, unterscheiden sie sich lediglich durch ihr halbwegs legales Auftreten.

Ein anderer Aspekt dieser „gespenstischen Gegenständlichkeit" tritt im Sprachgebrauch von Wirtschaftsexperten und sogar Wirtschaftswissenschaftlern zutage, die von der Notwendigkeit sprechen, „Stellen abzubauen", das „Funktionieren" von Angestellten, Arbeitern oder *Teams* zu verbessern oder „das Verhältnis von *Inputs* und *Outputs* zu optimieren". So verwandeln sich unmerklich Beziehungen zwischen Menschen in Beziehungen zwischen Dingen. Dies geschieht auch, wenn behauptet wird, dass „Märkte reagieren" oder „kein Vertrauen haben", dass „Aktienkurse steigen oder fallen" – oder dass „die Börsen nervös werden" oder „wieder Tritt fassen". Mit Hilfe von verdinglichenden Metaphern dieser Art werden Subjektivität und Intentionalität aus der Sprache verdrängt.

Wie Tauschwert, Verdinglichung und Indifferenz zusammenhängen, hat Camus in seinem Dreiakter *Le Malentendu* anschaulich dargestellt. In diesem Theaterstück, in dem Mutter und Tochter den unerkannt heimgekehrten Sohn erschlagen, um sich zu bereichern und ihr Leben zu ändern, steht die Tochter Martha auf dem Standpunkt der Indifferenz. Ihr wird auch der Bruder oder Sohn zum Kunden, zum austauschbaren Partner auf dem Markt: „Ein Sohn, der hier einkehrte, fände, was jeder beliebige Kunde hier mit Sicherheit findet: eine wohlwollende Gleichgültigkeit."[83] Die Ordnung, die sie vertritt, ist die der völligen Verdinglichung und Entfremdung: eine Ordnung des Tauschwerts, in der alle Individuen und Gegenstände austauschbar werden, sich in bloße Mittel verwandeln, eine Ordnung ohne Innerlichkeit und Gewissen, eine Ordnung der Anonymität, in der niemand wiedererkannt wird. (MARIA: „Quel ordre?" – MARTHA: „Celui où personne n'est jamais reconnu.")[84]

In seinem Aufsatz über die Verdinglichung („La Réification") scheint der Lukács-Schüler Lucien Goldmann diese Ordnung zu beschreiben, wenn er auf die verdinglichte Psyche zu sprechen kommt: „(...) Die Verdinglichung, die sich danach auf das gesamte psychische Leben der Menschen ausdehnt, [bewirkt dort] eine Vorherrschaft der Abstraktion und des Quantitativen über das Konkrete und Qualitative."[85] Eine der Folgen ist, dass niemand in seiner kulturellen, intellektuellen und affektiven Besonderheit erkannt oder wiedererkannt wird. Als Arbeitskraft, Konkurrent oder Geldquelle bleibt er anonym.

Das *Tauschverhältnis* als Grundlage der Verdinglichung verhindert die *Erkenntnis* des anderen in seiner Besonderheit, nicht eine „Anerkennungsvergessenheit"[86], die Axel Honneth analog zu Heideggers „Seinsvergessenheit" postuliert, die aber nicht einmal den verdinglichten Sprachgebrauch in Alltag und Wirtschaft zu erklären vermag. Denn „Anerkennung" (des Anderen) ist nur dort möglich, *wo der Wille und die Fähigkeit zu erkennen vorausgesetzt werden können*. Beide werden aber von der mit der Verdinglichung einhergehenden Indifferenz des Tauschwerts blockiert.

Vom Tauschwert ist bei Honneth kaum die Rede, und Rüdiger Dannemann hat wohl Recht, wenn er zu dessen Ansatz bemerkt: „Die internen Probleme von Honneths Reformulierungsprogramm sind gleichwohl nicht unerheblich. Indem er – Präokkupationen von Jürgen Habermas akzeptierend – das wertform- und kapitalismustheoretische Erbe des Verdinglichungstheorems vollständig negiert, beraubt er sich der Chance, die imperiale Struktur unserer Gegenwart hinreichend

---

[83] A. Camus, „Le Malentendu", in: ders., *Théâtre, Récits, Nouvelles*, textes établis et annotés par R. Quilliot, Paris, Gallimard (Bibl. de la Pléiade), 1962, S. 139.

[84] Ibid., S. 178.

[85] L. Goldmann, „La Réification", in: ders., *Recherches dialectiques*, Paris, Gallimard, 1959, S. 78.

[86] A. Honneth, *Verdinglichung*, Frankfurt, Suhrkamp, 2005, S. 62.

radikal zu analysieren."[87] Wie Habermas weicht Honneth in die Moralsphäre aus.

Zudem stellt seine Behauptung, dass „das Anerkennen dem Erkennen vorausgehen muß", weil „das Kleinkind sich zunächst mit seinen Bezugspersonen identifiziert, sie emotional anerkannt haben muß, bevor es mittels deren Perspektiven zu einer Erkenntnis der objektiven Wirklichkeit gelangen kann"[88], die kognitiven Verhältnisse auf den Kopf, weil das Kind seine Bezugspersonen allererst als solche *erkennen* und von fremden Personen *unterscheiden* muss, bevor es sie „anerkennt" (außerdem bleibt ihm nichts anderes übrig, als die Eltern, von denen es *abhängt*, „anzuerkennen"). Dies gilt in allen anderen Fällen: Bevor ich jemanden anerkenne, mein Desinteresse bekunde oder ihm aus guten Gründen die Anerkennung verweigere, muss ich ihn *erkannt, identifiziert* haben.[89]

Das Problem der Verdinglichung hat insofern etwas mit „Anerkennung" zu tun, als die mit dem Tauschverhältnis und seiner Abstraktion einhergehende Indifferenz *erkenntnishemmend* wirkt. Da sie die *Erkenntnis* des Anderen als Subjekt (als Kultur, Psyche, Intellekt) verhindert, verhindert sie auch seine Anerkennung als einer autonomen, mündigen und gleichberechtigten Person. Im letzten Abschnitt soll gezeigt werden, dass die Ideologie, *die als dualistischer Monolog auf die Indifferenz des Marktes reagiert*, paradoxerweise eine ähnliche Wirkung ausübt wie der Tauschwert: Auch sie verdinglicht die Menschen, indem sie sie zu Objekten degradiert.

---

[87] R. Dannemann, „Verdinglichung, Entfremdung und Anerkennung. Zwischenüberlegungen zu den Bedingungen der Möglichkeit, eine radikale Gegenwartstheorie zu reformulieren", in: Ch. J. Bauer et al. (Hrsg.), *Georg Lukács. Werk und Wirkung*, Duisburg, Universitätsverlag Rhein-Ruhr, 2008, S. 105.

[88] A. Honneth, *Verdinglichung*, op. cit., S. 53.

[89] Vgl. F. Fischbach, *Sans objet*, op. cit., S. 104: „(...) Im Französischen ist es schwierig zuzugeben, dass Anerkennung [re-connaissance] der Erkenntnis [connaissance] *vorausgehen* sollte." Nicht nur im Französischen: in allen romanischen, germanischen und slawischen Sprachen ist dies der Fall.

4. Verdinglichung und Entfremdung durch Ideologie: Ideologie als Reaktion auf die Wertindifferenz des Tauschwerts

Seit Marx, Simmel, Lukács und Goldmann werden die qualitativen – politischen, ethischen oder ästhetischen – Werte dem in der Marktgesellschaft herrschenden Tauschwert als Geldwert entgegengesetzt.[90] Dadurch kündigen diese Autoren den von ihnen nie zur Sprache gebrachten *Gegensatz zwischen wertsetzender Ideologie und marktbedingter Indifferenz* an. Allerdings plädieren weder Simmel noch die Neomarxisten für eine Aufhebung der Geldwirtschaft. Ein solches Plädoyer, das Geld und Markt einseitig, ideologisch mit negativen Konnotationen befrachtet, war für den Stalinismus der 1930er Jahre charakteristisch, der Marxens Kritik des Privateigentums zum Anlass nahm, die Geld- und Marktwirtschaft als notwendiges, später aber abzuschaffendes Übel aufzufassen.

Dazu bemerkt Ota Šik in *Plan und Markt im Sozialismus* (1967): „Stalin behauptete, Ware und Geld seien tatsächlich Fremdkörper in der sozialistischen Wirtschaft und seien nur durch die Privateigentumspsychose der Bauern bedingt (...).“[91] Bekanntlich setzte sich in der Geschichte der Sowjetunion und des gesamten COMECON der „Primat des Politischen“ durch, so dass wirtschaftliche Erfordernisse von ideologischen Prinzipien überlagert und verdeckt wurden.

Die Extreme berühren sich jedoch, und die marxistisch-stalinistische Aversion gegen die Geldwirtschaft findet sich bei einem konservativen Autor wie Charles Maurras wieder, dem Begründer der rechtsradikalen, nationalistischen, monarchistischen und antisemitischen *Action Française* (1899), der von der ideologischen Dichotomie *Blut / Geld* ausgeht, wenn er das monarchistische Prinzip gegen die Geldherrschaft ausspielt: „In Deutschland oder England kann das Geld nicht die Wahl des Staatsoberhauptes entscheiden, denn dieses verdankt ja seine Existenz der Geburt und nicht der Meinung. Wie auch immer die finanziellen Einflüsse geartet sein mögen, hier stoßen sie auf einen engen und starken Kreis, den sie nicht durchdringen können. Dieser Kreis gehorcht seinem eigenen Gesetz, das nicht auf die Macht des Geldes reduziert werden kann, das von den Bewegungen der öf-

---

[90] Vgl. L. Goldmann, *Soziologie des Romans*, Frankfurt, Suhrkamp, 1984, S. 33-35.
[91] O. Šik, *Plan und Markt im Sozialismus*, Wien, Molden, 1967, S. 22.

fentlichen Meinung unberührt bleibt: das natürliche Gesetz des Blutes."[92]

Stärker noch als bei Maurras gesellt sich in den vom Blut-und-Boden-Mythos durchwirkten nationalsozialistischen Diskursen zur Aversion gegen die Geldwirtschaft ein virulenter Antisemitismus, der in Formulierungen wie „Börsenjuden", „leihkapitalistisches Hebräertum" und „jüdische Börsendiktatur"[93] zum Ausdruck kommt. Stärker noch als der Kapitalist in marxistisch-leninistischen Diskursen verkörpert der Jude in antisemitischen und nationalsozialistischen Rhetoriken das negative Prinzip, das alle seine menschlichen Eigenschaften ausblendet. Schon im „Manifest des Ersten Internationalen Antijüdischen Kongresses zu Dresden" (1882) heißt es: „Die Juden sind zu unumschränkten Herrschern des Geldmarktes geworden (...)."[94] In diesem Satz nimmt einerseits das Geld als „Jude" eine anthropomorphe Gestalt an; andererseits wird der Jude aller seiner konkreten Eigenschaften entledigt und auf eine Abstraktion („Geld", „Geldmarkt") reduziert. Ähnliches geschieht mit dem „Kapitalisten" oder „Revisionisten" in marxistisch-leninistischen und stalinistischen Diskursen: Sein Unternehmergeist, seine Ansichten und Absichten, intellektuellen Fähigkeiten und Argumentationen fallen einem Schlagwort zum Opfer.

Dieses Schlagwort hat – wie alle ideologischen Schlagworte – eine verdinglichende Wirkung: Es verwandelt den „Juden", „Kapitalisten" oder „Revisionisten" in ein Hindernis auf dem Weg in eine bessere Welt – oder gar in ein zu beseitigendes Objekt. Die Folgen dieser *ideologischen Verdinglichung*, die der Marxismus ignoriert, sind bekannt: In den nationalsozialistischen und stalinistischen Konzentrationslagern wurden Millionen systematisch vernichtet, weil sie nicht als Menschen erkannt und anerkannt, sondern als „Volksschädlinge", „Parasiten", „Kapitalisten" und „Klassenfeinde" auf ideologische Abstraktionen reduziert wurden.

Auch in diesem Fall setzt die verweigerte Anerkennung die ideologisch verhinderte Erkenntnis voraus. Denn die Ideologie im ideologiekritischen Sinn ist ein *dualistisch strukturierter Monolog, der sich*

---

[92] Ch. Maurras, „L'Avenir de l'intelligence", in: ders., *Romantisme et révolution*, Paris, Nouvelle Librairie Nationale, 1922, S. 76.

[93] Zitiert nach E. Straßner, *Ideologie – Sprache – Politik. Grundlagen ihres Zusammenhangs*, Tübingen, Niemeyer, 1987, S. 171.

[94] Ibid., S. 162.

als „*Identitätsdenken*" (*Adorno, Horkheimer*) *mit der Wirklichkeit gleichsetzt und eine dialogische, erkenntnissuchende Einstellung zum Anderen und Andersdenkenden verhindert.*[95] Er verdinglicht den Anderen im Rahmen eines manichäischen Schemas – *Kapitalist / Sozialist, Bürger / Proletarier, Jude / Arier* – und reduziert ihn durch begriffliche Abstraktion und Schematisierung auf ein zu beseitigendes Hindernis. Dass diese Verdinglichung mit völliger Entfremdung *aller Beteiligten* einhergeht, versteht sich von selbst.

Die dualistische Struktur der Ideologie entspricht in jeder Hinsicht ihrer sozialen Funktion: In einer von der Indifferenz des Tauschwerts durchwirkten Gesellschaft, in der Gleichgültigkeit endemisch wird, soll sie Individuen und Gruppen mobilisieren, indem sie Freund und Feind manichäisch einander gegenüberstellt und so das Schwarz-Weiß-Denken fördert. Der Kampf der Ideologien führt jedoch dazu, dass sie einander diskreditieren und dadurch die marktbedingte Gleichgültigkeit allen ideologischen Wertsetzungen gegenüber nur bestätigen – statt sie zu überwinden. Durch die Verdinglichung des Anderen, des „Feindes", büßen sie überdies ihre Glaubwürdigkeit ein, weil die zahlreichen einander relativierenden Feindbilder nicht mehr überzeugen. Letztlich trifft sich die Ideologie mit dem Tauschwert als ihrem Widerpart: Beide *abstrahieren* von den konkreten Eigenschaften der Menschen und Dinge. Dadurch entsteht in der nachmodernen Gesellschaft eine Art *Indifferenz-Syndrom*, in dem die Vermittlung durch den Tauschwert und die einander befehdenden Ideologien trotz ihrer Gegensätze *den Gesamteindruck der Austauschbarkeit aller Wertsetzungen in der Abstraktion nur verstärken.*

Zugleich fördern Tauschwert und Ideologie die Verdinglichung und (Selbst-) Entfremdung; denn der Ideologe verdinglicht nicht nur den Anderen, sondern auch sich selbst im Rahmen eines dualistischen Diskurses, der ihn zum *Pseudo-Subjekt* macht. Es bleibt Louis Althussers Verdienst, diesen Vorgang in einem bekannten Satz dargestellt zu haben: „*Die Ideologie ruft die Individuen als Subjekte an.*"[96] Dies bedeutet, dass die Ideologie – man könnte hinzufügen: die Religion, die Sprache – das Individuum zum denkenden, sprechenden und handeln-

---

[95] Vgl. Vf., *Ideologie und Theorie. Eine Diskurskritik*, Tübingen, Francke, 1989, S. 56 sowie *Was ist Theorie? Theoriebegriff und Dialogische Theorie in den Kultur- und Sozialwissenschaften*, Tübingen-Basel, Francke, 2004, S. 61-62.
[96] L. Althusser, *Ideologie und ideologische Staatsapparate. Aufsätze zur marxistischen Theorie*, Hamburg-Berlin, VSA, 1977, S. 140.

den Subjekt macht. Als dualistischer Monolog, der sich mit der Wirklichkeit verwechselt, hat die Ideologie eine stark verdinglichende Wirkung: Sie verdinglicht das Subjekt, indem sie es seiner intellektuellen Autonomie und Freiheit beraubt, seiner Fähigkeit, die Wirklichkeit und die Anderen selbständig, unvoreingenommen wahrzunehmen. Sie verdinglicht die Anderen als Objekte, die im Rahmen der ideologischen Teleologie (als „nützliche Idioten", Lenin) instrumentalisiert oder als Fremdkörper und Feinde beseitigt werden.

Wie weit die Verdinglichung als Selbstinstrumentalisierung innerhalb einer fundamentalistischen Ideologie gehen kann, beschreibt Uwe Wirth in *Narzissmus und Macht* (2002): „Das grandiose Selbst des Terroristen, der für die Aufgabe auserwählt wird, die Rolle des heiligen Kriegers zu übernehmen, empfindet dies wie eine Seligsprechung. Es kommt zu einer Verschmelzung von Ich und Ich-Ideal, zu einem Aufgehen des Selbst im grandiosen Selbst, das als unsterblich phantasiert wird, weshalb der eigene reale Tod nicht als Bedrohung, sondern sogar als Erlösung erlebt werden kann."[97] Dieses Aufgehen des Ichs im „Ichideal" und im „grandiosen Selbst"[98] ist eine Folge der Identifizierung mit der Ideologie und ihren Abstraktionen: der Subjektwerdung im ideologischen Diskurs. Analog zu diesem Vorgang werden die Opfer des Terroristen als „Ungläubige" auf ideologische Abstraktionen und zu zerstörende Objekte reduziert, wobei sich der Kreis der ideologischen Verdinglichung und Entfremdung schließt.

Allerdings ist die Ideologie – wie das Geld – ambivalent, weil sie ebenfalls mit der Modernisierung und der Säkularisierung einer Gesellschaft zusammenhängt, in der sie als weltliche Erbin der Religion Individuen und Gruppen zum Handeln befähigt. István Mészáros hat keineswegs Unrecht, wenn er in *The Power of Ideology* (1989) an die Unentbehrlichkeit von Ideologien für das soziale Handeln erinnert: „(...) the *positive power* of ideology that could only arise out of the *materially felt emancipatory need* of the oppressed people".[99] Diese Auffassung der Ideologie als „Ermächtigung" ist schon in Althussers – durchaus ambivalenter – These über den Nexus von Ideologie und

---

[97] U. Wirth, *Narzissmus und Macht. Zur Psychoanalyse seelischer Störungen in der Politik*, Gießen, Psychosozial-Verlag, 2006 (3. Aufl.), S. 373.
[98] Vgl. Vf., *Narzissmus und Ichideal. Psyche – Gesellschaft – Kultur*, Tübingen, Francke, 2009, S. 96-97.
[99] I. Mészáros, *The Power of Ideology*, Hemel Hempstead, Harvester-Wheatsheaf, 1989, S. 107.

Subjektivität angelegt: Sowohl auf kollektiver als auch auf individueller Ebene ermöglicht Ideologie soziales Handeln.

Man könnte noch einen Schritt weiter gehen und behaupten, dass die Ideologie als Wertsystem auch jede Art von Theoriebildung in den Kultur- und Sozialwissenschaften ermöglicht, die ohne Wertsetzungen und Engagement nicht auskommen. Was wäre der Marxismus (von Marx bis Lukács) ohne seine Bindung an den Klassenstandpunkt des Proletariats? Was wäre – am anderen Ende des theoretischen Spektrums – der Kritische Rationalismus Karl R. Poppers ohne seine Ausrichtung auf eine Variante des liberalen Individualismus und dessen „offene Gesellschaft"? Was wäre schließlich die Kritische Theorie Adornos und Horkheimers ohne ihr kritisches Festhalten an bestimmten liberalen Werten wie individuelle Autonomie und Emanzipation?[100]

Es kann folglich nicht darum gehen, sich als Theoretiker aller ideologischen Prämissen zu entledigen oder gar deren Existenz zu leugnen. Denn von der *Ideologie im allgemeinen Sinne*, der Ideologie als *Wertsystem*, gehen wesentliche Impulse aus, ohne die Theoriebildung nicht möglich wäre. Unerlässlich ist jedoch eine kritische Distanzierung der Theorie von der *Ideologie im ideologiekritischen Sinne*: vom verdinglichenden und entfremdenden dualistischen Monolog, der sich mit der Wirklichkeit identisch wähnt und den Dialog mit dem Anderen und Andersartigen ausschließt.

Die Stellung der Theorie zwischen ideologischem Engagement und theoretischer Distanzierung beschreibt anschaulich Norbert Elias: „Die Kernfrage ist, ob es gelingen kann, sich in einer Situation, in der Menschen als Gruppen auf vielen Ebenen ernste Gefahren füreinander darstellen, zu einer distanzierteren, adäquateren und autonomeren Form des Nachdenkens über soziale Ereignisse voranzuarbeiten."[101] In dem hier entworfenen Zusammenhang bedeutet diese Frage, ob es möglich sei, die Entfremdung zwischen Wissenschaftlern und Wissenschaftlergruppen dadurch zu überwinden, dass man über die Auswirkungen der *eigenen Ideologie im allgemeinen Sinne* (als Wertsystem) nachdenkt und versucht, die *Ideologie als dualistischen Monolog* vom theoretischen Diskurs fernzuhalten. Als Alternative zur verdingli-

---

[100] Vgl. Vf., „Libéralisme et Théorie critique", in: ders., *L'Ecole de Francfort. Dialectique de la particularité*, Paris (1974), L'Harmattan, 2005 (erw. Ausgabe).

[101] N. Elias, *Engagement und Distanzierung. Arbeiten zur Wissenssoziologie I* (Hrsg. M. Schröter), Frankfurt, Suhrkamp, 1983, S. 58.

chenden und entfremdenden Ideologie erscheint demnach die sich selbst reflektierende und auf den Dialog mit dem Anderen und dem Andersartigen ausgerichtete kritische Theorie.

Die Frage nach der Überwindung der vom wertindifferenten Tauschwert verursachten Entfremdung ist nicht so leicht zu beantworten, weil sich die Tendenz zur Quantifizierung und Ökonomisierung der Gesellschaft von Jahrzehnt zu Jahrzehnt verstärkt. Die einzige Option, die die noch verbleibenden kritischen Intellektuellen haben, ist ein hartnäckiger Widerstand gegen diese Tendenz in Bereichen, in denen sie sporadisch noch vertreten sind: in Wissenschaft, Erziehung, Kunst und – Politik.[102]

---

[102] Vgl. Vf., „Epilog. Plädoyer für die kritischen Intellektuellen", in: ders., *Essay / Essayismus*, op. cit.

III. Soziologische Aspekte der Entfremdung: Differenzierung und Lebenswelt, Anomie und Bürokratie

Es kann hier nicht darum gehen, rein additiv zu verfahren, dem sozialphilosophischen zweiten Kapitel ein soziologisches hinzuzufügen und weitere – „fachspezifische" – Auffassungen des Phänomens „Entfremdung" aufzuzählen. Vielmehr sollen Schlüsselbegriffe der Soziologie wie *Differenzierung* (Simmel), *Bürokratie* (M. Weber) und *Anomie* (Durkheim) in einem kritisch-theoretischen Kontext umgedeutet und auf *Entfremdung* als kritischen Begriff im Sinne des zweiten Kapitels bezogen werden.

Aus der Sicht einer kritischen Theorie der Gesellschaft, wie sie von Adorno, Horkheimer und (auf dialogischer Ebene) Bachtin entwickelt wurde, erscheinen bekannte soziologische Theorien und ihre Terminologien in einem neuen Licht: als Beschreibungen einer Spätmoderne, deren Krisen einerseits von sozialem, politischem und technischem Fortschritt zeugen, andererseits von wachsender Entfremdung begleitet werden. Es wird gezeigt, dass Begriffen wie *Differenzierung*, *Arbeitsteilung* oder *Anomie* eine kritische Bedeutung innewohnt, die zutage tritt, sobald diese Begriffe auf die Vermittlung durch den Tauschwert und die sich seit der Spätmoderne (ca.1850-1950) abzeichnende Indifferenzproblematik bezogen werden.

Die Soziologie, die im ausgehenden 19. und frühen 20. Jahrhundert aus den politischen Philosophien im Sinne von Plato, Hobbes und Hegel sowie aus den Sozialphilosophien Comtes und Spencers hervorging, kann als ein sozialer Seismograph aufgefasst werden, der die Erschütterungen spätmoderner Gesellschaften seit ca. 1900 registriert. Diese verzeichnen eine bis dahin ungekannte Konzentration der wirtschaftlichen Macht, die den Beginn einer global verflochtenen Konzernwirtschaft ankündigt und mit dem Niedergang des Liberalismus sowie der Entmachtung des liberalen Unternehmers einhergeht. Die Frage, wie angesichts dieser Entwicklung individuelle Freiheit als Handlungsspielraum des Einzelnen in Wirtschaft und Politik noch möglich sei, beschäftigt nicht nur Max Weber und Georg Simmel, sondern auch Werner Sombart, der am Ende seines Buches über den Bourgeois die drei Faktoren erwähnt, die die individuelle Freiheit (des

Unternehmers) begrenzen: wirtschaftliche Konzentration, Zunahme technischer Zwänge und Bürokratisierung.[1]

Alle drei Entwicklungen können entfremdend wirken, weil sie die Autonomie des individuellen Subjekts drastisch einschränken und in ihm ein Gefühl der Ohnmacht aufkommen lassen, das schon Melvin Seeman in seinem Artikel „On the Meaning of Alienation" (vgl. Kap. II, Anm. 1) als Ursache der Entfremdung genannt hat. Die Sorge um den Niedergang der aus dem Liberalismus stammenden individuellen Autonomie teilen Mitglieder des Frankfurter Instituts für Sozialforschung (gegründet 1923) mit der frühen Soziologie, die eine Soziologie der Krise ist.

Diese Krise hängt nicht nur mit den von Sombart erwähnten Faktoren zusammen, sondern auch mit den von ihm, Max Weber und anderen Soziologen analysierten Rationalisierungstendenzen, die sich als Ökonomisierung, soziale Differenzierung und Technisierung der Gesellschaft durchsetzen. Sie bewirken, dass sich das mit Wirtschaftlichkeit und Utilitarismus liierte zweckrationale Handeln (M. Weber) in zunehmendem Maße dem wertrationalen (M. Weber), auf kulturelle Werte ausgerichteten Handeln gegenüber durchsetzt. Zugleich führen sie dazu, dass die von Ferdinand Tönnies in *Gemeinschaft und Gesellschaft* (1887) beschriebene *Gemeinschaft* (als Nachbarschaft, Familie oder Dorfgemeinschaft) im Zuge der Urbanisierung tendenziell von einer anonymen *Gesellschaft* (als Interessenverband, Aktiengesellschaft, Großstadt) abgelöst wird. Komplementär dazu geht die von Emile Durkheim analysierte *mechanische Solidarität*, die u.a. die Dorfgemeinschaft prägt, in eine funktionale oder *organische Solidarität* über, die ein Ergebnis der *sozialen Arbeitsteilung* ist und die wechselseitige Abhängigkeit der Individuen bei zunehmender *Anonymität* bezeichnet. Diese wachsende wechselseitige *Abhängigkeit in der Anonymität* wird durch das anonym zirkulierende Geld als Tauschwert und wertindifferentes Kommunikationsmittel gewährleistet.

Es liegt auf der Hand, dass auch die durch den Tauschwert vermittelten Prozesse der Rationalisierung, Differenzierung und Technisierung ein zusätzliches Entfremdungspotenzial bergen, weil sie für die von Anthony Giddens beschriebene und in der Einleitung erwähnte Erscheinung des *disembedding* verantwortlich sind. Es hat sich ge-

---

[1] Vgl. W. Sombart, *Der Bourgeois. Zur Geistesgeschichte des modernen Wirtschaftsmenschen*, Berlin, Duncker und Humblot (1913), 2003, Kap. XXVIII.

zeigt, dass diese Erscheinung einen ambivalenten Charakter hat: Sie meint einerseits die Freisetzung des Einzelnen aus traditionellen Bindungen und Bevormundungen; sie bezeichnet andererseits seine Orientierungslosigkeit in einer immer anonymer werdenden Geldgesellschaft, in der er häufiger nach dem Status seiner Kreditkarte als im Hinblick auf seine persönlichen Eigenschaften, Werthaltungen und Verdienste beurteilt wird.

Die Bedeutung der gesamten frühen Soziologie (Durkheims, Tönnies', Simmels, M. Webers) für die Problematik der Entfremdung kann nicht Thema dieses Kapitels sein. Es soll dennoch versucht werden, Schlüsselbegriffe dieser Soziologie wie *Differenzierung* (Simmel), *Arbeitsteilung* (Durkheim), *Rationalisierung, Bürokratie* (M. Weber), *Anomie* (Durkheim), *Lebenswelt* (Husserl, Schütz, Habermas) sowie das *Auseinandertreten von „subjektiver" und „objektiver Kultur"* (Simmel) in den *zeitgenössischen Kontext* zu projizieren und zu zeigen, worin ihr *kritisches Potenzial* im Sinne des Entfremdungsbegriffs und der beiden ersten Kapitel besteht.

Dieses Potenzial wird u.a. dadurch zutage treten, dass solche Begriffe mit der Tauschwert-Problematik verknüpft werden, die im vorigen Kapitel dargestellt wurde. Im letzten Teil des Kapitels wird gezeigt, dass die von den soziologischen Termini bezeichneten Prozesse eine *Beschleunigung* im Sinne von Hartmut Rosa[2] erfahren, die zu einer Verschärfung der Entfremdung führen kann und die eingangs beschriebene Ambivalenz des sozialen und technischen Fortschritts besonders krass in Erscheinung treten lässt.

1. Differenzierung und Tauschwert

Soziale Differenzierung wurde fast gleichzeitig von Georg Simmel und Emile Durkheim erforscht, und zwar im Hinblick auf den von beiden Soziologen beobachteten Übergang von „gemeinschaftlichen" zu „gesellschaftlichen" (Tönnies) Verhältnissen: d.h. von persönlich-familiären zu anonymen Beziehungen (Simmel) und von einer „mechanischen" – auf Ähnlichkeiten beruhenden – zu einer „organischen"

---

[2] Vgl. H. Rosa, *Beschleunigung. Die Veränderung der Zeitstrukturen in der Moderne*, Frankfurt, Suhrkamp, 2005.

– auf funktionaler Spezialisierung gründenden – (Durkheim) Solidarität.

Dass dieser Übergang Entfremdungspotenziale birgt, wird schon in Durkheims bahnbrechender Studie *De la division du travail social* (1893) deutlich, die trotz einer auf Konsens und soziale Kohäsion ausgerichteten Argumentation Widersprüche innerhalb der gesellschaftlichen Entwicklung erkennen lässt. So heißt es beispielsweise im dritten Kapitel von der „organischen Solidarität": „Sie verbindet die Dinge unmittelbar mit den Personen, nicht jedoch die Personen untereinander" („elle relie directement les choses aux personnes, mais non pas les personnes entre elles").[3] Wird hier nicht ein neuer Aspekt der *Verdinglichung* beleuchtet, die diesmal nicht durch den Warentausch herbeigeführt wird, sondern durch eine sachliche, rein funktional bedingte Abhängigkeit zahlreicher Individuen voneinander, die als Spezialisten oder Fachleute aufeinander angewiesen sind, ohne einander zu kennen?

Das Wort „negativ" weist auf Entfremdung hin, wenn Durkheim hinzufügt: „(…) Die Solidarität, die aus dieser Integration hervorgeht, ist rein negativ" („la solidarité qui résulte de cette intégration est toute négative").[4] Der Widerspruch ist im semantischen Gegensatz zwischen „Solidarität" und „Negativität" zu suchen: Denn „Solidarität" beinhaltet die *Bejahung* gesellschaftlicher Bindungen und ein affektives Nahverhältnis der gemeinsam Handelnden.

Der kritische Marx-Leser Simmel geht noch einen Schritt weiter als Durkheim, wenn er die aus der funktionalen Differenzierung hervorgehende Solidarität mit der Geldwirtschaft verknüpft. Zunächst stellt er, der die Bedeutung der Personenzahl (Dyade, Triade, Hundertschaft) für die Soziologie entdeckte, eine bei Durkheim unterbelichtete Beziehung zwischen der „Größe der Gruppe" und dem Differenzierungsprozess her: „Denn die Vermehrung der Gruppe fordert in demselben Maße auch Differenzierung; je größer das Ganze ist, desto nötiger ist es ihm, bei der stets vorhandenen Knappheit der Lebensbedingungen, daß (…) jeder sich andere Ziele setze als der andere (…)."[5] Je größer die soziale Einheit, desto differenzierter im funktionalen Sinne ist sie und desto anonymer – wie Simmels Untersuchun-

---

[3] E. Durkheim, *De la division du travail social*, Paris, PUF, 1960 (7. Aufl.), S. 85.
[4] Ibid.
[5] G. Simmel, *Über sociale Differenzierung. Soziologische und psychologische Untersuchungen*, Leipzig, Duncker und Humblot, 1890, S. 41.

gen über die Großstadt zeigen (vgl. Kap II. 2). Die Großstadt ist nach Simmel zugleich das Zentrum der Geldwirtschaft, der Rationalisierung, des Individualismus (der individuellen Freiheit) und des marktwirtschaftlichen Egoismus: „(…) Andererseits aber führt die bei Vergrößerung des socialen Kreises eintretende Schwächung des socialen Bewußtseins gerade auf dem Gebiete der wirtschaftlichen Produktion zum vollständigen Egoismus. Je weniger der Produzent seine Konsumenten kennt, desto ausschließlicher richtet sich sein Interesse nur auf die Höhe des Preises, den er von diesen erzielen kann; je unpersönlicher und qualitätsloser ihm sein Publikum gegenübersteht, umso mehr entspricht dem die ausschließliche Richtung auf das qualitätslose Resultat der Arbeit, auf das Geld (…).“[6]

Das Wort „Entfremdung" kommt in dieser Passage zwar nicht vor, ist dort aber allgegenwärtig, weil es von Wörtern wie „Egoismus", „Preis", „unpersönlich" und „qualitätslos" laufend konnotiert wird. Simmels Soziologie der sozialen Differenzierung lässt – klarer als Durkheims Werk – den Nexus zwischen funktionaler Differenzierung und Geldwirtschaft als Vermittlung durch den Tauschwert erkennen: Die einander fremden, aber funktional voneinander abhängigen Akteure (Gruppen und Individuen) kennen nur eine gemeinsame Sprache: die des Geldes. Sie tauschen Leistungen, die nur aufgrund ihrer finanziellen Quantifizierbarkeit rational vergleichbar sind.

Im Folgenden soll gezeigt werden, dass auch Niklas Luhmanns Soziologie der sozialen Differenzierung, die es nicht mit Individuen und Gruppen, sondern mit sozialen Systemen zu tun hat, im Zusammenhang mit Simmels Analysen der Geldwirtschaft besser verstanden wird. Die These lautet, *dass der von Luhmann eingeführte Schlüsselbegriff der „Kommunikation" eine Komponente aufweist, die Luhmann vernachlässigt, wenn er von der Kommunikation zwischen „autopoietischen Systemen" spricht: nämlich die Tauschwert-Komponente.*

Zunächst gilt es aber, einem Missverständnis vorzubeugen. Es wird keineswegs suggeriert, Luhmann könne – gleichsam *malgré lui* – für die Kritische Theorie oder den Marxismus reklamiert oder der Position Simmels angenähert werden. Vorausgesetzt wird seine Nähe zu Durkheim und der Durkheim-Schule, die aus der theoretischen Ausrichtung auf den sozialen Differenzierungsprozess zu erklären ist und

---

[6] Ibid., S. 59.

klar in Luhmanns Vorwort zu Durkheims Buch *Über soziale Arbeitsteilung* zum Ausdruck kommt.[7] Auf ideologischer Ebene verbindet Luhmann mit Durkheim die Ausrichtung auf den sozialen Konsens, die ihn auch zu einem Geistesverwandten von Talcott Parsons werden lässt, auf den er sich häufig beruft.[8]

Luhmann ist insofern ein Antipode der Kritischen Theorie Adornos und Horkheimers (nicht so sehr der dem Konsens verpflichteten Philosophie von Habermas), als er eine Überwindung des Kapitalismus ablehnt und sich stattdessen vornimmt, die *bestehenden* sozialen Systeme zu *reformieren*: „Die Irritabilität der Systeme muß verstärkt werden, was nur im Kontext ihres selbstreferentiell geschlossenen Operierens geschehen kann. Genau darauf zielt aber die Systemtheorie, wenn sie die Unterscheidung von System und Umwelt als die Form des Systems behandelt."[9] In diesem Sinne sollten Luhmann zufolge sowohl ökologische als auch „Humanprobleme" gelöst werden.

Dieser Vorschlag – auf ideologischer Ebene Poppers systemerhaltendem *piecemeal social engineering*[10] gar nicht unähnlich – klingt durchaus vernünftig: vor allem in den Ohren derjenigen, die Adornos radikale Negation des Bestehenden[11] und seinen Utopismus als weltfremd verabschieden. Es fragt sich nur, warum es angesichts der sich häufenden Natur- und Humankatastrophen noch immer nicht gelungen ist, die „Irritabilität" der Systeme „Wirtschaft", „Politik" und (vor allem) „Gesellschaft" zu steigern. Möglicherweise haben die maßgeblichen Politiker Luhmanns *magnum opus* noch nicht ausgelesen.

Der Einwand der Kritischen Theorie liegt indessen auf der Hand: Vermutlich sind es gerade die „sozialen Systeme", die für die sich beschleunigende fatale Entwicklung verantwortlich sind, weil der Rationalisierungsprozess als ganzer nicht vernünftig ist (im Sinne des

---

[7] Vgl. N. Luhmann, „Arbeitsteilung und Moral. *Durkheims Theorie*", in: E. Durkheim, *Über soziale Arbeitsteilung. Studie über die Organisation höherer Gesellschaften*, Frankfurt, Suhrkamp, 1988 (2. Aufl.), S. 21.

[8] Vgl. z.B. N. Luhmann, *Soziale Systeme. Grundriß einer allgemeinen Theorie*, Frankfurt, Suhrkamp (1984), 1987, S. 139-141.

[9] N. Luhmann, *Die Gesellschaft der Gesellschaft*, Bd. I, Frankfurt, Suhrkamp, 1997, S. 185.

[10] Vgl. K. R. Popper, *The Open Society and its Enemies*, Bd. II, *The High Tide of Prophecy: Hegel, Marx, and the Aftermath*, London, Routledge and Kegan Paul (1945), 1963, S. 222.

[11] Vgl. Th. W. Adorno, *Minima Moralia. Aufzeichnungen aus dem beschädigten Leben*, Frankfurt, Suhrkamp (1951), 1970, S. 57: „Das Ganze ist das Unwahre."

zweiten Kapitels). In diesem Fall hätte eine Steigerung systemischer Effizienz nur einen weiteren Beschleunigungsschub und ein Näherrücken der Katastrophe zur Folge.

Die Affinität zwischen Durkheim und Simmel einerseits und Luhmann andererseits besteht darin, dass Luhmann die „autopoietischen Systeme" als ausdifferenzierte, d.h. arbeitsteilige autonome Einheiten betrachtet, die einander insofern fremd sind, als eine jede von ihnen ihre Besonderheit spezifischen Gegenständen, Erwartungen und Themen verdankt, die in anderen Einheiten nicht vorkommen. Es kommt hinzu, dass sich jedes System einer besonderen Sprache bedient, in die es die Nachrichten anderer Systeme übersetzen muss, um mit seiner Umwelt (den anderen Systemen) kommunizieren zu können.

Dies wird in *Die Wissenschaft der Gesellschaft* deutlich, wo behauptet wird, „daß ein System nur unter der Bedingung der Fortsetzung seiner eigenen Autopoiesis operieren kann und alle operativen und strukturellen Kopplungen allenfalls beeinflussen können, welche konkreten Strukturen, Erwartungen, Themen das System dafür aktiviert".[12] Konkret bedeutet das, „daß nur wissenschaftliche Aussagen wissenschaftliche Aussagen produzieren können"[13] und dass das Wissenschaftssystem nur die Sprache der „Wissenschaft" (aber welcher genau?) versteht.

Wenn nun soziale Systeme in Übereinstimmung mit Luhmann „als eigenständig sinnverwendende und sinnproduzierende Systeme"[14], wie Helga Gripp-Hagelstange es formuliert, aufgefasst werden, dann ist es logischerweise möglich, dass viel von dem, was in einem System als *Sinn* erscheint, in anderen Systemen als *sinnlos oder gar unsinnig* bezeichnet werden kann. Während die „Religion der Gesellschaft" als monotheistische Religion Gott zum obersten Wert erhebt und vom Glauben lebt, spielt der Glaube an Gott in anderen Systemen – etwa in Wissenschaft und Kunst – kaum eine Rolle. Die Verletzung ästhetischer und außerästhetischer (etwa sprachlicher und moralischer) Normen, die zur Triebfeder moderner Kunst wurde, wird in den Systemen „Recht" und „Religion" nicht geduldet. Wie schon bei Durkheim besteht die von der sozialen Differenzierung bewirkte Entfrem-

---

[12] N. Luhmann, *Die Wissenschaft der Gesellschaft*, Frankfurt, Suhrkamp, 1990, S. 639.
[13] Ibid., S. 672.
[14] H. Gripp-Hagelstange, *Niklas Luhmann. Eine Einführung*, München, Fink, 1997 (2. Aufl.), S. 77.

dung darin, dass der funktionale Zusammenhalt der Systeme (Individuen, Gruppen) eine „rein negative" Integration zur Folge hat: Man ist aufeinander angewiesen, versteht einander aber nicht.

Ohne den Entfremdungsbegriff zu verwenden, den auch Luhmann als „alteuropäischen" Terminus abgelehnt hätte, beschreiben Georg Kneer und Armin Nassehi eine Situation sozialer Entfremdung, wenn sie zu Luhmanns Systemtheorie bemerken: „In der funktional differenzierten Gesellschaft der Moderne zerfällt demnach die Einheit der Gesellschaft in jeweils teilsystemspezifische Beobachtungsverhältnisse."[15] Was der eine fasziniert beobachtet, etwa eine bestimmte Entwicklung in der Wissenschaft, in der Kunst oder im Sport, lässt den anderen kalt. Sogar die Sprache seines in einem bestimmten System engagierten Nachbarn ist ihm völlig fremd. Während der eine wegen eines Fußballspiels das Mittagessen ausfallen lässt, lässt der andere wegen der fallenden oder steigenden Börsenkurse das Abendessen kalt werden und steigert so die Entfremdung innerhalb der Familie. Sie sind zwar – als Kunde, Klient oder Patient – funktional aufeinander angewiesen, leben aber in verschiedenen Welten und sprechen verschiedene Sprachen, die Jean-François Lyotard im Anschluss an Wittgenstein als einander fremde „Sprachspiele" im postmodernen Pluralismus beschreibt.[16]

Die Entfremdung zwischen den sich ausdifferenzierenden und verselbständigenden Systemen beschreibt lange vor Luhmann Hermann Broch in seiner Romantrilogie *Die Schlafwandler* (1931/32), in der er als Schriftsteller den Zerfall des gesellschaftlichen Wertsystems im Zuge der Spezialisierung kommentiert: „(…) Gleich Fremden stehen sie nebeneinander, das ökonomische Wertgebiet eines ‚Geschäftemachens an sich' neben einem künstlerischen des l'art pour l'art, ein militärisches Wertgebiet neben einem technischen oder einem sportlichen, jedes autonom, jedes ‚an sich', ein jedes in seiner Autonomie ‚entfesselt', ein jedes bemüht, mit aller Radikalität seiner Logik die letzten Konsequenzen zu ziehen und die eigenen Rekorde zu brechen. Und wehe, wenn in diesem Widerstreit von Wertgebieten, die sich eben noch die Balance halten, eines das Übergewicht erhält, emporwachsend über allen anderen Werten, emporwachsend wie das Milita-

---

[15] G. Kneer, A. Nassehi, *Niklas Luhmanns Theorie sozialer Systeme*, München, Fink, 1997 (3. Aufl.), S. 145.
[16] Vgl. J.-F. Lyotard, *Das postmoderne Wissen*, Graz-Wien, Böhlau, 1986, S. 187.

rische jetzt im Kriege oder wie das ökonomische Weltbild, dem sogar der Krieg untertan ist, – wehe! denn es umfaßt die Welt, es umfaßt alle anderen Werte und rottet sie aus wie ein Heuschreckenschwarm, der über ein Feld zieht."[17]

Anschaulicher als die Soziologen schildert der Romancier die mit der Differenzierung einhergehende Entfremdung, die ihm zu Recht als Fragmentierung der Gesellschaft erscheint. Sie ist auf den Absolutheitsanspruch eines jeden „Wertgebiets" zurückzuführen, der die Rationalisierung ins Irrationale umschlagen lässt. Aus der Sicht eines bestimmten Wertgebiets erscheinen alle anderen Wertgebiete als austauschbar, indifferent. Der Indifferenzzusammenhang, der in Brochs Darstellung implizit ist, wird von dem den Wirtschaftsbereich regulierenden *Tauschwert* beherrscht.

In einem wesentlichen Punkt widerspricht Broch Luhmann, der stillschweigend von der Annahme ausgeht, dass sich die Systeme „die Balance halten". Broch hingegen weist lange vor der Entstehung der postmodernen Wirtschaftsgesellschaft (nach dem Zweiten Weltkrieg) auf die *Dominanz des Wirtschaftssystems* hin, das „alle anderen Werte umfaßt" und sie „ausrottet". Damit antizipiert er nicht nur die gegenwärtigen Verhältnisse, sondern knüpft auch an Simmel an, der feststellt, dass in fortgeschrittenen Stadien der Differenzierung („bei Vergrößerung des socialen Kreises") das Geld als einziges Medium für sozialen Zusammenhalt sorgt und als Tauschwert in alle sozialen Bereiche eindringt.

Kritische und skeptische Kommentare zu Luhmanns Systemtheorie lassen vermuten, dass der Schriftsteller die gesellschaftliche Entwicklung (und gerade die nach dem Zweiten Weltkrieg einsetzende) realistischer einschätzt als der Systemsoziologe. Dies wird in einem Gespräch zwischen William Rasch und Niklas Luhmann deutlich, in dessen Verlauf Rasch nach dem Primat des Wirtschaftssystems fragt. Luhmann antwortet, dies sei „eine Frage des Standpunkts".[18] Daraufhin wendet Rasch ein, dass das Wirtschaftssystem die anderen Systeme beherrscht, eben weil es sie braucht: „(…) But precisely because it needs these systems it determines these systems; it determines their

---

[17] H. Broch, *Die Schlafwandler. Eine Romantrilogie* (1931/32), Frankfurt, Suhrkamp, 1978, S. 498.
[18] N. Luhmann, in: W. Rasch, *Niklas Luhmann's Modernity. The Paradoxes of Differentiation*, Stanford, Univ. Press, 2000, S. 207.

type of operation."[19] Dieser Einwand stellt die Autonomie der Systeme sowie ihre „Autopoiesis" in Frage.

Luhmann vereinfacht allzu sehr, wenn er in *Die Wirtschaft der Gesellschaft* zum Funktionieren der Systeme bemerkt: „Die Wirtschaft zum Beispiel zahlt Steuern und ermöglicht damit Politik."[20] Es ist merkwürdig, dass Luhmanns Theorie trivial wirkt, sooft ihr Autor versucht, sie anhand konkreter Beispiele zu veranschaulichen: etwa in *Die Kunst der Gesellschaft*, wo die von den russischen Formalisten und Futuristen (zwischen 1915 und 1920) propagierte ästhetische Innovation als eine der Triebfedern des Kunstsystems wiederentdeckt wird.[21]

Die Wirtschaft ermöglicht nicht nur Politik, indem sie rechtskonform Steuern zahlt, sondern auch, indem sie rechtswidrig Schmiergelder zahlt, Parteien finanziert, um sich bestimmte Vorteile zu sichern, und Abgeordnete kauft, um auf die Gesetzgebung einzuwirken. Sie annektiert auch wissenschaftliche Institutionen, indem sie bestimmte Projekte finanziert und andere nicht, und sie erreicht auf diese Weise, dass sich der die Wirtschaft strukturierende Gegensatz *zahlen / nicht zahlen* (Luhmann) auch in Bereichen wie Politik, Wissenschaft und Kunst durchsetzt (vgl. Abschn. 5).

Besonders anschaulich stellt diesen Sachverhalt ein postmoderner niederländischer Künstlerroman dar, dessen Autor – Joost Zwagerman – seinen desillusionierten Protagonisten, einen Maler, sagen lässt: „Es gibt keine guten oder schlechten Künstler, Walter, es gibt Künstler mit Geld, und es gibt Künstler ohne Geld, und die Künstler ohne Geld sind eigentlich gar keine Künstler."[22] (Wenn die gegenwärtige Entwicklung anhält, wird dieser Satz bald auch auf die Wissenschaft anwendbar sein, denn es besteht die Gefahr, dass „Wissenschaftler ohne

---

[19] Ibid.

[20] N. Luhmann, *Die Wirtschaft der Gesellschaft*, Frankfurt, Suhrkamp (1988), 1996 (2. Aufl.), S. 50.

[21] Vgl. N. Luhmann, *Die Kunst der Gesellschaft*, Frankfurt, Suhrkamp (1995), 1997, S. 238: „Das Kunstwerk lenkt somit den Beobachter auf das Beobachten der Form hin." (Dies ist ein Gemeinplatz des russischen Formalismus um 1920.)

[22] J. Zwagerman, *Gimmick!*, Amsterdam-Antwerpen, De Arbeiderspers, 2003 (18. Aufl.), S. 47. Diese Einschätzung mag eine Übertreibung sein; sie stellt aber grundsätzlich Luhmanns Behauptung in *Die Kunst der Gesellschaft*, op. cit., S. 267 in Frage: „Die Beziehung zwischen Kunstsystem und Wirtschaftssystem läßt sich überhaupt nicht mehr durch die Vorstellung gemeinsam akzeptierter Kriterien steuern."

Geld" (ohne „Drittmittel") bald keine Wissenschaftler mehr sein werden. Dass zwischen „Wirtschaft" und „Gesellschaft" nicht lauter Harmonie herrscht, wie Luhmanns konsensorientierte Soziologie suggeriert, erkennt Vincent de Gaulejac, wenn er vom „Gegensatz zwischen zwei Sinnsystemen spricht, von denen das eine den Primat wirtschaftlicher Notwendigkeiten behauptet, das andere den Primat sozialer Bedürfnisse".[23]

Insgesamt ist Arno Bammé recht zu geben, wenn er im Anschluss an Christoph Deutschmann feststellt: „Für Deutschmann ist Geld deshalb nicht nur Medium der Ausdifferenzierung eines besonderen Subsystems der Gesellschaft, der Wirtschaft, sondern die Basis der Differenzierung selbst."[24] Dadurch wird es auch zur Grundlage einer ins Irrationale zielenden Rationalisierung als Differenzierung. Bammés und Deutschmanns These trifft insofern zu, als nur das Geld als abstraktes und wertindifferentes Medium in der Lage ist, eine wertfreie, effiziente und „sachliche" (würde Broch sagen) Kommunikation zwischen den mit Absolutheitsansprüchen auftretenden Systemen zu gewährleisten.

Es ist das einzige Kommunikationsmittel, das jenseits aller Partialsysteme und Partikularitäten (politischer, ästhetischer, religiöser Art) Objektivität sichert. Zu dieser Objektivität bemerkt Alfred Sohn-Rethel: „Wenn ich von meinem Geld Gebrauch mache, um von jemand anderem eine Ware zu kaufen, dann muß dieses Geld für ihn ganz dieselbe Realität haben wie für mich, und auch nicht eine Realität bloß für uns beide, sondern ganz wie für uns so ipso facto für alle an der gesellschaftlichen Zirkulation dieses Geldes überhaupt Beteiligten, eine Realität somit vom allerhöchsten denkbaren Objektivitätsgrad."[25]

Der abstrakte Charakter des Geldmediums und sein hoher „Objektivitätsgrad" ermöglichen seine Funktion als universelle Vermittlungs-

[23] V. de Gaulejac, *La Société malade de la gestion. Idéologie gestionnaire, pouvoir managérial et harcèlement social*, Paris, Seuil (2005), 2009, S. 160.

[24] A. Bammé, „Fetisch ‚Geld'", in: P. Kellermann (Hrsg.), *Geld und Gesellschaft. Interdisziplinäre Perspektiven*, Wiesbaden, VS Verlag für Sozialwissenschaften, 2005, S. 13.

[25] A. Sohn-Rethel, *Das Geld, die bare Münze des Apriori*, Berlin, Wagenbach, 1990, S. 34-35. Vgl. auch ders., *Warenform und Denkform. Mit zwei Anhängen*, Frankfurt, Suhrkamp, 1978, S. 138: „Der Tausch enthält die widersprechenden Kategorien, aber ist ihre Einheit (…)."

instanz zwischen den ausdifferenzierten Systemen oder Bereichen. Als abstraktestes Zeichensystem, das der Gesellschaft zur Verfügung steht, wird die „Sprache" des Geldes in allen Systemen verstanden – im Gegensatz zu den spezialisierten Sprachen der Einzelsysteme, die für die intersystemische Kommunikation nicht taugen. Nicht nur die Wirtschaft, auch die Politik (ein Ministerium) fördert – zumeist aufgrund von Expertengutachten – wissenschaftliche, kulturelle oder militärische Projekte und bringt ihre Wertschätzung mit finanziellen Mitteln zum Ausdruck, ohne die Sprache der Antragsteller zu verstehen. Die Fremdheit, die zwischen den Systemen herrscht, tritt vor allem bei Fehlinvestitionen zutage, wenn sich herausstellt, dass die Geldgeber trotz der Gutachten nicht genau wussten, worum es in dem von ihnen finanzierten Projekt ging.

Im Folgenden soll gezeigt werden, was Arbeitsteilung zwischen Individuen und Gruppen innerhalb von Institutionen sowie im Alltag (in der Lebenswelt) bewirkt und wie sie mit der Bürokratisierung der Gesellschaft zusammenhängt (Abschn. 5).

2. Arbeitsteilung, Rationalisierung und Lebenswelt

Während *soziale Differenzierung* im Sinne von Luhmann als ein makrosoziologischer Begriff aufgefasst werden könnte, der die Gliederung der Gesellschaft in spezialisierte Einheiten (Systeme, Subsysteme) bezeichnet, könnte der Terminus *soziale Arbeitsteilung* auf die Spezialisierung von Individuen und Gruppen *innerhalb* der Systeme, Institutionen oder *Felder* (Bourdieu) bezogen werden.

Sowohl Differenzierung als auch Arbeitsteilung sind Aspekte wachsender Komplexität moderner oder nachmoderner Gesellschaften, und Horst Pöttker ist Recht zu geben, wenn er zusammenfassend feststellt: „Moderne Gesellschaften weisen im Vergleich zu vormodernen einen *höheren Grad an funktionaler Differenzierung* (oder, was nur andere Termini dafür sind, eine höhere Komplexität, eine stärkere Institutionalisierung) auf."[26]

Differenzierung und Arbeitsteilung sind von Marktgesetzen abhängig und begünstigen die Entstehung von Herrschaftsverhältnissen. Die

---

[26] H. Pöttker, *Entfremdung und Illusion. Soziales Handeln in der Moderne*, Tübingen, Mohr-Siebeck, 1997, S. 131.

Spezialisierung von Betrieben auf bestimmte Produkte kann ihre Effizienz steigern und ihnen auf dem Markt Vorteile der Konkurrenz gegenüber sichern. Zugleich kann, wie Marx gesehen hat (vgl. Kap. II. 2), die Konzentration bestimmter Gruppen auf geistige Arbeit oder „Kopfarbeit" dazu führen, dass sie zu Herrschern über eine Schar von „Handarbeitern" werden, die geistig verkümmern und ihrer Tätigkeit, ihren Produkten und ihrer sozialen Umwelt entfremdet werden.

Dazu bemerkt Marx in seiner Kritik der Nationalökonomie Adam Smiths: „Die *Teilung der Arbeit* ist der nationalökonomische Ausdruck von der *Gesellschaftlichkeit der Arbeit* innerhalb der Entfremdung."[27] Zu Recht fügt er hinzu, dass der Markt als „Hang zum *Austausch* der *Teilung der Arbeit* ihren Ursprung gibt"[28], und zitiert Smiths bekannte These: „Die Akkumulation der Kapitalien steigt mit der Teilung der Arbeit und wechselseitig."[29]

Diese Darstellung ist zweifellos richtig; unrealistisch ist hingegen Marxens Vorschlag, die Entfremdung durch die Abschaffung des Privateigentums und die Aufhebung der Arbeitsteilung auf revolutionärem Weg aus der Welt zu schaffen. Denn in der gegenwärtigen Situation stehen Kapital und Arbeiterschaft einander nicht mehr unversöhnlich gegenüber, weil das Privateigentum in vielen Wirtschaftsbereichen diffuse Formen angenommen hat. Betriebe und Großkonzerne können unzähligen Aktionären gehören – und nicht einem Einzelnen, einer Familie oder einer Gruppe.

Zu den neuesten Entwicklungen bemerkt Philippe Bernoux: „Für die Leitung des Betriebs ist nicht länger der Eigentümer oder Manager, sondern der Betriebsrat verantwortlich." In den letzten zwanzig Jahren macht sich eine neue Entwicklung bemerkbar: „Schrittweise geben die Leiter des Betriebs die Macht an die Aktionäre weiter."[30] Zu den Aktionären können aber auch die Angestellten und Arbeiter des Betriebs gehören…

---

[27] K. Marx, *Die Frühschriften. Von 1837 bis zum Manifest der kommunistischen Partei 1848* (Hrsg. S. Landshut), Stuttgart, Kröner, 1971, S. 289.
[28] Ibid., S. 291.
[29] Ibid., S. 291-292. Zur Bedeutung von Adam Smith für den frühen K. Marx vgl. M. A. Fay, *Der Einfluß von Adam Smith auf Karl Marx' Theorie der Entfremdung. Eine Rekonstruktion der Ökonomisch-philosophischen Manuskripte aus dem Jahr 1844*, Frankfurt-New York, Campus, 1986.
[30] Ph. Bernoux, *La Sociologie des organisations. Initiation théorique suivi de douze cas pratiques*, Paris, Seuil, 2009 (6. verbesserte Aufl.), S. 262.

Deren Enteignung dürfte kaum zur Überwindung der Entfremdung beitragen.[31] Sinnvoller erscheint in der gegenwärtigen Situation eine Demokratisierung der Wirtschaft im Sinne der Arbeiterselbstverwaltung[32]: vor allem dann, wenn es sich um *outsourcing*, Fusionen oder Übernahmen handelt. Diese Art von Demokratisierung könnte dazu beitragen, dass sich die Betroffenen nicht mehr übergangen und zur Passivität verurteilt oder entfremdet fühlen[33] und dass der Rationalisierungsprozess vernünftiger wird.

Dass die Arbeitsteilung weder durch eine revolutionäre Umwälzung gesellschaftlicher Verhältnisse noch durch Reformen zu beseitigen ist, ist den Soziologen von Durkheim und Simmel bis Luhmann klar. Ihnen erscheinen Differenzierung und Arbeitsteilung geradezu als Triebfedern moderner gesellschaftlicher Entwicklung. In seinem Buch über die Moderne bekräftigt Alain Touraine diese Ansicht, wenn er feststellt: „Die Moderne ist auch nicht einfach reine Veränderung, Ereignisabfolge; sie ist ein Ergebnis *rationaler*, wissenschaftlicher, technologischer, verwaltungstechnischer Tätigkeit. Aus diesem Grund beinhaltet sie eine wachsende Differenzierung der verschiedenen Bereiche des gesellschaftlichen Lebens (…).“[34] Ergänzend bemerkt Thomas Geisen: „Gemeinschaftliches Handeln wird in der Moderne weitgehend ersetzt durch Funktionalität (…).“[35]

---

[31] Arno Bammé zeigt jedoch, dass der Schein des diffusen Eigentums auch trügt. Vgl. A. Bammé, *Wissenschaft und Wissenschaftsdidaktik. Gesellschaft und Wissenschaft in der technologischen Zivilisation*. Bd. I: *Gegenwartsdeutung*, München-Wien, Profil, 2003, S. 264: „Doch der Schein trügt. Alle Fiktionalisierung, durch die reale Werte umverteilt werden, hat zur Voraussetzung eine Sphäre realer Produktion."

[32] Zu den Problemen selbstverwalteter Betriebe vgl. W. G. Weber, *Analyse von Gruppenarbeit. Kollektive Handlungsregulation in soziotechnischen Systemen*, Bern-Göttingen-Toronto, Verlag Hans Huber, 1997, darin vor allem 1.3.3: „Die Bemühungen um Selbstregulation auf Unternehmensebene: Industrielle Demokratie".

[33] Vgl. C. Johnsdorf, *Nachhaltigkeit – Entfremdung – Selbstverwaltete Betriebe: Probleme und Perspektiven von Nachhaltigkeit im Kontext neoliberaler Globalisierung*, Diss. Hochschule für Wirtschaft und Politik (Hamburg),1998, S. 164.

[34] A. Touraine, *Critique de la modernité*, Paris, Fayard, 1992, S. 23.

[35] Th. Geisen, „Fremdheit, Entfremdung und Kultur: zur Bearbeitung von Fremdheit im Kontext von Migration", in: W. Baros, F. Hamburger, P. Mecheril (Hrsg.), *Zwischen Praxis, Politik und Wissenschaft. Die vielfältigen Referenzen interkultureller Bildung*, Berlin, Verlag Irena Regener, 2010, S. 69.

Dass dieser moderne Differenzierungsprozess, der zugleich ein Fortschritt ist, nicht ohne katastrophale Folgen rückgängig gemacht werden kann, haben die Fehlschläge des Stalinismus, der chinesischen Kulturrevolution und des kambodschanischen „Steinzeitkommunismus" unter Pol Pot gezeigt. Jeder Versuch, gewaltsam zu entdifferenzieren und Wissenschaftler, Ingenieure oder Schriftsteller als Taxifahrer, Heizer oder Bauern arbeiten zu lassen, ist als Anachronismus vorab zum Scheitern verurteilt. In der zeitgenössischen Gesellschaft sind Großbetriebe, Krankenhäuser, Flughäfen, Elektrizitätswerke, Verlage und Universitäten ohne Arbeitsteilung unvorstellbar – und *diese* Arbeitsteilung ist ein Aspekt unvermeidlicher Rationalisierung.

Dennoch sind die Entfremdungseffekte, die durch fortschreitende Arbeitsteilung entstehen, nicht zu unterschätzen. Obwohl die Fließbandarbeit durch Automatisierung stark zurückgedrängt wurde, gibt es sie weiterhin in verschiedenen Bereichen, und sie ist nicht die einzige monotone Tätigkeit, die in Wirtschaft, Verwaltung und Finanzwelt zu Entfremdung und Abstumpfung führt. Das Erstellen von Statistiken und das tägliche Eingeben von Daten in Laboratorien weisen eine ähnliche Einseitigkeit und Monotonie auf wie die weitaus häufiger kommentierte Fließbandarbeit.

Für zusätzliche Entfremdung bei Angestellten und Arbeitern, die sich aus wirtschaftlichen Gründen gezwungen sehen, einseitige Tätigkeiten in Betrieben und Verwaltungen auszuüben, sorgt die prekäre, weil befristete Anstellung, mit der sich der Organisationssoziologe Philippe Bernoux ausführlich befasst: „Der Übergang von einer lebenslangen zu einer unsicheren Anstellung stellt eine gesellschaftliche Veränderung dar. Aus dieser Sicht nimmt der Arbeitsvertrag eine rein wirtschaftliche Bedeutung an: tausche Arbeit gegen Gehalt. Nun ist der Sinn der Arbeit nicht einzig und allein das Gehalt."[36]

Abermals wird deutlich, wie die Vermittlung durch den Tauschwert zu Entfremdung, Verdinglichung und Sinnzerfall führt: Der Tauschende nimmt auch eine hochspezialisierte, einseitige und geisttötende Arbeit in Kauf, um in der Wirtschaftsgesellschaft überleben zu können.

---

[36] Ph. Bernoux, *La Sociologie des organisations*, op. cit., S. 243. Zu diesem Problem vgl. auch: O. Marchart, *Die Prekarisierungsgesellschaft. Prekäre Proteste. Politik und Ökonomie im Zeichen der Prekarisierung*, Bielefeld, Transcript, 2013, Kap. I : „Die Dislozierung des Sozialen".

Wie es aussieht, wenn er nichts mehr zu tauschen hat und arbeitslos wird, beschreibt Raoul Velozo in einem Bericht über die „Psychosoziale Situation der spanischen (ausländischen) Arbeiter in der BRD": „Tiefe Gefühle des Scheiterns (...); Abwertung der persönlichen und sozialen Identität (...). Soziale Isolierung. Falsche kompensierende Lösungsversuche: Fatalismus, Alkoholismus, Kriminalität."[37] Dass solche „Lösungsversuche" allesamt von tiefer sozialer Entfremdung zeugen, braucht kaum hinzugefügt zu werden.

Nicht nur in der Wirtschaft kann Arbeitsteilung Entfremdung bewirken. Auch im wissenschaftlichen Bereich kann es aufgrund von Institutionalisierung, Spezialisierung und fehlender Allgemeinbildung zu Missverständnissen und Fehleinschätzungen kommen: etwa wenn ein Soziologe den Schwerpunkt „Literatur- und Kunstsoziologie" für überflüssig hält, eine Psychologin Literaturwissenschaft mit Sprachwissenschaft verwechselt und ein Wirtschaftswissenschaftler mit beredten Worten für „Dekonstruktion" plädiert, weil er (aufgrund einer kurzen Abwesenheit) meint, dass es sich um einen neuen Schwerpunkt in der Technischen Fakultät handelt.

Verschiedene Fachbereiche, Institute und Wissenschaftlergruppen sprechen verschiedene Sprachen, die selten gemeinsame Termini enthalten und kaum ineinander zu übersetzen sind. Dies ist wohl der Grund, warum allerorten von „Interdisziplinarität" die Rede ist: Viele spüren, dass die hochspezialisierten Fächer und die Wissenschaftler, die sie vertreten, einander immer fremder werden; aber am Rande von genuin interdisziplinären Tagungen zeigt sich gelegentlich, dass sich das Interesse für das fremde Fach oder auch die Nachbardisziplin in Grenzen hält – oder gar vorgetäuscht ist.

Dies ist einer der Gründe, warum sich in den meisten Universitäten quantitative Kriterien im „Qualitätsmanagement" oder „Forschungsmanagement" durchsetzen. Da die Universitätsverwaltung die hochdifferenzierten Forschungsbereiche nicht beurteilen kann und längst den Überblick verloren hat, lässt sie die Forschung anhand von *online* ausgefüllten Formularen, für deren Vollständigkeit der Computer sorgt (er „akzeptiert" keine unvollständig ausgefüllten Formulare),

---

[37] R. Velozo, „Psychosoziale Situation der spanischen (ausländischen) Arbeiter in der BRD. Ein Bezugsrahmen für eine Analyse einiger sozio-individueller Anpassungsprobleme der Spanier in Deutschland", in: A. Morten (Hrsg.), *Vom heimatlosen Seelenleben. Entwurzelung, Entfremdung und Identität. Der psychische Seilakt in der Fremde*, Bonn, Psychiatrie-Verlag, 1988, S. 62.

evaluieren, um über Finanzierung oder Nichtfinanzierung entscheiden zu können. Bei der Evaluierung ist häufig das Quantitative ausschlaggebend: die Anzahl der investierten Stunden, die Anzahl der Publikationen oder gar der Druckseiten. Da die Qualität der Argumente und die Originalität der Gedanken nicht quantifizierbar sind, spielen sie keine Rolle. Hier wird die irrationale Kehrseite des Rationalisierungsprozesses sichtbar.

Die Entfremdung der Wissenschaftler wird dadurch gesteigert, dass sie sehr viel Zeit mit der Verwaltung ihrer Forschung verbringen, so dass ihnen weniger Zeit für ihre eigentlichen Forschungsvorhaben bleibt. Für die Universität gilt in diesem Fall uneingeschränkt, was Vincent de Gaulejac über das Wirtschaftsmanagement als „Total Quality Management" schreibt: „Man muss Formulare ausfüllen und immer mehr computergesteuerten Prozeduren folgen."[38] Er zitiert einen Angestellten: „Das Qualitätsmanagement hindert uns am Arbeiten." Und: „Wir verbringen mehr Zeit damit, dass wir Rechenschaft über unsere Arbeit ablegen, als zu arbeiten."[39]

Abermals erscheint das Geld als der allen Bereichen gemeinsame Nenner, der alle gesellschaftlichen Handlungen antreibt: „Das Geld wird als Messeinheit in der Welt des Handels verwendet und weit darüber hinaus in allen Bereichen, in denen ,Humanressourcen' eine Rolle spielen: in Serviceleistungen, Gesundheitswesen, Erziehung, Kultur, Umwelt. Als zentrales Element, das die gesellschaftlichen Beziehungen regelt, kolonisiert es die Lebenswelt."[40]

Das Geld als Tauschwert regelt nicht nur die marktorientierte Produktion und ihre arbeitsteiligen Prozesse, sondern auch (wie sich schon in der Einleitung gezeigt hat) die Freizeit, die immer mehr der Differenzierung als Arbeitsteilung gehorcht. Möglicherweise überschätzt Habermas das Widerstandsvermögen der Lebenswelt als „Reservoir von Selbstverständlichkeiten oder unerschütterten Überzeugungen"[41], wenn er über deren „alternative Praxis" schreibt: „Die alternative Praxis richtet sich gegen die gewinnabhängige Instrumentalisierung der Berufsarbeit, gegen die marktabhängige Mobilisierung der Arbeitskraft, gegen die Verlängerung von Konkurrenz- und Leis-

---

[38] V. de Gaulejac, *La Société malade de la gestion*, op. cit., S. 107.
[39] Ibid., S. 108.
[40] Ibid., S. 182.
[41] J. Habermas, *Theorie des kommunikativen Handelns*, Bd. II: *Zur Kritik der funktionalistischen Vernunft*, Frankfurt, Suhrkamp, 1981, S. 189.

tungsdruck bis in die Grundschule. Sie zielt gegen die Monetarisierung von Diensten, Beziehungen und Zeiten, gegen die konsumistische Umdefinition von privaten Lebensbereichen und persönlichen Lebensstilen."[42] Sie erscheint hier in ihrer Gesamtheit als ein Aufbegehren gegen Entfremdung.

Doch die „konsumistische Umdefinition" ist längst Wirklichkeit in Familie und Freizeit, die beide in den Strudel arbeitsteiliger Prozesse geraten sind. So manche Familie schafft es nicht mehr, einen gemeinsamen Sonntag zu planen, selbst wenn sich Vater, Mutter und Tochter darauf geeinigt haben, dass die Wetterbedingungen für eine Radwanderung ideal sind: Der jüngste Sohn will sich nicht von seinem Fernsehprogramm trennen, und der ältere ist – wie immer – vollauf mit seinem Computer beschäftigt. Anders als in der bildungsbürgerlichen Familie des 19. Jahrhunderts, in der des Öfteren gemeinsam gelesen oder musiziert wurde, herrscht in der zeitgenössischen Familie *Spezialisierung*: auf *Jogging*, *Paragliding*, *Mountainbiking* oder *Computer*. Die englischen Bezeichnungen verraten den Ursprung der neuen Arbeitsteilung, die mittlerweile die gesamte Freizeit erfasst hat.

Diese *Freizeit als Konsumzeit* ist ebenso kommerzialisiert und leistungsorientiert wie die ausdifferenzierte Produktion. Sie ist auch nicht weniger nützlich als die nützliche Arbeit, weil sie diese teilweise ermöglicht, indem sie Arbeitsplätze sichert: in Betrieben, in denen *Mountainbikes*, Sportflugzeuge, Sportautos, Motorräder, Motorboote, Segelboote, Schiausrüstungen, Taucherausrüstungen, Surfbretter und *Jogging-Sets* hergestellt werden. Käufer, die solche Konsumgüter erwerben, müssen – ob sie es beabsichtigen oder nicht – zu Spezialisten werden, wenn sie sich selbst und andere nicht gefährden wollen. Sie werden dazu in allen Gebrauchsanweisungen und Kursen (Schikurs, Segelkurs, Surfkurs, Taucherkurs) angehalten.

Zwischen den Zeilen wird auch klar, wer die fremden Mitbenutzer der (hoffentlich freien) Räume sind: Für den *Biker* sind es die langsamen Fußgänger, die jäh in der Kurve auftauchen, für den Autofahrer die Radfahrer, die zu zweit oder dritt nebeneinander fahren und die erträumte freie Fahrt zu einem Trauma werden lassen, für den Motorbootfahrer die unberechenbaren *Surfer*, die ganz unerwartet ins Wasser fallen, und für den *Jogger* alle anderen.

---

[42] Ibid., S. 581.

Immer wieder macht sich Entfremdung zwischen den konkurrierenden Spezialisten bemerkbar, die einander nicht mehr als Menschen mit bestimmten Absichten oder Problemen wahrnehmen, sondern als Hindernisse in einem von niemandem reflektierten, aber den gesamten Alltag erfassenden *Verdinglichungsprozess*. Der Autofahrer hupt, weil der *Jogger* bei Rot die Fahrbahn überquert. Der *Jogger* droht ihm mit der Faust, weil er als Spezialist für sich anscheinend das Recht beansprucht, seine Tätigkeit ungehindert auszuüben – ähnlich wie der *Mountainbiker*, der eine Frau anschreit, weil ihr Hund ihm im Wald über den Weg läuft. In der zeitgenössischen Gesellschaft wird Freizeitarbeit oftmals mit größerem Ernst verrichtet als die eigentliche Erwerbstätigkeit.

Dies hängt nicht nur mit der Spezialisierung als Arbeitsteilung zusammen, sondern auch damit, dass der Einzelne viel Zeit und vor allem Geld investieren muss, um sich als Freizeitprofi (Segler, *Mountainbiker*, Motorradfahrer) zu bewähren – in seinen eigenen Augen und in den Augen anderer. Und wo Geld investiert wird, dort hört das „interesselose Wohlgefallen" an Natur und Mitmensch auf.

Als Marx und seine Erben für die Reduktion der Arbeitszeit und die Selbstverwirklichung des Menschen in der Freizeit plädierten, unterschätzten sie offensichtlich die Fähigkeit des Marktes, *alle Lebensbereiche* zu kapitalisieren und die gesamte Lebenswelt zu kolonisieren. Diese erscheint nicht länger als eine Enklave genuin zwischenmenschlicher Kommunikation im Sinne von Habermas – eher als Idealisierung: „Der Entwurf einer kollektiv geteilten homogenen Lebenswelt ist gewiß eine Idealisierung; aber aufgrund ihrer familialen Gesellschafts- und mythischen Bewußtseinsstrukturen nähern sich archaische Gesellschaften diesem Idealtypus mehr oder weniger an."[43]

Das mag sein; aber in der zeitgenössischen Gesellschaft, in der die letzten Reste der *Gemeinschaft* (Tönnies) der Differenzierung weichen, haben Arbeitsteilung, Leistungsdruck und Konkurrenz als entfremdende Prozesse längst auf die Lebenswelt als Familie und Freizeit übergegriffen. Insofern kann in Übereinstimmung mit Habermas eher von *„systemisch induzierte(n) Lebensweltpathologien"*[44] als von einer „homogenen Lebenswelt" die Rede sein.

---

[43] Ibid., S. 234.
[44] Ibid., S. 293.

3. „Subjektive" und „objektive Kultur": Kulturpluralismus und Indifferenz

Begriffe wie *System* (Luhmann), *Feld* (Bourdieu) und *Sprachspiel* (Wittgenstein) zeugen von einer fragmentierten oder pluralisierten Gesellschaft, in deren ausdifferenzierten Bereichen verschiedene Sprachen gesprochen werden, die kaum ineinander zu übersetzen sind. In jeder dieser Sprachen werden Themen und Fragestellungen diskutiert, die in den anderen Bereichen keine Daseinsberechtigung haben: Probleme, die Juristen oder Astronomen beschäftigen, werden von Künstlern, Managern oder Theologen kaum verstanden. Zugleich wachsen die in diesen Bereichen angehäuften Wissensvorräte ins Unermessliche, so dass es einem Laien schwer fällt, sich in einem ihm fremden Bereich zurechtzufinden.

Gemeinsam verwalten die für die verschiedenen Bereiche zuständigen Institutionen eine Wissenskultur, die ein einzelner – noch so gebildeter – Mensch nicht zu überblicken, geschweige denn sich anzueignen vermag. Es kommt hinzu, dass ihn auch das arbeitsteilige Prinzip, dem er seine Ausbildung als Subjektwerdung verdankt, daran hindert, sich frei zwischen den Bereichen oder „Sprachspielen" zu bewegen. Bestenfalls kann er hoffen, in zwei oder drei Bereichen – Jura und Wirtschaft, Medien und Politik – heimisch zu werden. Die restliche Kultur, die täglich wächst, bleibt ihm fremd.

Dieses *Auseinandertreten von „subjektiver" und „objektiver Kultur"*, das bei fortschreitender Arbeitsteilung (d.h. abnehmender subjektiver Kapazität) ein nicht zu unterschätzendes Entfremdungspotenzial birgt, beschreibt Georg Simmel in einem wichtigen Aufsatz aus dem Jahr 1900: „Die Arbeitsteilung als Ursache für das Auseinandertreten der subjektiven und der objektiven Kultur".

Wie Tönnies und Durkheim, die von den „einfachen Formen" der *Gemeinschaft* und der *mechanischen Solidarität* ausgehen, geht Simmel von der „niedrigen" (gemeinschaftlich-mechanischen) Kultur aus, in der Subjekt und Objekt noch weitgehend übereinstimmen: „In einem kleinen Kreise von niedriger Kultur wird jenes Verhältnis [von Subjekt und Objekt] nahezu eines der Deckung sein, die objektiven

112

Kulturmöglichkeiten werden die subjektiven Kulturwirklichkeiten nicht weit überragen."[45]

„Eine Steigerung des Kulturniveaus"[46], setzt Simmel seine Betrachtungen fort, müsse kein signifikantes Auseinandertreten von subjektiver und objektiver Kultur zur Folge haben: Es sei das seltene Glück Athens gewesen, „bei all seiner Kulturhöhe"[47] diesen Zerfall vermieden zu haben. Dieser sei eine Folge der modernen Arbeitsteilung, die die „einheitliche Gesamtpersönlichkeit" durch Vereinseitigung gefährde: „(…) Sie läßt diese sogar vielfach verkümmern, indem sie ihr ein für die harmonische Gestaltung des Ich unentbehrliches Kraftquantum entsaugt (…)."[48]

Unübersehbar ist hier Simmels Festhalten am bildungsbürgerlichen Ideal der kultivierten Persönlichkeit, die noch die gesamte „objektive Kultur" zu überblicken vermochte. Der eingangs erwähnte Niedergang des liberalen Individualismus, der als Krisenerscheinung für die gesamte moderne Soziologie prägend war, bildet den historischen Hintergrund, vor dem Simmels „Tragödie der Kultur" verständlich wird. Die Entfremdung, die durch das Auseinandertreten der „subjektiven" und der „objektiven Kultur" und die Abnahme des subjektiven Potenzials entsteht, beurteilt Simmel vom bildungsbürgerlichen Standpunkt der liberalen Ära aus, der die aus der Antike und der Renaissance hervorgehende klassische Bildung zum Hauptbezugspunkt wurde.

Dennoch ist seine Kritik aktuell, zumal wenn er bemerkt, „daß die kulturelle Steigerung der Individuen hinter der der Dinge – greifbarer wie funktioneller wie geistiger – merkbar zurückbleiben kann".[49] Die rasante Entwicklung moderner Technologien, vor allem der künstlichen Intelligenz, ist nur im Zusammenhang mit der parallel verlaufenden Arbeitsteilung zu verstehen, die auch gebildete Laien daran hindert, das Funktionieren der elektronischen Geräte, die sie täglich verwenden, nachzuvollziehen.

Somit hängt die aus dem Auseinandertreten von „subjektiver" und „objektiver Kultur" resultierende Entfremdung nicht nur mit unserem Unvermögen zusammen, die verschiedenen Kulturbereiche („Felder",

---

[45] G. Simmel, *Schriften zur Soziologie. Eine Auswahl* (Hrsg. H.-J. Dahme, O. Rammstedt), Frankfurt, Suhrkamp, 1983, S. 104.
[46] Ibid.
[47] Ibid.
[48] Ibid., S. 105.
[49] Ibid., S. 118.

„Systeme") zu überblicken, sondern auch mit der einfacheren Tatsache, dass wir es täglich mit Einrichtungen, Gegenständen und Verfahren (etwa Heilmethoden in der Medizin) zu tun haben, die sich unserem Verständnis entziehen.

Simmels Frage, „ob der einzelne sein Innenleben in Nähe oder in Fremdheit zu der objektiven Kulturbewegung seiner Zeit weiß"[50], muss wohl dahingehend beantwortet werden, dass angesichts der Spezialisierung sowie angesichts der Fragmentierung der Kultur die „Kulturbewegung" unserer Zeit dem Einzelnen immer fremder wird. Das Gefühl, ein Fremder in einer ausdifferenzierten, „multikulturellen" Gesellschaft zu sein, lässt ein akademisches Interesse für „Interkulturalität", „Kommunikation", „Interdisziplinarität" und „Mehrsprachigkeit" erwachen.

Alle diese Begriffe bezeichnen *Defizite*, die sich in einer fragmentierten Gesellschaft bemerkbar machen, deren Fragmentierung durch Einwanderung noch gesteigert wird. Das Ergebnis dieser Entwicklung stellt Thomas Geisen in „Fremdheit, Entfremdung und Kultur: zur Bearbeitung von Fremdheit im Kontext von Migration" anschaulich dar: „Die lebendige Kultur der westlichen Metropolen, die auf der Vielfalt und der Vermischung zahlloser kultureller Einflüsse beruht, die von Migrant(inn)en – sowohl von Binnen- als auch von internationalen Migrant(inn)en – getragen werden, hat zum Gegenstück die Abwehr und die Verdrängung von Migrant(inn)en, die aufgrund eines unsicheren Aufenthaltsstatus schlechten sozialen und wirtschaftlichen Bedingungen unterworfen sind. Die sich in diesen Praxen der Hierarchisierung zeigende Härte, die in der Abwertung und Erniedrigung der nicht oder nur kaum begriffenen Kulturen der Anderen zur Geltung kommt, ist nur die andere Seite einer Selbstvergewisserung, die die Abwehr des Fremden zur Grundlage und zum Ausgangspunkt hat."[51]

Die „Abwehr des Fremden" hängt damit zusammen, dass die Sprache und die Kultur des Anderen nicht verstanden, oft nicht einmal identifiziert werden („was spricht er?"). Im Zusammenhang mit Simmels Ansatz ist dieses Nichtverstehen leicht zu erklären: Wer seine eigene Kultur kaum kennt und seine Sprache nur mangelhaft beherrscht, weil er selten oder gar nicht liest, der ist weder bereit noch in der Lage, sich fremde Kulturen zu erschließen. Durch drastische Ab-

---

[50] Ibid., S. 124.
[51] Th. Geisen, „Fremdheit, Entfremdung und Kultur", op. cit., S. 76.

wertung dieser Kulturen (und ihrer Sprachen) versucht er, die Komplexität seiner Umwelt zu reduzieren, um sich leichter orientieren zu können – nach dem Motto: „Das brauche ich gar nicht zur Kenntnis zu nehmen." Es nimmt nicht wunder, dass er den eingewanderten Arbeiter primär als „Arbeitskraft" betrachtet und dadurch *verdinglicht*.

Paradoxerweise sehen die Reaktionen der Einwanderer nicht viel anders aus, zumal dann, wenn sie sich aus wirtschaftlichen Gründen zur Migration entschlossen haben: Sie suchen Arbeit und sind in vielen Fällen froh, wenn sie diese bei ausgewanderten Landsleuten finden, weil sie sich dann nicht intensiv mit der ihnen fremden Kultur auseinandersetzen müssen. Nur wenige sind bereit, sich auf das neue kulturelle Umfeld einzulassen. Dies gilt sogar für Angehörige der osteuropäischen Mittelschicht, von denen viele im Laufe der 1950er, 60er und 70er Jahre nach Westeuropa geflüchtet oder ausgewandert sind: Einige von ihnen schüttelten gar ungläubig den Kopf, wenn sie mit deutschen, britischen oder niederländischen kulturellen Einrichtungen und Bräuchen konfrontiert wurden.

Sowohl den Einheimischen als auch den Eingewanderten fällt es schwer, die neue „objektive Kultur" zu bewältigen, die von allen Seiten auf sie eindringt. Wenn noch hinzukommt, dass diese Kultur auf Werten und Normen gründet, die mit den eigenen (religiösen, politischen, moralischen) Wertsetzungen unvereinbar sind, können Situationen entstehen, die von Isolierung, Gettobildung, Ablehnung und Feindschaft geprägt sind. Dazu bemerkt Rita Breuer: „Wer die Scharia umfassend befolgt, wird kaum Berührungspunkte mit der einheimischen Gesellschaft haben."[52] Als Feministin beschließt sie ihren Artikel mit Bemerkungen zu „demokratischen Grundwerten": „Wer diese Grundwerte bejaht, muss es konsequent tun, statt sie durch falsche Toleranz zu untergraben. Zu viel steht auf dem Spiel, gerade, aber nicht nur für die Frauen."[53]

In einer gesellschaftlichen und sprachlichen Situation[54], in der einander fremde, unvereinbare Gruppensprachen koexistieren, entsteht

---

[52] R. Breuer, „Die Entfremdung wird größer", in: A. Schwarzer (Hrsg.), *Die große Verschleierung. Für Integration, gegen Islamismus*, Köln, Kiepenheuer und Witsch, 2010, S. 71.
[53] Ibid., S. 74.
[54] Zur Bestimmung sprachlicher Situationen in Gesellschaften vgl. Vf., *Textsoziologie. Eine kritische Einführung*, Stuttgart, Metzler, 1980, Kap. III sowie: *Was ist*

ein Pluralismus, den Jean-François Lyotard beschreibt. In *Das postmoderne Wissen*, wo die regelhafte Autonomie der unvereinbaren „Sprachspiele" (Wittgenstein) hervorgehoben wird, stellt er die These auf, „daß es weder eine mögliche Vereinheitlichung noch eine Totalisierung der Sprachspiele in einem Metadiskurs gibt".[55] Dass die in der postmodernen Gesellschaft koexistierenden Sprachspiele keinen gemeinsamen Nenner kennen, der einen fruchtbaren Dialog ermöglichen würde, wird in Lyotards *Grabmal des Intellektuellen* in einem kantianischen Kontext bestätigt: „Die Prüfung der Sprachspiele konstatiert und bekräftigt, wie die Kritik der Vermögen, die Trennung der Sprache von sich selbst. Die Sprache ist ohne Einheit, es gibt nur Sprachinseln, jede wird von einer anderen Ordnung beherrscht, keine kann in eine andere übersetzt werden."[56]

Es ist zwar keineswegs sicher, dass es nicht – zumindest in manchen Fällen – eine vermittelnde Instanz auf diskursiver Metaebene gibt[57], aber Lyotards Darstellung ist für eine Gesellschaft kennzeichnend, die, wie Rita Breuers Kommentare zeigen, eher auf Fragmentierung und Absonderung als auf Vereinheitlichung zutreibt.

Man mag diese Fragmentierung als „Pluralismus" begrüßen und mit Wolfgang Welsch feststellen: „Diese – unaufhebbare und positiv gesehene – Pluralität macht den Fokus der Postmodernität aus."[58] Er fügt erläuternd hinzu: „Postmoderne ist so der Zustand, in dem die Moderne nicht mehr reklamiert werden muß, sondern realisiert wird."[59] Angesichts solcher Euphorie, die an Marxens „klassenlose Gesellschaft" erinnert, sind Rita Breuers ängstlich-aggressive Schlusssätze kaum zu verstehen. Hat sie etwas übersehen oder gar den postmodernen Pluralismus missverstanden?

Eher hat sie auf die von Welsch ausgeblendete Kehrseite der pluralistischen Postmoderne hingewiesen: auf die sie beherrschende Indif-

---

Theorie? Theoriebegriff und Dialogische Theorie in den Kultur- und Sozialwissenschaften, Tübingen-Basel, Francke, 2004, Kap. II.

[55] J.-F. Lyotard, *Das postmoderne Wissen*, op. cit., S. 109.

[56] J.-F. Lyotard, *Grabmal des Intellektuellen*, Wien-Köln-Graz, Passagen, 1985, S. 70.

[57] Zur Kritik an Lyotards Sprach- und Kommunikationsauffassung vgl. Vf., *Moderne / Postmoderne. Gesellschaft, Philosophie, Literatur*, Tübingen-Basel, Francke, 2014 (3. Aufl.). Kap. III. 5.

[58] W. Welsch, *Unsere postmoderne Moderne*, Weinheim, VCH, 1991 (3. Aufl.), S. 34.

[59] Ibid., S. 36.

ferenz. In einer Gesellschaft, in der unzählige miteinander rivalisierende Ideologien, Religionen, Weltanschauungen und Expertensprachen um die Gunst des Bürgers werben, drängt sich diesem der Verdacht auf, dass sie in ihrer Partikularität alle austauschbar sind: *indifferent*. Dieser Verdacht wird bestätigt, sobald klar wird, dass der einzige Faktor, der eine reibungslose Kommunikation zwischen den Gruppen und ihren inkommensurablen Sprachen ermöglicht, das Geld als wertindifferenter Tauschwert ist.

Er ermöglicht nicht nur den Import und Export von Waren, sondern auch von Arbeitskräften, von deren Kulturen, Sprachen und Persönlichkeiten er abstrahiert. Diese drastische „Reduktion der Komplexität" kommt einem Händler oder Arbeitgeber zugute, der hoffnungslos überfordert wäre, wenn er sich lange bei der Frage aufhalten müsste, ob er die Sprachen der importierten Arbeiter (Kroatisch, Griechisch, Türkisch, Hindi oder Urdu) versteht. Da er vor der stetig wachsenden „objektiven Kultur" (Geographie, Geschichte) längst die Waffen gestreckt hat, wird er nicht einmal wissen, an welche Staaten die Herkunftsländer seiner Arbeitnehmer grenzen.

In seinem Alltag ist die pluralistische Indifferenz längst zur Wirklichkeit geworden: Er wird den schlecht „funktionierenden" Türken problemlos durch einen Marokkaner ersetzen, ohne sich Gedanken über das historische Verhältnis zwischen dem Arabischen und dem Türkischen im Bereich der Schriftsprache zu machen.

Indifferenz ist aber wesentlich mehr als diese abstrahierende Oberflächlichkeit, die den gesamten zeitgenössischen Alltag prägt: In ihr kommt der „Nihilismus des Tauschwerts"[60] zum Ausdruck, der in allen sozialen Bereichen Sinn zerfallen und Sinngebung scheitern lässt, weil er alle qualitativen, kulturellen Werte negiert. Dieser Zustand der globalen Negation, der längst nicht allen Betroffenen bewusst ist, ist zugleich ein Zustand der *Anomie*.

4. Anomie als Entfremdung

Die allgemeinste Definition der *Anomie*, die hier als ein *Aspekt der Entfremdung* aufgefasst wird, könnte lauten: *Sinnzerfall im Zuge der*

---

[60] G. Vattimo, *Das Ende der Moderne*, Stuttgart, Reclam, 1990, S. 25: „Auf diese Weise ist der Nihilismus die Reduktion von Sein auf Tauschwert."

Arbeitsteilung und der fortschreitenden Ökonomisierung der Gesell-schaft. In diesem Zusammenhang ist auch die Kurzbeschreibung der Anomie in Orin Solloways und Hermann Strassers Aufsatz „Zur soziologischen Theorie der Entfremdung und Anomie" zu verstehen: „Die wesentliche Idee der strukturellen Anomie ist, daß die Gesellschaft selbst nicht in Ordnung, unbehaglich und ‚krank' ist (…)."[61]

Spezifischer und kürzer ist die Definition, die Christian Baudelot und Roger Establet im Zusammenhang mit Durkheims Selbstmord-Studie und seiner Analyse des anomischen Selbstmordes vorschlagen: „Unbeständigkeit und Lockerung sozialer Normen".[62] Denn Durkheims *Normbegriff* ist wesentlich für die Begriffsbestimmung der Anomie.

Die von den beiden Autoren vorgeschlagene Definition deutet zugleich an, dass „Anomie" nicht als „Abwesenheit von Normen"[63] zu verstehen ist. In allen Stadien gesellschaftlicher Entwicklung *gibt* es Normen, und Anomie entsteht keinesfalls durch deren Fehlen, sondern eher dadurch, dass *zu viele* Normen und die ihnen entsprechenden Werte koexistieren und einander *relativieren.* Dadurch kommt es zu einer Desorientierung von Individuen und Gruppen, die im Extremfall zum Selbstmord führen kann.

Im Folgenden wird Anomie als eine Form der Entfremdung aufgefasst, die einerseits durch Prozesse sozialer Differenzierung und Arbeitsteilung, andererseits durch das Eindringen des Tauschwerts und der ihm innewohnenden Indifferenz in alle Lebensbereiche verursacht wird. Auf die wechselseitige Bedingtheit der beiden Prozesse wurde bereits hingewiesen.

Zu Recht unterscheidet Alain Bourdin zwei Ebenen in Durkheims Theorie der Anomie: „Durkheims Theorie entwickelt sich auf mehreren Ebenen: von der makrosoziologischen Ebene in *Über soziale Arbeitsteilung* zur mikrosoziologischen in *Der Selbstmord.*"[64] Tatsäch-

---

[61] O. Solloway, H. Strasser, „Zur soziologischen Theorie von Entfremdung und Anomie", in: M. Brenner, H. Strasser (Hrsg.), *Die gesellschaftliche Konstruktion der Entfremdung,* Frankfurt-New York, Campus, 1977, S. 83.

[62] Ch. Baudelot, R. Establet, *Durkheim et le suicide,* Paris, PUF, 1990 (3. Aufl.), S. 10.

[63] Vgl. F. Kandil, „Anomie", in: B. Schäfers (Hrsg.), *Grundbegriffe der Soziologie,* Leverkusen, Leske-Budrich, 1986, S. 18.

[64] A. Bourdin, „Les lieux de l'anomie", in: J. Duvignaud (Hrsg.), *Sociologie de la connaissance,* Paris, Payot, 1979, S. 173.

lich geht es Durkheim in seinem ersten großen Werk um die von der Arbeitsteilung und der sich durchsetzenden organischen Solidarität verursachte *Unbeständigkeit und Relativierung sozialer Normen*, während seine Selbstmord-Analysen zeigen, wie die zunehmende Isolierung der miteinander funktional, „negativ" (s.o.) verbundenen und orientierungslosen Individuen zu „egoistischen" und „anomischen" Selbstmorden führen kann.

Im Bereich der Theatersoziologie hat der Durkheim-Schüler Jean Duvignaud zu zeigen vermocht, wie in der europäischen Renaissance das Elisabethanische Theater Englands und das spanische Theater des *Siglo de Oro* auf die Zerrüttung des Normensystems durch die sich beschleunigende Arbeitsteilung reagieren, indem sie von der sozialen Norm abweichende Gestalten auftreten lassen. Auch bei Duvignaud erscheint Anomie als ein Zustand der Gesellschaft, nicht *nur* als individuelle Einstellung oder gar Fehleinstellung: „Gerade daran ist *Anomie* zu erkennen: am Gefallen an der kriminellen Persönlichkeit, die ein Merkmal des gesamtgesellschaftlichen Zerfalls ist."[65] Von diesem zeugt König Lears Wahnsinn ebenso wie Othellos Mord an Desdemona in Shakespeares Tragödien.

Duvignaud geht von der Überlegung aus, dass inmitten eines zerrütteten Normensystems *das menschliche Verlangen keine Grenzen kennt* und sich über alle Hindernisse hinwegsetzt, um sich verwirklichen zu können.[66] An dieser Stelle berührt sich der durkheimianische Ansatz[67] mit dem Robert K. Mertons, der Anomie als *Diskrepanz* definiert: *zwischen den Zielen des menschlichen Verlangens, den Normen, die bestimmte Mittel vorschreiben, die das Erreichen dieser Ziele ermöglichen, und der stets normierten Verfügbarkeit dieser Mittel.* Kriminalität und abweichendes Verhalten entstehen dadurch, dass Individuen und Gruppen die ihnen bekannten Normen umgehen, um schneller ans Ziel zu gelangen. Diese „Strategie" hängt einerseits mit Differenzierung und Arbeitsteilung, andererseits mit der Ökonomisie-

---

[65] J. Duvignaud, *Les Ombres collectives. Sociologie du théâtre*, Paris, PUF (1965), 1973, S. 192.

[66] Vgl. J. Duvignaud, *Anomie*, Paris, Anthropos, 1973, S. 37.

[67] Vgl. F.-P. Le Crest, *Actualité du concept d'anomie. Le mal de l'infini*, Paris, L'Harmattan, 2013, Kap. IV, wo der Autor im Anschluss an Durkheim die Anomie als ein Kranken am „unendlichen Verlangen" definiert. Er verknüpft dieses Verlangen mit dem „unersättlichen Gewinnstreben", das in die Anomie mündet (S. 153).

rung der Gesellschaft und der ihr innewohnenden Wert-Indifferenz als Sinnlosigkeit zusammen

Wenn jemand im Verlauf seiner sekundären Sozialisierung die Normen der Wirtschaft oder der Politik verinnerlicht hat, wird er möglicherweise nach akademischen Ehren streben, ohne jedoch die Normen der Wissenschaft ernst zu nehmen. In manchen Fällen wird er ein Plagiat anfertigen, um schneller promovieren zu können und um sich als Manager oder Politiker mit Hilfe des so erworbenen *symbolischen Kapitals* (Bourdieu) eine bessere Position in Wirtschaft oder Politik zu sichern.

Was geschieht in solchen Fällen? Bourdieu würde sagen, dass jemand, der sich so zwischen den *Feldern* bewegt, den *Habitus* des *wissenschaftlichen Feldes* nicht angenommen hat: Er agiert als Fremder in der Wissenschaft und missbraucht diese, um in einem anderen „Feld" zu reüssieren. Sein Verhalten ist „anomisch", weil er in der Wissenschaft als Manager oder Politiker taktiert und die wissenschaftlichen Normen schlicht ignoriert.

Auch Studierende fertigen bisweilen Plagiate an, aber sie tun es aus anderen Gründen, die allerdings auch mit Differenzierung und Arbeitsteilung zusammenhängen. Sie werden mit arbeitsteilig angehäuften Wissensvorräten konfrontiert, fühlen sich (zu Recht oder zu Unrecht) von ihren Betreuern im Stich gelassen und versuchen, die sich vor ihnen auftürmenden Hindernisse durch sporadisches oder systematisches Abschreiben von (hoffentlich unbekannten) Texten zu überwinden. Dass sich diese Taktik im wissenschaftlichen Feld auf die Dauer nicht bewährt, liegt auf der Hand.

Die Studienabbrecher unter ihnen fallen schließlich der Anomie zum Opfer: entweder weil sie ein Gefühl der Sinnlosigkeit überkommt, sobald sie selbst einsehen, dass die Wiedergabe fremder, unverstandener Texte und Argumente nicht der „Sinn der Sache" sein kann, oder weil sie von einem aufmerksamen Prüfer des Betrugs überführt werden und die Sinnlosigkeit auf diese Art erkennen. Auch sie haben sich den Habitus des Feldes nicht angeeignet und versuchen deshalb, dessen Normen zu umgehen, um ihre Ziele schneller zu erreichen. Wissenschaft ist hier (wie beim Manager und Politiker) nur *Vorwand*: Sie hat nur Tauschwert, keinen Eigenwert, zumal die Autorinnen und Autoren von Plagiaten die von ihnen abgeschriebenen und zumeist unverstandenen Texte mit Gleichgültigkeit betrachten.

Ähnliches gilt für den Sportler, der versucht, mit Hilfe von *Doping* seine Rivalen aus dem Feld zu schlagen. Als hochkommerzialisiertes Feld, in dem beachtliche Summen auf dem Spiel stehen, lädt der Sport die leistungsorientierten Teilnehmer geradezu ein, die Norm zu umgehen. Als „spezialisierter Roboter, der auf rücksichtslose Art ausgenutzt wird"[68], wie Pierre Laguillaumie es ausdrückt, verwandelt sich der Sportler in eine gewinnbringende Menschenmaschine, deren Konstruktion am ehesten „wertfrei" als reine Naturbeherrschung zu verstehen ist.

Die Anomie kommt in diesem äußerst differenzierten Bereich dadurch zustande, dass die offizielle Normenskala, zu der die „Ehrlichkeit", „Fairness", „Chancengleichheit" und auch „Naturverbundenheit" zählen, durch das vom Tauschwert beherrschte Leistungsprinzip außer Kraft gesetzt wird. *Doping* erscheint als eine Art Supertreibstoff, der es dem Benutzer gestattet, die Konkurrenten weit hinter sich zu lassen. Es nimmt nicht wunder, dass sehr viele die Neigung verspüren, auf diese Art nicht nur die Konkurrenten, sondern auch die ihnen immer fremder werdenden Normen „abzuhängen". Dadurch steigern sie nur die Anomie, weil so mancher nicht mehr weiß, ob und wann er sich an die Norm halten soll.

Der Tauschwert wird tendenziell zur obersten Norm im kommerzialisierten Sport und entfremdet diesen dem Menschen, der ihn erfand, um gesund zu leben – und nicht, um seinen Körper mit Drogen zu vergiften. Dazu bemerkt Henri Vaugrand: „Heutzutage ist diese Verbindung zwischen Geld und Sport kein Tabu mehr. Das Geld des Sports und das Geld im Sport sind deutlich erkennbar (…)."[69] Dadurch wird der Sinn des Leistungssports in Frage gestellt, weil seine Grundwerte der Indifferenz zum Opfer fallen.

Angesichts dieser Entwicklungen ist es kaum noch verwunderlich, dass die Anomie auch die Welt der Hochfinanz und der Banken beherrscht, in der immer öfter und immer vergeblich „mehr Ethik" gefordert wird. Zwar gibt es auch in dieser Welt eine Normenskala, die in zahlreichen Lippenbekenntnissen bekräftigt wird; wo aber der Tauschwert nahezu unumschränkt herrscht, dort kann diese Normenskala bestenfalls eine Fassadenfunktion erfüllen. Denn es fällt schwer,

---

[68] P. Laguillaumie, „Pour une critique fondamentale du sport", in: J.-P. Escriva, H. Vaugrand (Hrsg.), *L'Opium sportif*, Paris, L'Harmattan, 1996, S. 84.
[69] H. Vaugrand, *Sociologies du sport. Théorie des champs et Théorie critique*, Paris, L'Harmattan, 1999, S. 148.

die ehrgeizigen Ziele, die nicht selten auf Milliarden beziffert werden, einer Ehrlichkeit zu opfern, der in der Finanzwelt kaum jemand Anerkennung zollt. Anerkennung wird eher denjenigen zuteil, die erfolgreich spekulieren. Scheitern sie aber, dann tritt die Anomie in vollem Ausmaß zutage, und die Entfremdung zwischen moralisierender Öffentlichkeit und korrupter Finanzwelt wird tiefer.

Vor diesem Hintergrund ist Robert K. Mertons Theorie der Anomie in ihrer Gesamtheit besser zu verstehen: Deren Kern besteht zwar – wie eingangs erwähnt – in der Diskrepanz zwischen den Zielsetzungen des Einzelnen und den normkonformen Mitteln, die er einsetzen darf, um seine Ziele zu erreichen; aber ihr Gesamtzusammenhang schließt auch die Tauschwert-Problematik ein und wird von ihr sogar gewährleistet.

Diesen Sachverhalt lassen die folgenden Sätze aus Mertons „Sozialstruktur und Anomie" erkennen: „Das technisch wirkungsvollste Verfahren, ob nun kulturell legitim oder nicht, wird bezeichnenderweise dem institutionell vorgeschriebenen Verhalten vorgezogen. Dauert dieser Schwächungsvorgang an, so wird die Gesellschaft unstabil und es entwickelt sich das, was Durkheim mit ‚Anomie' (oder Normlosigkeit) bezeichnet hat."[70] (Weshalb „Anomie" nicht „Normlosigkeit" ist, wurde weiter oben erklärt.) Warum das „wirkungsvollste Verfahren" dem „institutionell vorgeschriebenen" – d.h. „Zweckrationalität" der „Wertrationalität" im Sinne von Max Weber – vorgezogen wird, wird einige Zeilen später klar: „Das Geld wurde weitgehend zu einem Wert an sich erhoben – über seine Verwendung zum Kauf von Konsumgütern oder zur Vergrößerung von Macht hinaus. ‚Geld' ist in besonderem Maße im Begriff, zu einem Prestigesymbol zu werden."[71] Man könnte hinzufügen, dass es zum obersten gesellschaftlichen Wert aufzurücken droht, zumal wenn es sich mit dem technischen Fortschritt verbündet, der ebenfalls Anomien zeitigen kann.

Das wird in einer Abhandlung von Karl Steinbuch klar, in der Technisierung als Ursache für den Wandel von Berufsbildern analysiert wird: „Sicher ist, daß sich durch die gegenwärtige Technisierung viele Berufsbilder in Produktion und Verwaltung grundlegend verändern. Beispielsweise können hochwertige Fachleute für mechanische

---

[70] R. K. Merton, „Sozialstruktur und Anomie", in: A. Fischer, *Die Entfremdung des Menschen in einer heilen Gesellschaft. Materialien zur Adaptation und Denunziation eines Begriffs*, München, Juventa, 1970, S. 126.
[71] Ibid.

oder elektromechanische Maschinen die neuen elektronischen Geräte meist weder produzieren, noch aufbauen, noch ihre Fehler diagnostizieren noch reparieren. So steht z.B. ein hochwertiger Schreibmaschinenmechaniker ziemlich hilflos vor der Elektronik der Schreibautomaten."[72] Dies bedeutet, ins Soziologische übertragen, dass die Werte und Normen, die in der Welt des Schreibmaschinenmechanikers galten, ihre Bedeutung und ihr Ansehen verlieren, weil neue (technologisch bedingte) Spezialisierungen und die ihnen entsprechenden Normen gelten.

Steinbuchs Beispiel könnte auf der Benutzerseite durch das der fehlerfrei tippenden Sekretärin ergänzt werden, die Computerkurse besuchen musste, um sich mit der „Elektronik der Schreibautomaten" vertraut zu machen. So manche Sekretärin, die Probleme mit der neuen Technologie hatte, fühlte sich abgewertet, weil die alte Norm als Grundlage ihres guten Rufs nicht mehr galt und sie nicht wusste, ob sie der neuen Normenskala genügen würde.

Steinbuchs Text, der im Jahr 1981 veröffentlicht wurde, ist selbst überholt, weil der Übergang von der mechanischen Schreibmaschine zum PC längst vollzogen ist. Aber in der *Übergangszeit kam es zur Anomie* durch die Abwertung vergangener Fertigkeiten und Berufsbilder. Anomie kann in diesem Zusammenhang als ein *Übergangsphänomen* betrachtet werden, welches durch die *Beschleunigung* (vgl. Abschn. 5) sozialer Prozesse an Bedeutung gewinnt.

Auch die Personen, die den von Steinbuch skizzierten Berufsbildern ihre Identität verdankten, wurden abgewertet: nicht nur weil ihre Spezialisierung veraltet war, sondern auch deshalb, weil sie auf dem Markt nichts mehr galt. Davon zeugt Steinbuchs Ausdruck „hochwertige Fachleute": Diese hören schlagartig auf, „hochwertig" zu sein, sobald die Nachfrage schwindet. Sie werden nicht mehr gebraucht und fühlen sich überflüssig, *de trop*, wie Sartre es existenzialistisch ausdrücken würde. Ihre Entfremdung von der sozialen Umwelt wird einerseits durch fortschreitende Arbeitsteilung, andererseits durch die Marktgesetze bedingt.

Das von Steinbuch angeführte Beispiel lässt den Nexus von Arbeitsteilung, Markt und Technik klar erkennen. Technischer Fort-

---

[72] K. Steinbuch, „Technisierung der Verwaltung – Wirklichkeit und Möglichkeiten", in: G. R. Baum et al. (Hrsg.), *Technisierte Verwaltung. Entlastung oder Entfremdung des Menschen?*, Bonn, Godesberger Taschenbuch-Verlag, 1981, S. 46.

schritt bringt wirtschaftliche Vorteile mit sich (z.B. Zeiteinsparungen und Kostensenkungen) und lässt neue Spezialisierungen entstehen, die in vielen Fällen größeres Prestige genießen als die alten. Er kann aber auch zu Anomie, sozialer Ausgrenzung und Entfremdung des Einzelnen von seiner sozialen Umwelt führen.

5. Beschleunigung und Technik, Bürokratie und Politik

Seit der Industrialisierung im 19. Jahrhundert ist *Beschleunigung* ein Charakteristikum moderner Gesellschaften und eine der Hauptursachen für zunehmende Entfremdung und Anomie. Was gestern galt, gilt heute nicht mehr, weil neue Techniken, wie sich gezeigt hat, neue Berufsbilder (etwa den Programmierer) entstehen lassen, weil ein Wirtschaftszweig, der als krisensicher galt (etwa der Bergbau in Europa), als unrentabel erscheint, oder die demographische Entwicklung dazu führt, dass sich Rentner auf eine unsichere Zukunft einstellen müssen.

Angesichts solcher Entwicklungen, die in manchen ihrer Phasen auch Experten überraschen und Regierungen in Atem halten, ist es kaum verwunderlich, dass sich Sozialphilosophen und Soziologen intensiver als früher mit dem Phänomen der Beschleunigung befassen. Im Folgenden steht die Frage im Mittelpunkt, *ob und wie die Beschleunigung des sozialen Wandels für Entfremdung und Anomie verantwortlich gemacht werden kann.*

Im Anschluss an Jürgen Habermas verknüpft Stéphane Haber die zwei sich von der sozialen Lebenswelt „abkoppelnden" Systeme „Macht" und „Geld" mit dem „Wirtschaftswachstum" als Grundlage der kapitalistischen Gesellschaft und der Beschleunigung. Er spricht von einer „abgekoppelten Objektivität" und einer „entfremdeten und unkontrollierten Macht" („puissance aliénée et incontrolée").[73] Aus seiner Sicht gehorcht die gesamte sich beschleunigende Entwicklung dem Wachstumsimperativ: „Dieser globale Imperativ ist das Gesicht *par excellence* der objektiven Entfremdung."[74] Zu den Faktoren „Macht" und „Geld" als „Objektivitäten" bemerkt er: „Die abgekop-

---

[73] S. Haber, *Penser le néocapitalisme. Vie, capital et aliénation*, Paris, Les Prairies ordinaires, 2013, S. 10.
[74] Ibid., S. 28.

pelten Objektivitäten, die in ihren Auswirkungen bisweilen ambivalent sind, werden zu Ursachen der Entfremdung im emphatischen Sinne, und zwar in dem Maße, wie sie diesem Imperativ gehorchen."[75]
Wie sehr sich die Gesetze des Wirtschafts- und Finanzsystems ver-
selbständigen und in alle Bereiche der Gesellschaft als „Lebenswelt"
eindringen, hat sich im vorigen Kapitel und in allen Abschnitten dieses Kapitels gezeigt.

Komplementär zu Habers Ansatz verhält sich die kenntnisreiche
Studie von Hartmut Rosa: *Beschleunigung. Die Veränderung der Zeitstrukturen in der Moderne* (2005). Strukturiert wird diese Studie von
drei „Dimensionen sozialer Beschleunigung"[76]: 1. „technische Beschleunigung", 2. „Beschleunigung des sozialen Wandels" und 3. „Beschleunigung des Lebenstempos".[77]

Betrachtet man diese drei Faktoren im Kontext spätmoderner und
nachmoderner Entwicklungen, so kommt der Gedanke auf, dass in
einer Gesellschaft mit steigenden Lebenserwartungen, in der Menschen immer älter werden, die Beschleunigung als solche ein beachtli-
ches Entfremdungspotenzial entstehen lässt. Während es in traditionellen Gesellschaften (etwa im mittelalterlichen Feudalismus) kaum
zu strukturellen oder technischen Veränderungen während des relativ
kurzen Lebens eines Menschen kam, prägen solche Veränderungen
den zeitgenössischen Alltag; und sie ereignen sich im anbrechenden
21. Jahrhundert noch schneller als in den letzten beiden Jahrhunderten
oder in der frühen Moderne.

Dies bedeutet konkret, dass sich der postmoderne Mensch während
seines relativ langen Lebens aus wirtschaftlichen, technischen und
politischen Gründen mehrmals umorientieren muss. Die wachsende
Bedeutung der „Weiterbildung" in Betrieben, an Schulen und Universitäten zeugt davon. Diese neue gesellschaftliche Situation erfordert
ein flexibles Subjekt im Sinne von Richard Sennett: „Der flexible Kapitalismus hat die gerade Straße der Karriere verlegt, er verschiebt
Angestellte immer wieder abrupt von einem Arbeitsbereich in einen
anderen."[78]

---

[75] Ibid.
[76] H. Rosa, *Beschleunigung*, op. cit., S. 251.
[77] Ibid.
[78] R. Sennett, *Der flexible Mensch. Die Kultur des neuen Kapitalismus*, München,
Siedler-Goldmann, 2000 (7. Aufl.), S. 10.

Als Verbündeter der Technik stellt er sogar die Daseinsberechtigung des menschlichen Subjekts im Produktionsprozess in Frage. Dazu bemerkt der Unternehmer Franz Borgers: „Der Mensch ‚funktioniert' nicht so, wie die Betriebswirte und Techniker es von ihm erwarten."[79] Er fügt hinzu: „Daß in der Produktion der Roboter den Werker ersetzt, der Kassenautomat den Bankkassierer und ein Computer den dritten Mann im Flugzeugcockpit, sind Banalitäten. Der Apparat ist nicht nur billiger und problemloser, sondern eben auch bedeutend genauer und zuverlässiger als der Mensch, der mehr oder weniger als ‚Störfaktor' ausgeschaltet wird."[80] Zugleich erzwingt der Spätkapitalismus flexible, anpassungsfähige Subjekte, die sich, wie Bernoux betont (s.o.), daran gewöhnen, im Prekären ihr Dasein zu fristen. Sie haben eingesehen, dass sie als Störfaktoren austauschbar oder gar entbehrlich sind.

Zu ihrer Flexibilität bemerkt Hartmut Rosa, der sich bisweilen auf Sennett beruft: „Wird das Tempo des sozialen Wandels dagegen *höher* als der einfache Generationsaustausch, so lässt sich (…) die Vorstellung *stabiler* personaler Identitäten nicht mehr aufrechterhalten."[81] Der postmoderne Mensch ist eine Art „social chameleon"[82], wie Rosa im Anschluss an Kenneth Gergen schreibt, und ein fragmentiertes, zerrissenes Wesen: „So überrascht es nicht, dass die ansonsten recht heterogenen Diagnosen einer ‚postmodernen' Identität in der These einer Verflüssigung der *stabilen personalen Identität* zugunsten offener, experimenteller und oft auch fragmentarischer Selbstentwürfe konvergieren."[83]

Diese Destabilisierung des Subjekts hängt jedoch nicht *nur* mit der technologisch beschleunigten gesellschaftlichen Entwicklung zusammen, sondern auch – und vor allem – mit der sich ausbreitenden und sich in allen Lebensbereichen behauptenden Herrschaft des Tauschwerts, die vom „entkoppelten" (Haber) und ausschließlich eigenen Gesetzen gehorchenden Wirtschaftssystem ausgeht. Dieses erscheint hier als *der eigentliche Motor der Beschleunigung.*

---

[79] F. Borgers, „Der Mensch – Störfaktor industrieller Entwicklung?", in: H. Thomas (Hrsg.), *Chancen einer Kultur der Arbeit. Abschied von der Entfremdung*, Herford, Verlag Busse und Seewald, 1990, S. 13.

[80] Ibid., S. 15.

[81] H. Rosa, *Beschleunigung*, op. cit., S. 360.

[82] Ibid., S. 373.

[83] Ibid., S. 362.

Ohne den Nexus von Indifferenz und Tauschwert zur Sprache zu bringen, beschreibt Rosa den spätkapitalistisch bedingten Indifferenzzusammenhang, wenn er erklärt: „Ebendies ist ein funktionales Erfordernis einer radikalisierten ‚Beschleunigungsgesellschaft', in der Bezugsgruppen, Kommunikationspartner, Gegenstände, Ideen, Jobs etc. so schnell wechseln, dass ihre *Inhalte* zunehmend gleichgültig und austauschbar werden; umgekehrt heißt dies: Je gleichgültiger Subjekte gegenüber *Inhalten* werden, umso besser können sie sich den Beschleunigungs- und Flexibilitätserfordernissen anpassen."[84]

Die Annahme, dass die gesellschaftlich und technisch bedingte Beschleunigung von Ereignisabfolgen und Erlebnissen zu Orientierungslosigkeit, Gedächtnisschwund und Oberflächlichkeit führt, ist zweifellos plausibel. Sie bietet aber keine ausreichende Erklärung dafür, dass jemand z.B. den *Job* wechselt. Dies geschieht zumeist deshalb, weil er entlassen wird, durch eine kompetentere oder billigere Arbeitskraft ersetzt wird oder einen neuen *Job* findet, der ihm als Geldquelle attraktiver erscheint. In allen drei Fällen ist der wirtschaftliche (finanzielle) Faktor entscheidend. Auch Bezugsgruppen und Kommunikationspartner werden häufig ausgewechselt, wenn sich neue Beziehungen als erfolgversprechender, lukrativer erweisen. Erst die Verbindung von Tauschwert und (technischer) Beschleunigung ergibt ein Gesamtbild des Indifferenzzusammenhangs.

Dieser erscheint in Rosas *Beschleunigung und Entfremdung* (2013) zugleich als Momentaufnahme *völliger Entfremdung*, die aus dem Nexus von Akzeleration und Konkurrenzwirtschaft ableitbar ist. Der Autor spricht – ähnlich wie Haber – von einer „schicksalhafte(n) Verbindung von Wachstum und Geschwindigkeit"[85] und fügt hinzu, „daß dabei die grundlegenden Prinzipien und Profitgesetze der kapitalistischen Ökonomie eine wesentliche Rolle spielen".[86]

In einer Gesellschaft, in der Gruppen, Personen, Gegenstände und Ideen austauschbar und daher gleichgültig werden, herrscht der „Nihilismus des Tauschwerts" (Vattimo) als *völlige Sinnleere*. Der Andere erscheint nicht mehr als „Selbstzweck" im Sinne von Kant, sondern als Mittel, dessen man sich bedient, um rasch ein Ziel zu erreichen. Er

---

[84] Ibid., S. 378.
[85] H. Rosa, *Beschleunigung und Entfremdung*, Berlin, Suhrkamp, 2013, S. 34.
[86] Ibid., S. 35.

wird als Person, die bestimmte Werte und Ansichten vertritt, nicht mehr wahrgenommen und bleibt ein Fremder.

Auch die austauschbare Idee bleibt unverstanden und fremd, vor allem dann, wenn sie als marktgängiger Gedanke opportunistisch aufgegriffen und aus ihrem ursprünglichen Zusammenhang herausgelöst wird. In dieser Hinsicht könnte – im Anschluss an Simmel – von einer *doppelten Entfremdung* zwischen Individuen, ihrem sozialen Umfeld und „ihrer" Kultur gesprochen werden.

In Rosas Analysen (2005) zeigt sich, dass das entfremdete Verhalten des Einzelnen von der Beschleunigungsgesellschaft als „Flexibilität" belohnt wird. Für die Belohnung sorgt aber in letzter Instanz der Markt, der eine rasche Anpassung an den neuen *Job* und seine Technik fordert.

Einer Soziologie, die nach den strukturellen Bedingungen der Entfremdung fragt, stellt sich auch die Frage, wie der „flexible", aber völlig entfremdete Einzelne, dem das unablässig sich wandelnde soziale Umfeld nur wenig Rückhalt bietet, mit einer von Technik, Macht und Geld dominierten *Bürokratie* fertig wird und wie er sich zu einem *politischen System* verhält, das zunehmend in den Sog des Tauschwerts gerät. Nicht als unerschöpfliches soziologisches Thema[87], sondern als entfremdende, technisierte und arbeitsteilige Struktur soll Bürokratie hier näher betrachtet werden.

Seit Max Weber ist klar, dass Bürokratie als Form „legaler Herrschaft" ein entscheidendes Moment des Rationalisierungsprozesses ist und zugleich dysfunktional wirken kann. Die Tatsache, dass hier vor allem ihre Dysfunktionen kommentiert werden, bedeutet nicht, dass sie trotz ihrer Rationalität als Aspekt der Rationalisierung verkannt wird. Die Bürokratie als durchrationalisierte Verwaltung ist sicherlich als Fortschritt zu werten: unter der Voraussetzung, dass die Schattenseiten dieses Fortschritts nicht ausgeblendet werden.

Zu den Dysfunktionen der Bürokratie, die sie Einzelpersonen und Gruppen entfremden, gehören: 1. ihre Verflechtung mit der Wirtschaft und den Marktgesetzen; 2. ihr arbeitsteiliger Charakter, der einige Aspekte ihrer Unbeweglichkeit erklärt; 3. ihre fortschreitende Technisierung, die im Computerzeitalter eine Beschleunigung erfährt; 4. ihre Herrschaftsstrukturen, die z.T. aus den ökonomisch vorgegebenen

---

[87] Vgl. W. Schluchter, *Aspekte bürokratischer Herrschaft. Studien zur Interpretation der fortschreitenden Industriegesellschaft*, Frankfurt, Suhrkamp, 1985, Kap. I.

Zwängen hervorgehen und ein Aspekt der Naturbeherrschung sind (vgl. Kap. II. 1).

Vor allem die ersten beiden Punkte werden ausführlich von Max Weber kommentiert, der die Bürokratie als „de(n) technisch reinste(n) Typus der legalen Herrschaft"[88] definiert. Er beeilt sich zu ergänzen, dass dieser Herrschaftstypus nicht nur bürokratisch, sondern von politischen Interessen und Machtansprüchen durchwirkt ist. Er erläutert auch den komplexen Zusammenhang von Bürokratie und Wirtschaft, wenn er an die Präsenz der „legalen Herrschaft" im kapitalistischen Betrieb erinnert: „Unter den Typus der ‚legalen' Herrschaft fällt natürlich nicht etwa nur die moderne Struktur von Staat und Gemeinde, sondern ebenso das Herrschaftsverhältnis im privaten kapitalistischen Bereich (…)."[89]

Das Ineinandergreifen von Bürokratie und Wirtschaft ist aktueller denn je und wurde schon Ende der 1980er Jahre auf einem Max-Weber-Symposion von Dieter Henrich im Zusammenhang mit Max Webers Ausdruck „stählernes Gehäuse" (der durchrationalisierten kapitalistischen Verwaltung) zur Sprache gebracht: „Denn das mit der Wirtschaftsorganisation konforme Rechtssystem, die Bürokratien und die mit ihnen verbundenen Herrschaftsformen können durch die Einführung einer Solidarwirtschaft nicht mehr aus der Welt geschafft werden."[90]

Dieser skeptischen Einschätzung einer radikalen Sozialpolitik entspricht in Henrichs Darstellung ein Entfremdungsszenario, in dem der spezialisierte Funktionär, der Konsument und der Intellektuelle einander verständnislos gegenüberstehen: „Der geistlose Funktionär und der Verbraucher, der sein Herz an den Konsum materieller Güter hängt, sind die im Gehäuse spannungslos eingehausten Lebensweisen, zu denen noch der intellektuelle Ausbrecher kommt, dem im Ausbruch der doppelte Sachbezug von Werterkenntnis und Realitätsblick entgleitet."[91]

---

[88] M. Weber, *Soziologie. Universalgeschichtliche Analysen. Politik* (Hrsg. J. Winckelmann), Stuttgart, Kröner, 1973, S. 153.

[89] Ibid., S. 152.

[90] D. Henrich, in: „Max Weber und das Projekt der Moderne. Eine Diskussion mit Dieter Henrich, Claus Offe und Wolfgang Schluchter", in: Ch. Gneuss, J. Kocka (Hrsg.), *Max Weber. Ein Symposion*, München, DTV, 1988, S. 177.

[91] Ibid.

Obwohl Verwaltung in zunehmendem Maße nach wirtschaftlichen Kriterien organisiert wird und Konsum eine unabdingbare Voraussetzung des Wirtschaftswachstums ist, stehen Funktionär und Konsument einander als Fremde gegenüber, weil der eine unreflektiert die Regeln eines durchrationalisierten Systems anwendet, während der andere versucht, Probleme des Alltags (der „Lebenswelt") zu lösen. Als dritter im Bunde der Fremden erscheint der Intellektuelle, der als Ausbrecher und Außenseiter (vgl. Kap. I) nicht über die nötigen Kompetenzen verfügt, um innerhalb des hochspezialisierten Verwaltungsapparats etwas ändern zu können. Er ist – wie die beiden anderen – ein Opfer der Arbeitsteilung.

Wie Arbeitsteilung in einem konkreten Fall *Anomie* zeitigen kann, beschreiben Hansjürgen Daheim, Jochem Kollmer u.a. in einer Studie über „berufliche Fortbildung von Verwaltungsangehörigen". Sie zeigen, wie Verwaltungsapparate aufgrund von Spezialisierungen aneinander vorbei agieren: „Unsere empirischen Befunde zeigen nun, daß hier Probleme dadurch entstehen, daß etwa die Ordnungsverwaltung nach Maßgabe verwaltungsinterner Direktiven eine restriktive Ausländerpolitik umzusetzen hat, während betreuende Verwaltungseinrichtungen nach gerade gegenteiligen Regeln arbeiten."[92] Die Folge ist Anomie, weil Migranten nicht mehr in der Lage sind, die Norm zu bestimmen, nach der die arbeitsteilige Verwaltung handelt.

Dass Arbeitsteilung von den Marktgesetzen vorangetrieben und intensiviert wird, weist Vincent de Gaulejac nach, der eine Gesellschaft untersucht, die am Management erkrankt ist. Innerhalb der Verwaltung entstehen neue, computergestützte Funktionen, mit deren Hilfe die „Rentabilität" evaluiert werden soll: „Die Modernisierung hat eine wachsende Monetarisierung der Tätigkeitsbereiche, eine Vervielfachung kommerzieller Aktivitäten und eine Umgestaltung der Evaluierungssysteme von Karrieren und Kompetenzen zur Folge. Qualität, Effizienz, Rentabilität: Die öffentliche Verwaltung nimmt neue Werte auf."[93]

---

[92] H. Daheim et al., „Wie ist Verständigung möglich? Kommunikation zwischen Wissenschaft und Praxis in Seminaren der beruflichen Fortbildung von Verwaltungsangehörigen", in: U. Beck, W. Bonß (Hrsg.), *Weder Sozialtechnologie noch Aufklärung? Analysen zur Verwendung sozialwissenschaftlichen Wissens*, Frankfurt, Suhrkamp, 1989, S. 198.
[93] V. de Gaulejac, *La Société malade de la gestion*, op. cit., S. 165.

Der alle anderen Werte beherrschende Wert ist jedoch der Tauschwert, der eine „schlanke Verwaltung" vorschreibt, die Menschen tendenziell durch Technik ersetzt. Wie sehr dieser Prozess zu Entfremdung, Verdinglichung und Anomie führen kann, zeigen die Autoren
des Bandes *Technisierte Verwaltung. Entlastung oder Entfremdung
des Menschen?* – Schon im Titel klingt die Ambivalenz des technischen und verwaltungstechnischen Fortschritts an: Der Vereinfachung
vieler Verfahren durch den Einsatz von Computertechnik steht die
Anonymität einer Bürokratie gegenüber, die sich auf eine „künstliche
Intelligenz" verlässt, die bisweilen Absurditäten zeitigt.

In der „Podiumsdiskussion" am Ende des Bandes wirft Kurt
Sontheimer eine grundsätzliche Frage auf: „Aber ob wir uns nicht,
indem wir uns bestimmter technischer Mittel bedienen, einfach bestimmter Formen der Bürgernähe notwendig berauben, die vielleicht
wichtig wären – das haben wir gar nicht mehr überlegt (…)."[94] Hier
wird deutlich, dass „instrumentelle Vernunft", wie sie von Adorno
und Horkheimer in der *Dialektik der Aufklärung* (vgl. Kap. II. 1) kritisiert wird, die Reflexivität des Denkens weitgehend ausschaltet und
das Denken blendet.

Diesen Gedankengang setzt Rüdiger Proske fort, wenn er zu bedenken gibt: „Kaum haben wir in der Verwaltung den Computer eingeführt, machen unsere Politiker Gesetze, die so kompliziert sind, daß
wir noch mehr Computer brauchen. Also irgendetwas stimmt da
nicht."[95] Luhmanns These, der zufolge man nur die „Irritabilität der
Systeme" zu steigern braucht, um soziale Probleme optimal zu lösen,
stimmt nicht. Die Steigerung der Systemkomplexität, auf die Proske
anspielt, gründet weiterhin auf der mit der Naturbeherrschung ver-
quickten instrumentellen Vernunft und zielt ins Irrationale – wie die
komplementäre Entwicklung in der Wirtschaft.

Doch nicht einmal die im Rahmen der Rationalisierung vorgegebenen Ziele werden erreicht, denn es stellt sich heraus, „daß der Zweck,
der immer wieder mit der Rationalisierung durch Computer verbunden
wird, nämlich Einsparung von Arbeitskräften, ganz offensichtlich im
öffentlichen Dienst überhaupt nicht erreicht wird, eher im Gegen-

---

[94] K. Sontheimer, in: „Technisierte Verwaltung – Alptraum oder Zukunftschance?
Podiumsdiskussion", in: G. R. Baum et al. (Hrsg.), *Technisierte Verwaltung. Entlastung oder Entfremdung des Menschen?*, op. cit., S. 172.
[95] R. Proske, in: ibid., S. 184.

teil".[96] Diese Entwicklung führt zur Entfremdung, weil der isolierte „flexible" Bürger einerseits mit einer stets komplexeren Technik, andererseits mit einem aufgeblähten Beamtenapparat konfrontiert wird, dessen Schwerfälligkeit durch Beschleunigung korrigiert werden könnte...

Hier wird deutlich, dass Beschleunigung nicht nur Entfremdung zeitigt, wie Hartmut Rosa suggeriert, sondern sie auch aufheben kann (könnte), wie das Beispiel „Bürokratie" zeigt. Sie ist so *ambivalent* wie der Fortschritt, aus dem sie hervorgeht.

Für den Verwaltungsbereich gilt jedoch, „daß sich gegenwärtig unsere Lebensverhältnisse mit einer Geschwindigkeit ändern, die es uns fortschreitend verunmöglicht, diese Veränderungen kulturell und schließlich auch psychosozial zu verarbeiten".[97] Vor allem die Angst vor totaler elektronischer Überwachung, die an der Schwelle zum 21. Jahrhundert durch den Zugriff von Ministerien und Nachrichtendiensten auf Internet und Telefon gesteigert wird, „hängt damit zusammen, daß durch die Speicherung von Informationen in der Tat bestimmte Aspekte der Persönlichkeit, die geschützt werden sollten, diesen Schutz verlieren könnten".[98]

Der Schutz der Persönlichkeit ist auch während der Flughafenkontrollen nicht mehr gegeben, die auf dem in jeder Hinsicht entfremdenden Prinzip gründen, dass jedermann verdächtig ist und „durchleuchtet" werden muss. Hier herrscht nicht nur Misstrauen, sondern Angst: Angst vor den kontrollierenden Instanzen, Angst vor wirklichen und imaginären Gewalttätern.

In anderen Kontexten wird diese Angst von der Anonymität und der demokratiefeindlichen[99] Starrheit der Bürokratie, die fast jeder Bürger mehrmals im Leben zu spüren bekommt, noch potenziert. Der Einzelne kann sich nicht mit dem Gedanken trösten, im Rechtsstaat werde es letztlich doch mit „rechten Dingen zugehen", und er werde sicherlich nicht – wie Kafkas Josef K. – eines Tages verhaftet, ohne „etwas Böses" getan zu haben. Denn von der Bürokratie heißt es bei Richard Münch: „Starrheit, Realitätsfremdheit und Rücksichtslosig-

---

[96] K. Sontheimer, in: ibid., S. 185.

[97] H. Lübbe, in: ibid., S. 177.

[98] K. Sontheimer, in: ibid., S. 176.

[99] Vgl. A. M. Koch, *Romance and Reason. Ontological and Social Sources of Alienation in the Writings of Max Weber*, Lanham (MD), Lexington Books, 2006, S. 197: „Therefore, bureaucracy does not serve the substantive interests of democracy."

keit gegenüber den konkreten Bedürfnissen der Bürger sind ihre viel thematisierten Eigenschaften."[100]

Solche Eigenschaften verheißen nichts Gutes und können durchaus Szenarien zeitigen, die von Kafkas *Prozess*-Roman gar nicht so weit entfernt sind – vor allem wenn es um das Speichern von Daten und um elektronische Überwachung geht. Diese wird von den Unwägbarkeiten „künstlicher Intelligenz" in eine akute Gefahr für den Einzelnen verwandelt.[101]

Die Entfremdung, die durch computergesteuerte Überwachung entsteht, nimmt in dem Maße zu, wie Korruption und unverantwortliches Handeln in der Politik zunehmen. So mancher mag an Plagiaten, die politische Karrieren beschleunigen sollen, keinen Anstoß nehmen, weil ihn wissenschaftliche Normen wenig kümmern; die meisten werden aber nachdenklich, wenn Premierminister und sogar Finanzminister (in Frankreich, Österreich) in Finanzskandale verwickelt werden.

Allmählich setzt sich die Ansicht durch, dass man Politikern nicht vertrauen kann und dass sich der Urnengang bei den nächsten Wahlen nicht lohnt. Im Anschluss an eine Befragung von österreichischen Jugendlichen fasst Hermann Denz zusammen: „Politik erscheint als etwas Undurchsichtiges, einige wenige bestimmen, was gemacht wird. Der einzelne ist hilflos, schon angesichts der Informationen, die er zu benötigen glaubt. Auch das demokratische Kontrollinstrument, die Wahl, erscheint sinnlos."[102]

Zu ähnlichen Ergebnissen gelangt David C. Schwartz in *Political Alienation and Political Behavior*. Seine Antwort auf die Frage, welche „politische Bedingungen, Ereignisse und Trends" in den USA Entfremdung verursachen, lautet: „Es sind die, die bedrohliche Wertkonflikte hervorrufen und den Eindruck persönlicher systemischer

---

[100] R. Münch, *Die Struktur der Moderne. Grundstruktur und differentielle Gestaltung des institutionellen Aufbaus der modernen Gesellschaften*, Frankfurt, Suhrkamp (1984), 1992, S. 446.
[101] Unwägbarkeiten sind sowohl auf Seiten staatlicher Organisationen als auch auf Seiten der Medienkonzerne zu beobachten: „Während Google (bisher) verspricht, unsere persönlichen Daten für sich zu behalten, geben andere beliebte Websites und Apps (…) keine solche Garantien." (E. Pariser, in: *Wirklichkeit 2.0. Medienkultur im digitalen Zeitalter*, Stuttgart, Reclam, 2012, S. 59.)
[102] H. Denz, *Entfremdung und Wertwandel. Ergebnisse einer empirischen Untersuchung von Jugendlichen*, Diss., Joh. Kepler Universität, Linz, 1983, S. 41.

Ineffizienz hervorrufen."[103] Zusammenfassend stellt er fest: „America, I believe, has become an alienated polity."[104] Diese globale Entfremdung hängt nicht nur mit den von Schwartz analysierten psychischen Faktoren und der Anonymität des Wahlvorgangs zusammen, sondern auch mit der Schwerfälligkeit des Verwaltungsapparats, dessen sich die Politik bedient.

Sie hängt schließlich mit der Tatsache zusammen, dass immer mehr Vorgänge im politischen Bereich als durch den Tauschwert vermittelt erscheinen: nicht nur die Organisation der Verwaltungsapparate, deren Kommerzialisierung Vincent de Gaulejac beschreibt, sondern auch das Handeln einzelner Politiker, die ihre Machtpositionen nutzen, um sich auf verschiedenste Arten zu bereichern. Ihr Verhalten grenzt an das krimineller Organisationen, und die Grenzen sind fließend, wie Prozesse gegen Politiker in verschiedenen europäischen Ländern und in den USA zeigen. In einer von der Indifferenz beherrschten Geldgesellschaft vermitteln in manchen Situationen und Ländern nicht die Politiker, sondern die Verbrecher ein Gefühl der Sicherheit: „In einer von Geld dominierten Gesellschaft vermögen kriminelle Organisationen eine neue Kultur zu initiieren, Bindungen, Sicherheit und Identität zu schaffen, Vertrauen und Kommunikationsfähigkeit, die der Gleichgültigkeit einer ausschließlich auf Geldvermehrung basierenden Lebenswelt abhanden gekommen sind."[105] Hier stellt sich die Frage nach einer Alternative zur bestehenden Politik, die anscheinend nicht nur – wie Luhmann meint – von den Steuern des Wirtschaftssystems lebt.

Angesichts dieser Entfremdungspotenziale, die hier vor allem in einem strukturellen Kontext dargestellt wurden, drängt sich auch die Frage auf, ob eine Gesellschaft ohne Entfremdung und Anomie vorstellbar sei. Nach dem bisher Gesagten liegt zumindest ein Teil der Antwort auf der Hand: Systemische Differenzierung, Arbeitsteilung, technische Weiterentwicklung und Modernisierung der Verwaltung sind nicht aufzuhalten. Auch die Marktwirtschaft und ihre Gesetze können nicht abgeschafft werden ohne einen Rückfall in Totalitarismus und Primitivismus.

---

[103] D. C. Schwartz, *Political Alienation and Political Behavior*, New Brunswick-London (1973), 2007, S. 233.
[104] Ibid., S. 237.
[105] A. Bammé, „Fetisch ‚Geld'", in: P. Kellermann (Hrsg.), *Geld und Gesellschaft*, op. cit., S. 64-65.

Es sollte aber möglich sein, nach der in jeder Hinsicht plausiblen Maxime zu handeln, *dass die Wirtschaft für die Gesellschaft da ist – und nicht umgekehrt.* Es kommt hinzu, dass es sich keine Gesellschaft *wirtschaftlich* leisten kann, eine steigende Arbeitslosigkeit und eine zunehmende Entfremdung in Kauf zu nehmen, die immer mehr psychische und somatische Krankheiten verursacht, wie sich im nächsten Kapitel zeigen wird.

Dazu bemerkt Robert Castel: „Die finanzielle, wirtschaftliche und gesellschaftliche Krise, die Millionen Menschen in der ganzen Welt zu erdrosseln droht, lässt die Nichtigkeit der liberalen Konstruktionen zutage treten, die auf der Hegemonie eines ‚sich selbst regulierenden' Marktes gründen. Die Möglichkeit, diese Katastrophe abzuwenden, hängt vom Willen ab, Grenzen zu ziehen, Gesetze zu verabschieden, um diese *Hybris* des Kapitals zu zähmen."[106]

Als Hauptverantwortliche für den Entfremdungsprozess wird sie auch von Pierre Bourdieu zur Sprache gebracht. Um sie zu überwinden, schlägt er die Gründung europäischer Gewerkschaften vor und plädiert für ein soziales Europa, das in der Lage wäre, die Monetarisierung zurückzudrängen: „Kurzum, es ist notwendig, dem monetaristischen Europa ein soziales Europa entgegenzusetzen, das auf einer Allianz der Arbeiter der verschiedenen europäischen Länder gründet (…)."[107] Bourdieu ist nicht der einzige, bei dem der Gedanke an eine europäische Gewerkschaftsbewegung aufkommt. Zu diesem Thema schreibt Jürgen Hoffmann: „Insofern ist eine erfolgreiche Europäisierung der industriellen Beziehungen die Voraussetzung (allerdings keine Garantie) einer solidarischen Politik im Rahmen der internationalen Gewerkschaftsorganisationen (…)."[108] Die Gründung europäischer Gewerkschaften sollte einhergehen mit einer Demokratisierung der

---

[106] R. Castel, *La Montée des incertitudes. Travail, protections, statut de l'individu*, Paris, Seuil, 2009, S. 449.

[107] P. Bourdieu, *Contre-feux. Propos pour servir à la résistance contre l'invasion néo-libérale*, Paris, Raisons d'agir, 1998, S. 70.

[108] J. Hoffmann, „Jenseits des Mythos – ‚Internationale Solidarität' als Herausforderung der Gewerkschaftspolitik im Zeitalter der Globalisierung und Europäisierung", in: J. Beerhorst, A. Demirović, M. Guggemos (Hrsg.) *Kritische Theorie im gesellschaftlichen Wandel*, Frankfurt, Suhrkamp, 2004, S. 59.

Wirtschaft[109] und einer Förderung der Arbeiter- und Angestellten-selbstverwaltung in Bereichen, in denen sie möglich ist.

Bourdieu ist in jeder Hinsicht beizupflichten, wenn er sich für die Schaffung eines europäischen Staates einsetzt: „Nur ein europäischer Staat wäre in der Lage, die zersetzende Wirkung (action désintégratrice) der monetaristischen Wirtschaft aufzuhalten."[110] Ein solcher – föderaler – Staat[111], der auch die EZB kontrollieren würde, hätte ganz andere Möglichkeiten gehabt, die Finanz- und Wirtschaftskrisen in den Mittelmeerländern abzuwenden.

Die Entfremdung, die hier in ihren verschiedenen Aspekten dargestellt wurde, könnte durch diese politischen Maßnahmen sicherlich nicht getilgt werden. In vieler Hinsicht wohnt sie der Modernisierung als Fortschritt inne: Es war eines der Hauptanliegen dieses Kapitels, diesen Sachverhalt darzustellen. Sie könnte aber in vielen Bereichen, in denen sich die Logik des Marktes auf destruktive Art durchgesetzt hat, zurückgedrängt werden.

Indirekt richtet sich dieses Plädoyer für das Soziale auch an die *Soziologen*: Sie sollten sich trotz ihrer Spezialisierung verstärkt auf das kritische Potenzial der Soziologie besinnen und als kritische, europäische Intellektuelle eine Alternative zur bestehenden Ordnung entwerfen.[112]

---

[109] Zum sich verschärfenden Gegensatz zwischen Demokratie und Kapitalismus vgl. W. Streeck, *Gekaufte Zeit. Die vertagte Krise des demokratischen Kapitalismus*, Berlin, Suhrkamp, 2013.

[110] P. Bourdieu, *Contre-feux*, op. cit., S. 68.

[111] Vgl. dazu auch: A. Touraine, *La Fin des sociétés*, Paris, Seuil, 2013, S. 449: „L'Utopie européenne".

[112] Dass die kritische Soziologie eine Zukunft hat, zeigt der von Jean Lojkine herausgegebene Band *Les Sociologies critiques du capitalisme* (en hommage à Pierre Bourdieu) Paris, PUF, 2003 (2. Aufl.).

IV. Sozialpsychologie der Entfremdung: Das Subjekt zwischen Arbeit, Freizeit und Medien

Während sich im zweiten und dritten Kapitel das Augenmerk hauptsächlich auf die sozialen Situationen und Strukturen richtete, die Entfremdung bewirken, stehen in diesem Kapitel *Reaktionen von Einzelpersonen auf Prozesse der Entfremdung* im Mittelpunkt der Betrachtungen. Dies bedeutet keineswegs, dass nun die subjektiv empfundene Entfremdung (vgl. „Einleitung") unabhängig vom gesellschaftlichen Umfeld dargestellt werden soll: etwa anhand von Einzelfällen, die zeigen, dass jemand, der den Beruf oder den Wohnsitz wechselt, seine neue Umgebung als fremd empfinden kann. Jemand, der einen Beruf wählt, der ihm nicht liegt, oder sich in einer Stadt niederlässt, die ihn – etwa aufgrund ihres Klimas oder ihrer Umgebung – enttäuscht, kann nicht soziale Faktoren für seine *persönliche Fehlentscheidung* verantwortlich machen.

Von *sozialer* Entfremdung kann die Rede sein, wenn ein junger Arzt, der in erster Linie Menschen helfen will, feststellen muss, dass es im Krankenhaus primär um „effizientes Management" geht: um das Einsparen von Geld, Zeit und Personal. Ähnliche Erfahrungen mag ein angehender Architekt im Architektenbüro machen, in dem ästhetische und ökologische Kreativität weniger geschätzt wird als der Sinn für das wirtschaftlich Machbare. Aus vergleichbaren Gründen wird ein politischer Aktivist, der die Ideologie ernst nimmt, von seiner Partei enttäuscht sein, sobald er merkt, dass es nicht um die Verwirklichung von Ideen und Idealen geht, sondern um Macht, Geld und Medienpräsenz.

In allen drei Fällen geht die Entfremdung von der Institution aus, deren Verhalten nicht ihren Selbstdarstellungen in der Öffentlichkeit entspricht, in denen „die Menschen zählen". Der Arzt, der Architekt und der Aktivist mögen jugendlich-naiv sein, aber ihre Entfremdung enthält ein *gesellschaftskritisches Moment*, in dem die Selbstdarstellung der Institution als Trug entlarvt wird.

Im Folgenden, vor allem im ersten Abschnitt, geht es um solche Situationen der Arbeitswelt, in denen institutioneller Anspruch und Wirklichkeit auseinander klaffen, in denen die Einzelperson täglich organisatorischem Druck nachgeben muss und weder ihre Vorstellungen noch ihre Talente verwirklichen kann. *Stress, Burnout*, Abkehr von der Arbeitswelt und Flucht in den Konsum- oder Medienbereich sind oft die Folgen, von denen einige im zweiten, dritten und vierten Abschnitt zur Sprache kommen.

In diesen Situationen kann durchaus von Ichverlust oder Selbstentfremdung die Rede sein. „Selbstentfremdung" ist alles andere als eine Leerformel, weil das Wort *die Verleugnung der eigenen Veranlagung und den Verzicht auf den eigenen Lebensentwurf bezeichnet*. Insofern streckt Richard Schmitt die Waffen vor der herrschenden Vagheit, wenn er bemerkt: „Entfremdung, von sich selbst entfremdet sein, bleibt ein unklarer Gedanke. Es gibt keine besondere Einheit – ein nur uns gehörendes Selbst – von dem die Entfremdeten getrennt wären."[1]

Diesen Aussagen widerspricht indirekt Paul Ricœur mit seiner Unterscheidung zwischen *ipséité* (*Selbstheit*) und *mêmeté* (*Gleichheit*), die zusammen die *Subjektivität* einer Person ausmachen. Zur *ipséité* als Konstante gehört neben dem genetischen Kode auch die Veranlagung, von der man sich – etwa in Zwangslagen – sehr wohl entfernen kann: Denn „in dem Maße, wie das Mir-Gehören meines Körpers (appartenance de mon corps à moi-même) massiv von der Nicht-Reduzierbarkeit der Selbstheit auf die Gleichheit zeugt"[2], wohnt das Körperliche der Problematik der Selbstheit inne. Zur Selbstheit als Kern der Subjektivität rechnet Ricœur auch andere untilgbare Konstanten wie das gegebene Versprechen und das begangene Verbrechen. Wenn ich ein Versprechen – etwa angesichts von Zwängen oder Drohungen – nicht halten kann, entfremde ich mich von mir selbst (von meinem *Ipse*). Die *mêmeté* als *Gleichheit* ist für Ricœur paradoxerweise der zahlreichen Veränderungen unterliegende *Lebensentwurf als Erzählung*. Dieser gründet auf der *ipséité* als Selbstheit. Ricœur stellt sich eine „narrative Identität" der Person vor, die in der *Wechselbeziehung von Selbstheit und Gleichheit* zustande kommt.[3]

Sowohl von der *Selbstheit* als auch von der *Gleichheit* kann der Einzelne sich entfernen: etwa wenn er sich für einen finanziell attraktiven Beruf entscheidet, statt auf sein künstlerisches Talent zu hören, oder wenn er nicht an *einem* Lebensentwurf (der seiner Veranlagung entspricht) festhält, sondern unstet zwischen Lebensentwürfen

---

[1] R. Schmitt, *Alienation and Freedom*, Boulder, Westview Press, 2003, S. 45.

[2] P. Ricœur, *Soi-même comme un autre*, Paris, Seuil, 1990, S. 155.

[3] Zur narrativen und semiotischen Definition der individuellen Subjektivität vgl. Vf., *Theorie des Subjekts. Subjektivität und Identität zwischen Moderne und Postmoderne*, Tübingen-Basel, Francke, 2010 (3. Aufl.), S. 22-25.

schwankt. Von ihrem Selbst entfremdet fühlten sich beispielsweise Schriftsteller, die von den Verhältnissen oder ihren Vätern gezwungen wurden, einen „Brotberuf" zu wählen. Sowohl auf der Ebene der *Selbstheit* als auch auf der der *Gleichheit* ist der junge Architekt entfremdet, der seine ästhetisch-technische Begabung nicht einsetzten kann und in einer Routinearbeit aufgeht, die am Rande der Großstadt Wohnsilos entstehen lässt.

Von sich selbst entfremdet ist aber auch derjenige, dem in anomischen Situationen (vgl. Kap. III. 4) Versprechen, Normen und Werte nichts mehr gelten, und der sein *Ipse* mit seinem Körper verwechselt, den er narzisstisch besetzt. Er folgt nicht einem im Sozialisationsprozess gefestigten und auf konkreten Werten gründenden *Ichideal* (Freud, Lacan), sondern einem *Idealich* (Lacan), das von Werbung und Medien manipuliert wird und als kohärenzstiftende Instanz ungeeignet ist (vgl. Abschn. 2).

In einer Gesellschaft, deren beschleunigte Säkularisierung trotz aller ideologischen und religiösen Gegenbewegungen nicht aufzuhalten ist, wirkt dieses narzisstische Subjekt, dessen Subjektivität labil geschichtet ist, buchstäblich trostlos: Es hat sich in Übereinstimmung mit Werbung und Medien der immerwährenden Jugend verschrieben und führt einen aussichtslosen Kampf gegen Alter, Krankheit und Tod. Denn es kann nicht mehr an die religiöse Heilserzählung glauben, die in vorbürgerlicher Zeit Menschen miteinander verband, in der Postmoderne aber zusammen mit anderen Erzählungen (der rationalistischen, der marxistischen) verabschiedet wurde.

In dieser gesellschaftlichen Situation ist das postmoderne Subjekt isoliert, weil es sich weder auf religiöse noch auf ideologische Art mit anderen Subjekten solidarisieren kann – es sei denn, es schließt sich einer der ideologischen oder religiösen Gruppen an, die gegen Indifferenz und Sinnzerfall aufbegehren und durch ihre Agitation Sinnzerfall und Säkularisierung nur beschleunigen (vgl. Kap. II. 4).

Abermals tritt hier die Ambivalenz des Fortschritts zutage: Das von Anthony Giddens beschriebene *disembedding* als Freisetzung des Einzelnen aus Traditionen und Zwangslagen (vgl. „Einleitung") führt zu einer Isolierung der Individuen im Indifferenzzusammenhang, die durch Fernsehen, Internet und eine narzisstische Besetzung des eigenen Ichs übertüncht und kompensiert wird (vgl. Abschn. 3 und 4).

In einer Analyse sozialer Entfremdung kann es nicht darum gehen, Individuen und Gruppen nach Kriterien zu beurteilen, die ihnen fremd sind, um anschließend die vorab unterlegte These zu bestätigen, dass sie „entfremdet" sind. Dazu bemerkt Arthur Fischer in einem kritischen Kommentar zu älteren amerikanischen Entfremdungstheorien: „Wer die Werte der amerikanischen Mittelklasse nicht anerkennt, der gilt als entfremdet. (…) Entfremdet ist für sie [die nordamerikanischen Soziologen] derjenige, der anders denkt oder handelt, als es die herrschenden Normen vorschreiben. Entfremdung erscheint synonym mit geringer Anpassung."[4]

Um diese Art von ideologischer Wertung geht es hier nicht; eher um die Erklärung weit verbreiteter Erscheinungen wie *Stress, Burnout* und anderer psychosomatischer Beschwerden, die zumeist bei Einzelpersonen zu beobachten sind, in neuester Zeit jedoch epidemische Ausmaße annehmen. Es gilt zugleich, die vielfältigen Reaktionen auf das sich ausbreitende „Unbehagen in der Kultur" zu verstehen: die narzisstische Überbesetzung des eigenen Körpers, die Suche nach Identität in Werbung und Medien sowie die religiösen und ideologischen Reaktionen von Individuen und Gruppen auf Sinnzerfall und Indifferenz.

Angesichts der Zunahme von Leistungsorientierung, *Stress* und *Burnout* in der Arbeitswelt bietet sich die Hypothese an, *dass die Flucht in Narzissmus und Konsum, in mediale Fantasiewelten, religiöse Sekten und Ideologien nicht nur auf das breit gefächerte Angebot, sondern auch auf die Entfremdung am Arbeitsplatz zurückzuführen ist.* Diese kann den organisatorisch und wirtschaftlich bedingten *Stress* im beruflichen Bereich verstärken und schließlich das hervorrufen, was gemeinhin als *Burnout* bezeichnet wird.

In ihrer Studie über *Burnout* (2008) definiert Lisbeth Jerich „Burnout als Ausdruck gesellschaftlich bedingter Entfremdung"[5] und erklärt, „dass das Dilemma des Ausbrennens am Arbeitsplatz in erster Linie ein allgemeiner Interessens(Werte-)konflikt zwischen Organisa-

---

[4] A. Fischer, *Die Entfremdung des Menschen in einer heilen Gesellschaft. Materialien zur Adaptation und Denunziation eines Begriffs*, München, Juventa, 1970, S. 50.
[5] L. Jerich, *Burnout. Ausdruck der Entfremdung*, Graz, Grazer Universitätsverlag, 2008, S. 11.

tion und Individuum ist".[6] Den zweideutigen Status des *Burnout*-Syndroms, das von Medizinern noch nicht als Krankheit anerkannt wird, erläutern Linda V. Heinemann und Torsten Heinemann, wenn sie von einer Situation sprechen, „in der Burnout genau im Zwischenstadium von anerkannter Krankheit und Lifestyle-Diagnose verbleibt".[7]

Zum Unterschied von Arbeitsstress und *Burnout* bemerkt Jerich: „Während sich Arbeitsstress auf die Symptomatik kurzfristiger Belastungsphasen bezieht, bezeichnet Burnout langfristige Verhaltensmuster."[8] Als psychische Krankheit umfasst die „Depression" alle Aspekte des menschlichen Lebens: „Während Burnout – zumindest anfänglich – lediglich arbeitsbezogen ist, umfasst eine Depression sämtliche Lebensbereiche."[9] Es versteht sich von selbst, dass *Stress* und *Burnout* langfristig zu einer anhaltenden Depression führen können, die auch die Privatsphäre erfasst.

Aus sozialpsychologischer Sicht erscheint zwar das von Jerich erwähnte fehlende „Zusammenpassen zwischen Person und Organisation"[10] als durchaus relevant für eine Erklärung des *Burnout*-Syndroms, aber **der Soziologe möchte wissen, warum** *Stress* und *Burnout* zu *Symptomen der zeitgenössischen Arbeitswelt* werden und was sie über die postmoderne Gesellschaft aussagen. Denn schon das häufige Vorkommen der Wörter *Stress* und *Burnout* in der Alltagssprache und in der einschlägigen (zumeist praxisorientierten) Fachliteratur[11] lässt vermuten, dass sie nicht Einzelerscheinungen, sondern **kollektive Phänomene** bezeichnen: *faits sociaux* im Sinne der Durkheim-Schule.[12]

Zu Recht stellt Ulrich Bröckling fest: „Burnout bezeichnet niemals bloß individuelles Leiden, sondern stets auch gesellschaftliche Patho-

---

[6] Ibid., S. 12.
[7] L. V. Heinemann, T. Heinemann, „Die Etablierung einer Krankheit? Wie Burnout in den modernen Lebenswissenschaften untersucht wird", in: S. Neckel, G. Wagner (Hrsg.), *Leistung und Erschöpfung. Burnout in der Wettbewerbsgesellschaft*, Berlin, Suhrkamp, 2013, S. 143.
[8] L. Jerich, *Burnout*, op. cit., S. 21.
[9] Ibid., S. 22.
[10] Ibid., S. 12.
[11] Vgl. z.B. A. Ehrenberg, *Das erschöpfte Selbst. Depression und Gesellschaft in der Gegenwart*, Frankfurt, Suhrkamp, 2008. Dieses Buch gründet u.a. auf der These, dass die Forderung nach Leistung Depressionen verursacht.
[12] Vgl. B. Karsenti, *Marcel Mauss. Le fait social total*, Paris, PUF, 1994.

logie (...).“[13] Als solche soll *Burnout* im Folgenden im Zusammenhang mit *Stress* und Entfremdung betrachtet werden.

Ein Blick in die Medienlandschaft zeigt, dass dieses aus den USA importierte Vokabular[14] sowohl in den Zeitungen als auch im Fernsehen an prominenter Stelle zu finden ist. So heißt es beispielsweise im *Südkurier* vom 30. Januar 2013 unter dem Titel „Was uns Stress macht“: „Starker Termin- und Leistungsdruck und monotone Arbeitsabläufe: Stress am Arbeitsplatz ist in Deutschland weit verbreitet. Wie aus dem ‚Stress report 2012‘ der Bundesanstalt für Arbeitsschutz und Arbeitsmedizin hervorgeht, beklagen 43 Prozent der Befragten, dass Stress und Arbeitsdruck für sie zugenommen haben. Nach Ansicht des Bielefelder Arbeitspsychologen Tim Hagemann bestätigt die Studie Befürchtungen hinsichtlich der neuen Kommunikationsmittel. Gerade das Bedienen mehrerer Medien zur gleichen Zeit verursache erheblich mehr Stress als früher.“ Veranschaulicht wird dieser intermediale *Stress* durch die Sekretärin, die am Computer arbeitet, während sie telefoniert und zum Drucker hinüberschielt, der ihr einen „Papierstau“ meldet.

Der technische Fortschritt bringt Rationalisierungen und Erleichterungen aller Art mit sich: Die Computerdatei ersetzt sowohl den Karteischrank als auch den Zettelkasten, konfrontiert aber sowohl die Sekretärin als auch den Wissenschaftler mit neuen Anforderungen, Pannen, Eigengesetzlichkeiten, Automatismen und anderen Unwägbarkeiten.[15] Als Stressverursacher wirkt Fortschritt tendenziell entfremdend, und der *Stress* wird durch Kommunikationsprobleme am Arbeitsplatz noch gesteigert. In einer solchen Situation kann er schließlich zum *Burnout* führen.

Zum *Burnout* heißt es in einem Teletext des Österreichischen Fernsehens (16. 3. 13): „Burnout: Appell an Unternehmen. In Europa gibt

---

[13] U. Bröckling, „Der Mensch als Akku, die Welt als Hamsterrad. Konturen einer Zeitkrankheit“, in: S. Neckel, G. Wagner (Hrsg.), *Leistung und Erschöpfung*, op. cit., S. 179. Vgl. auch U. Bröckling, *Das unternehmerische Selbst. Soziologie einer Subjektivierungsform*, Frankfurt, Suhrkamp, 2007: Bröckling zeigt (ergänzend zu V. de Gaulejac, der vorwiegend auf organisatorischer Ebene argumentiert), wie sich das Leben des Einzelnen in ein permanentes Projektmanagement als Selbstmanagement verwandelt.

[14] Das Wort erscheint zuerst in: H. J. Freudenberger, „Staff burn-out“, in: *Journal of Social Issues* 30/1, 1974.

[15] Vgl. C. Bordoni, *Società digitali. Mutamento culturale e nuovi media*, Neapel, Liguori, 2007, S. 197-198

142

es immer mehr Arbeitslose. Für die, die einen Job haben, wächst zugleich der Druck. Fachleute sprechen davon, dass 40% aller Beschäftigten Burnout-gefährdet sind."

Zwar müssen nicht alle Zahlen, mit denen „Fachleute" ihre Argumente zu untermauern suchen, stimmen, die Nachricht lässt aber den *sozialen, kollektiven Charakter* des Phänomens *Burnout* erkennen sowie den Nexus zwischen Arbeitslosigkeit, Leistungsdruck und Erkrankung. Die Gefahr, am Arbeitsplatz zu erkranken, ist insofern *strukturell* bedingt, als die Arbeitgeber sich gezwungen sehen, mit immer weniger Personal ein immer größeres Arbeitspensum zu bewältigen, um im globalisierten Konkurrenzkampf zu bestehen. Es versteht sich fast von selbst, dass der wachsende Leistungsdruck und die Angst, den Arbeitsplatz zu verlieren und sich dem Heer der Arbeitslosen anschließen zu müssen, entfremdend wirken.

Konkurrenzkampf, Zeitdruck und das Diktat des Marktes (des Geldes) werden von Richard Schmitt zu den Faktoren gezählt, die die Entfremdung vom Arbeitsplatz und von den Mitarbeitern steigern können: „Ständige Konkurrenz führt zur Isolierung. (...) Es gibt keine Gemeinschaft und keine gemeinschaftlichen Anstrengungen."[16] Besondere Bedeutung kommt hier dem Wort „Gemeinschaft" zu, das Ferdinand Tönnies (vgl. Kap. III) als Begriff der „Gesellschaft" gegenüberstellt, um den *Prozess der Individualisierung* und die *wachsende Anonymität* in der modernen Gesellschaft zu beschreiben.

Diese Individualisierung bringt einerseits das autonome Subjekt hervor, führt andererseits aber zu Isolierung und Entfremdung. Schmitt beschreibt auch den sozio-ökonomischen Kontext, in dem sich das Konkurrenzprinzip auswirkt, wenn er die Zeit als durch den Tauschwert vermittelt darstellt: „Die Zeitsparer und Geldmacher können das Wichtigste nicht finden – ein Leben, das bis zu einem gewissen Grad kohärent ist. (...) Indem sie die Uhrzeit überbetont, verbreitet die auf das Geld fixierte Gesellschaft Entfremdung."[17] Indirekt ist hier wieder vom fehlenden Sinn die Rede, der als „Zerfall der Werte" (Broch) oder als „Anomie" Entfremdung verursacht.

Die von Jerich genannten Ursachen für *Burnout* sind zugleich als Folgen von Individualisierung, Konkurrenzkampf, Leistungsdruck und Isolierung aufzufassen: „Mangel an Gemeinschaft" (hier trifft sich

---

[16] R. Schmitt, *Alienation and Freedom*, op. cit., S. 91.
[17] Ibid., S. 105.

Jerich mit Schmitt), „Mangel an Kontrolle", „Mangel an Fairness", „Arbeitsüberlastung", „Wertekonflikt" und schließlich – „Mangel an Belohnung".[18] Zu guter Letzt stimmt auch der für die „Arbeitsüberlastung" gezahlte Preis nicht.

Der Gesamtkontext, in den die Entfremdungsfaktoren eingebettet sind, wird von dem im zweiten und dritten Kapitel kommentierten Gegensatz zwischen *Tauschwert* und *Gebrauchswert*, d.h. den „qualitativen Werten" (Simmel, Goldmann), beherrscht. In diesem Zusammenhang zitiert Jerich Maslach und Leitner: „Die derzeitige Krise in der Arbeitswelt ist in vielerlei Hinsicht ein großer Wertekonflikt. Ein kurzfristig eingesetztes System von Werten, das auf das Überleben und den Profit ausgerichtet ist, widerspricht den Wertvorstellungen, die die engagiertesten Arbeitnehmer von ihrer Arbeit haben."[19] Jerich selbst spricht von der „Unaufrichtigkeit, mit der in Unternehmen mit Werten umgegangen wird".[20]

Diese Diagnose wird von Florence Giust-Desprairies im Indifferenzzusammenhang bestätigt und verallgemeinert: „Nichts wird heutzutage als endgültig betrachtet, Werte wie Glaubenssätze sind alle gleichwertig – bis auf das Wirtschaftliche, das sich ewig und überall Geltung verschafft."[21]

Die allgegenwärtige Vermittlung durch den Tauschwert bewirkt, dass „qualitative Werte" wie Solidarität (Gemeinschaft), Ehrlichkeit, Wahrhaftigkeit, Zuverlässigkeit (das „gegebene Versprechen", Ricœur) und Verantwortungsbewusstsein in Lippenbekenntnissen des Personals ein Schattendasein führen, aber in der Praxis der Organisation (Firma, Bank, Fluggesellschaft) kaum eine Rolle spielen.

Diese Diskrepanz zwischen einer globalen Ausrichtung auf Markt und Tauschwert und dem Wertbewusstsein der Angehörigen eines Betriebs oder einer Organisation kann zu Wertekonflikten führen: vor allem dann, wenn die einen qualitative Werte (auch den zu produzierenden Gebrauchswert) ernst nehmen, während sich andere nur *pro forma* zu ihnen bekennen. Werden diese Wertekonflikte von „Arbeits-

---

[18] L. Jerich, *Burnout*, op. cit., S. 121-122.

[19] Ibid., S. 123.

[20] Ibid.

[21] F. Giust-Desprairies, „La question du sujet autonome dans la construction des groupes restreints", in: S. Klimis, L. Van Eynde (Hrsg.), *Psyché. De la monade psychique au sujet autonome*, Brüssel, Facultés Universitaires Saint-Louis, 2007, S. 109.

überlastung", „Mangel an Fairness" und „Konkurrenzkampf" begleitet, können einzelne Mitarbeiter dem *Mobbing* zum Opfer fallen, das in vielen Fällen zu *Burnout* und Arbeitsunfähigkeit führt.

Jerich zitiert eine empirische Studie, aus der hervorgeht, „dass bei 65% der ‚Mobbing-Betroffenen' das Arbeitsklima schlecht war, d.h. durch mangelnde Gesprächsbereitschaft des Vorgesetzten (60%), Termindruck, Stress und Hektik (55%), Unklarheiten in der Arbeitsorganisation und unklare Zuständigkeiten (55%) sowie durch Umstrukturierungen (37%) gekennzeichnet war".[22] Vor allem die hier erwähnten „Unklarheiten" zeugen von *Anomie* im Sinne des dritten Kapitels: Wertkonflikte können durchaus dazu führen, dass Organisationselemente und Zuständigkeiten von den Beteiligten unterschiedlich gedeutet und bewertet werden.

Mobbing geht aus der Entfremdung hervor und ist zugleich eine Extremform entfremdeter Verhältnisse, die auf eine Radikalisierung des „Besitzindividualismus" zurückzuführen ist, aus dem C. B. Macpherson Thomas Hobbes' Begriff des „Naturzustandes" ableitet.[23] Bekanntlich stellt sich Hobbes einen Naturzustand vor, der vor der Staatenbildung liegt und in dem Faustrecht herrscht, weil es keine übergeordnete Instanz gibt, die die Interessen und Aggressionen der miteinander konkurrierenden und einander befehdenden Individuen bändigen könnte.

In der zeitgenössischen Gesellschaft scheint dieser „Naturzustand" der frühbürgerlichen Zeit keineswegs überwunden zu sein. Im Gegenteil: Der „Neoliberalismus"[24] mit seinen Privatisierungen und seinem globalisierten Konkurrenzdenken, das sich nun auf allen Ebenen durchsetzt, lässt das von Hobbes zitierte Prinzip des *homo homini lupus* extreme Formen annehmen, die u.a. im *Mobbing* zum Ausdruck kommen.

Als Aspekte der Entfremdung können Konkurrenzkampf, Leistungsdruck und *Stress* sowohl psychische als auch physische Krankheiten hervorrufen, von denen viele im psychosomatischen Bereich ineinander greifen. In den postmodernen Gesellschaften Europas und Nordamerikas kommen sie immer häufiger vor. Die wachsende Anzahl von Psychologen, Psychotherapeuten und Neurologen, deren Prä-

---

[22] L. Jerich, *Burnout*, op. cit., S. 166.

[23] Vgl. C. B. Macpherson, *Die politische Theorie des Besitzindividualismus*, Frankfurt, Suhrkamp, 1973.

[24] A. Touraine, *Comment sortir du libéralisme ?*, Paris, Fayard, 1999.

senz vor allem in Großstädten zu beobachten ist, zeugt von dieser Entwicklung. Komplementär dazu steigt der Konsum von Psychopharmaka.

Schon die von Hans Lohmann im Schweden der 1960er Jahre veröffentlichte Studie lässt einen steilen Anstieg des Psychopharmaka-Verbrauchs erkennen: „Ein Vergleich der in den Jahren 1960 und 1968 verkauften Hypnotika, Sedativa und Ataraktika deutet darauf hin, daß in dem genannten Zeitraum nahezu eine Verdoppelung des Verkaufes dieser Präparate stattgefunden hat."[25] Selbstverständlich schlägt diese Zunahme auch finanziell zu Buche: „Von einem ganz anderen Gesichtspunkt aus kann man behaupten, daß es ‚nicht im geringsten verwunderlich ist, wenn die Ausgaben für Psychopharmaka dermaßen steigen'."[26] Dass eine Trendumkehr nicht in Sicht ist, bestätigt die neuere Arbeit von Viola Balz, die die Entwicklung zwischen 1950 und 1980 untersucht.[27] Überdies sprechen die zahlreichen Handbücher und Ratgeber zum Thema „Psychopharmaka", die von verschiedenen Verlagen in letzter Zeit veröffentlicht wurden, eine klare Sprache: Der Orientierungsbedarf in diesem Bereich scheint keine Grenzen zu kennen.[28]

Diese Entwicklung ist auch auf die *Angst* zurückzuführen, auf die Hobbes so häufig zu sprechen kommt[29], und die mit einer Entfremdung zusammenhängt, die den Anderen nicht nur als Konkurrenten, sondern auch als gefährlichen Feind erscheinen lässt, dessen wahres Gesicht im *Mobbing* erkennbar wird. Der Verängstigte wendet sich schließlich an den Arzt, von dem er sich nicht nur Medikamente, son-

---

[25] H. Lohmann, *Krankheit oder Entfremdung? Psychische Probleme in der Überflußgesellschaft*, Stuttgart, Georg Thieme Verlag, 1978, S. 118.

[26] Ibid., S. 119.

[27] Vgl. V. Balz, *Zwischen Wirkung und Erfahrung – eine Geschichte der Psychopharmaka und Neuroleptika in der Bundesrepublik Deutschland 1950-1980*, Bielefeld, Transcript, 2010, S. 14.

[28] Hier seien nur einige Beispiele aufgeführt: O. Benkert et al., *Pocket Guide Psychopharmaka: von A bis Z*, Berlin-Heidelberg-New York, Springer, 2012; G. Laux, O. Dietmaier, *Psychopharmaka: Übersichtlich und verständlich für Patienten, Angehörige und Profis in der Pflege*, Berlin-Heidelberg-New York, Springer, 2013; N. Greve et al., *Umgang mit Psychopharmaka*, Köln, Balance Buch und Medien Verlag, 2013 (4. Aufl.).

[29] Vgl. Th. Hobbes, *Leviathan*, Harmondsworth, Penguin (1968), 1985, S. 188.

dern auch und vor allem Unterstützung, Ermunterung und Trost erhofft.[30]

Dazu heißt es in Christina Schachtners Studie über *Ärztliche Praxis* (1999) von einem Arzt: „Rückblickend auf die von ihm behandelten PatientInnen am Tag des Interviews, sagt er: *60% sind Angstmenschen. Wie ein Feuer bedroht die Angst Leib und Leben. Die Angst treibt die Leute hierher*, bemerkt er. Die Praxis charakterisiert der Arzt als das schützende und rettende Gelände, *fast uterushaft ist es hier immer in dieser Praxis*, oder mit anderen Worten: *Das (die Praxis, d. V.) ist wie eine Kugel, da ist er auch beschützt.*"[31]

Beschützt wovor? Vor dem *Mob*, der am nächsten Tag in der Firma auf ihn wartet? Nicht nur: Auch die Unmöglichkeit, mit dem entfremdeten und fremden Anderen zu sprechen, lässt den Patienten den Arzt oder Psychologen aufsuchen und in seiner „uterushaften" Praxis verweilen. Außer dem Feindseligkeit produzierenden Konkurrenzdruck ist es auch der Sinnzerfall, der Angstgefühle aufkommen lässt, weil der Einzelne weiß, dass er inmitten von Wertepluralismus, sozialer Fragmentierung und Indifferenz (als Austauschbarkeit von Wertsetzungen) mit dem Verständnis und Einverständnis des Anderen nicht mehr rechnen kann.

David Le Breton spricht von einem „Kontext der Desorientierung", den er auch beschreibt: „Die heutige Welt zeugt von einer Entwurzelung der alten Sinngebilde: Es ist das Ende der großen Erzählungen (Marxismus, Sozialismus usw.), das Verschwinden der alltäglichen Bezugspunkte, der Zerfall der Werte."[32] In diesem Kontext ist kein Verlass auf die Anderen, die seit langem keine Sinn- und Wertgemeinschaft mehr bilden – wie Hermann Broch wusste, der als einer der ersten vom „Zerfall der Werte" sprach (vgl. Kap. III. 1). Auch die Familie als letzte Wertgemeinschaft ist dem Zerfall preisgegeben, und der Einzelne ist auf sich selbst gestellt.

---

[30] Psychische und psychosomatische Störungen könnten zu den Hauptkrankheiten des 21. Jahrhunderts werden. Vgl. *Forschung und Lehre*, Oktober 2011, S. 784: „Psychische Störungen": „Psychische Störungen sind in Europa zur größten gesundheitspolitischen Herausforderung des 21. Jahrhunderts geworden."

[31] Ch. Schachtner, *Ärztliche Praxis*, Frankfurt, Suhrkamp, 1999, S. 69.

[32] D. Le Breton, *Anthropologie du corps et modernité*, Paris, PUF (1990), 2011 (erw. Aufl.), S. 226.

Die Flucht aus der entfremdeten und bedrohlich wirkenden Arbeitswelt in die Privatsphäre der Familie ist eine alltägliche Erscheinung, die verschiedene Soziologen untersucht haben.[33] Allerdings setzt diese Flucht ein intaktes Familienleben voraus, das es seit langem nicht mehr gibt.

Die Gründe sind vielfältig: **1.** Beziehungen zwischen Frauen und Männern sind wegen der Abwesenheit verbindlicher und verbindender Werte und Normen und wegen der individualistischen Ausrichtung auf Selbstverwirklichung labil geschichtet und zerfallen innerhalb oder außerhalb der Institution Ehe. Sobald ein attraktiverer Partner oder eine attraktivere Partnerin auf den Plan tritt, wird der Vertrag gekündigt. **2.** Das Ergebnis ist die von Alexander Mitscherlich beschriebene „vaterlose Gesellschaft": Nach dem Zerfall einer Ehe oder einer freien Beziehung bildet die Mutter als Alleinerzieherin eine Rumpffamilie, in der die väterliche Instanz gänzlich fehlt. Mitscherlich zeigt, dass der Vater auch deshalb „fehlen" kann, weil er als abhängiger Angestellter die Autorität verliert, mit der er als Unternehmer der liberalen Ära noch ausgestattet war. **3.** Nicht unterschätzt werden sollte die Wirkung der Medien auf die Kommunikation zwischen Familienmitgliedern: Fernsehen, Handy und Internet begünstigen eine extreme Individualisierung *innerhalb* der Familie, die dadurch zustande kommt, dass das einzelne Familienmitglied bestimmte Fernsehprogramme bevorzugt und eigene Netzwerke knüpft, die den anderen Familienangehörigen völlig fremd sein können.

Die Zweierbeziehung wird von den „Partnern" nicht mehr als Institution im Sinne der traditionellen Ehe wahrgenommen, sondern als befriedigende oder unbefriedigende Partnerschaft. Schon das Wort „Partnerschaft" konnotiert den ökonomischen Zusammenhang, der vom Tauschwert beherrscht wird. Die Frage lautet nicht mehr: Was bedeutet eine Beziehung zwischen Mann und Frau im gesellschaftlichen Kontext oder im Kontext der Tradition? In der Mehrzahl der Fälle lautet sie: Ist diese Beziehung für mich befriedigend oder nicht, und kann ich mich in ihr verwirklichen? Die komplementäre Frage,

---

[33] Vgl. G. Lipovetsky, *L'Ere du vide. Essais sur l'individualisme contemporain*, Paris, Gallimard (1983), 1993, S. 61.

was die Partnerin oder der Partner zu bieten habe, ob sie oder er „vorzeigbar" sei, ist durch den Tauschwert vermittelt.

Beide Fragen zeugen von der narzisstischen Struktur zeitgenössischer Zweierbeziehungen. Wird Narzissmus allgemein als *Libidobesetzung des eigenen Ichs auf Kosten der Objekte (der Mitmenschen)* definiert, dann erscheint der Ausdruck „narzisstische Beziehung" als Oxymoron, das ein zum Scheitern verurteiltes Unternehmen bezeichnet.

Dazu bemerkt Emilie Coutant: „Die wachsende Bedeutung des Privatlebens und der Intimität hat zu einer akuten Zerbrechlichkeit der Zweierbeziehung geführt, die den heutigen Wirrwarr der Familienstrukturen erklärt. Da die Trennung von Sexualität und Zeugung in jeder Hinsicht zur Norm wurde, lässt man sich mit einer Vielzahl von Partnern ein, die eine Vielzahl von Familiengründungen bzw. Neugründungen mit sich bringt."[34]

Es leuchtet ein, dass in dieser Situation eine Orientierung am Vater als Ichideal oder Vorbild im Sinne von Freud nicht möglich ist. (Das Ichideal als *idealisiertes Ich* kann auf durchaus produktive Art mit gesunder narzisstischer Libido besetzt werden.) Auch die sich trennenden Eltern können in den Augen eines Kindes, das sie stets als Einheit („Mutter und Vater") aufgefasst hat, die Funktion des für einen vitalen Narzissmus wesentlichen Ichideals nicht erfüllen, zumal wenn das Kind die Trennung der Eltern als deren Versagen deutet.

Dass es auf die Einheit der Eltern ankommt, klingt in der Definition des *Ichideals* bei Laplanche und Pontalis an: „Instanz der Persönlichkeit, die aus der Konvergenz des Narzißmus (Idealisierung des Ichs) und den Identifizierungen mit den Eltern, ihren Substituten und den kollektiven Idealen entsteht."[35] Komplementär dazu heißt es bei Freud selbst: „Die Anregung zur Bildung des Ichideals, als dessen Wächter das Gewissen bestellt ist, war nämlich von dem durch die Stimme vermittelten kritischen Einfluß der Eltern ausgegangen (…)."[36] Dies bedeutet, dass sich das Ichideal zunächst in der *primären*

---

[34] E. Coutant, „On choisit aussi sa famille", in: M. Maffesoli, B. Perrier (Hrsg.), *L'Homme postmoderne*, Paris, François Bourin Editeur, 2012, S. 113.
[35] J. Laplanche, J.-B. Pontalis, *Das Vokabular der Psychoanalyse*, Frankfurt, Suhrkamp (1972), 1973, S. 202-203.
[36] S. Freud, „Zur Einführung des Narzißmus" (1914), in: *Studienausgabe*, Bd. III, Frankfurt, Fischer, 1982, S. 62.

Sozialisation bildet und später, im Laufe der *sekundären Sozialisation*, durch berufliche Idealisierungen ergänzt und konsolidiert wird.

In einer Gesellschaft, in der die Eltern als Einheit nicht mehr gegeben sind, in der *Single*-Haushalte etwa 40% aller Haushalte ausmachen[37] und allein erziehende oder wiederverheiratete Mütter und Väter in Großstädten allmählich zur statistischen Norm werden, wird das Ichideal, das auf gesellschaftlichen Werten und Normen gründet, radikal in Frage gestellt. Vor allem die Werte und Normen, die den Institutionen Ehe und Familie zugrunde liegen, fallen der Anomie zum Opfer. Den Kindern wird mit der Zeit klar, was Ehe und Familie sind, aber es fällt ihnen zunehmend schwer, die Frage zu beantworten, warum Ehe und Familie erstrebenswerte Ziele sein sollten. Wenn sie sich diese Frage überhaupt stellen, beantworten sie sie eher auf affektiver als auf sozial-normativer Ebene.

Warum das so ist, wird auch in Emilie Coutants Analyse deutlich: „(…) Der Vater muss nicht unbedingt der Ehemann sein; die Vaterschaft kann biologisch, juristisch oder sozial sein, und analog dazu kann die Mutter biologische Mutter, Leihmutter oder Stiefmutter sein."[38] Abermals zeigt sich, wie der Fortschritt, der zur Problemlösung beitragen und das Leben erleichtern kann, die sozialen Normen und Werte durcheinander wirbelt.

Im Familienbereich wird Anomie, die eine der Hauptursachen für Entfremdung ist, durch den Eintritt der Frauen in den Produktionsprozess gesteigert, der das weibliche Selbstbewusstsein in allen Bereichen stärkt: „Seit dem Eintreffen der Frauen auf dem Arbeitsmarkt, wurden die Rollen innerhalb der Familie neu definiert."[39] Durch wen? Da sie keine übergeordnete oder neutrale Instanz verbindlich definieren kann, bleibt die Neudefinition den „Partnern" überlassen, die sich bekanntlich nicht immer einigen können, zumal sich viele Männer darauf verlassen, dass die alten Verhaltensmuster trotz Beschleunigung noch eine Weile halten werden – wodurch die Anomie weiter zunimmt.

---

[37] Vgl. „Zusammenleben weltweit", in: *Forschung und Lehre* 2/14, S. 126: „In Ländern wie Deutschland, Schweden oder Japan bilden Ein-Personen-Haushalte bereits die größte Gruppe aller Wohn- und Lebensgemeinschaften – in Deutschland etwa 40 Prozent."

[38] E. Coutant, „On choisit aussi sa famille", in: M. Maffesoli, B. Perrier (Hrsg.), *L'Homme postmoderne*, op. cit., S. 113.

[39] Ibid., S. 112.

Dazu heißt es in einem Band von Arno Bammé et al., in dem der Mann im Anschluss an die Traditionen des 19. Jahrhunderts mit der Maschine assoziiert wird: „Frauen verweigern zunehmend ihre Beziehungsarbeit, das heißt, sie verweigern ihren bisherigen Beitrag zur regelmäßigen physisch-psychischen Instandsetzung eines Maschinen-Mannes."[40] Diese Weigerung, die immer mehr zum Symptom einer auf Gleichheit gründenden postmodernen Gesellschaft wird, trägt nicht unwesentlich zur Schwächung des Familienvaters bei, von dem Mitscherlich sagt, er habe als abhängiger Arbeiter oder Angestellter seine Autorität innerhalb der Familie eingebüßt und könne schon deshalb in den Augen seines Sohnes keine Vorbildfunktion als Ichideal erfüllen.[41]

Das „Verschwinden" des Vaters ist jedoch nicht nur metaphorisch als dessen Schwächung innerhalb der Familie aufzufassen, sondern durchaus auch wörtlich. So stellt es jedenfalls Gilles Lipovetsky in *L'Ere du vide* (1993) dar: „Das ‚Verschwinden des Vaters', das auf die zahlreichen Scheidungen zurückzuführen ist, führt dazu, dass das Kind auf den Gedanken kommt, die Mutter habe den Vater kastriert: In dieser Situation träumt es davon, ihn zu ersetzen, Phallus [für die Mutter] zu sein, indem es Berühmtheit erlangt oder sich denjenigen anschließt, die den Erfolg verkörpern."[42] Dies ist auch die Situation, in der, wie sich zeigen wird, das auf den Vater und die Eltern ausgerichtete *Ichideal* durch das im Mütterlich-Imaginären (Lacan) verankerte *Idealich* ersetzt wird, das von Fremdbestimmung und Selbstentfremdung zeugt.

Der Familienverband zerfällt nicht nur wegen der Anomie, die die Geschlechterrollen erfasst hat, und wegen der zunehmenden Scheidungsraten; sein Zerfall ist auch auf die Einwirkung der Medien zurückzuführen, die vor allem seit der Ausbreitung der Fernsehkultur die Kommunikation innerhalb der Familie radikal verändert haben.

Auf das von der Werbung ins Feld geführte Argument, das Fernsehen begründe einen neuen Familienzusammenhalt, weil es die Kinder ans Haus binde, reagiert Günther Anders mit einem Gegenargument, das die Auflösung der Familie ankündigt: „Aber aufgelöst wird sie:

---

[40] A. Bammé et al., *Maschinen-Menschen, Mensch-Maschinen. Grundrisse einer sozialen Beziehung*, Reinbek, Rowohlt (1983), 1986, S. 315.
[41] A. Mitscherlich, *Auf dem Weg zur vaterlosen Gesellschaft. Ideen zur Sozialpsychologie* (1963), München, Piper, 1973 (10. Aufl.), S. 182-183.
[42] G. Lipovetsky, *L'Ere du vide*, op. cit., S. 104.

denn was nun durch TV zu Hause herrscht, ist die gesendete – wirkliche oder fiktive – *Außenwelt*; und diese herrscht so unumschränkt, daß sie damit die Realität des Heims – nicht nur die der vier Wände und des Mobiliars, sondern eben die des gemeinsamen Lebens, ungültig und phantomhaft macht. Wenn das Ferne zu nahe tritt, entfernt oder verwischt sich das Nahe.“[43] Anders fügt hinzu, dass das Fernsehen als „negativer Familientisch“[44] den eigentlichen Familientisch als Mittelpunkt des Familienlebens verdrängt.

Tatsächlich ist die Familie nun „dezentriert“, weil der Familientisch als Kommunikationsmittelpunkt eine Gelegenheit zur Aussprache bot, während das Fernsehen das Familiengespräch unmöglich macht oder zumindest drastisch einschränkt: vor allem dann, wenn jedes Familienmitglied vor *seinem* Fernseher sitzt und mit *seinem* Programm beschäftigt ist. Je mannigfaltiger das TV-Angebot ist, desto stärker können die individuellen Interessen innerhalb der Familie divergieren.

Anders' Ausführungen kündigen Baudrillards Theorie der Simulakra[45] an: Fiktive Außenwelten beherrschen die Fantasiekonstruktionen der einzelnen Familienmitglieder und lassen die Entfernungen zwischen ihnen immer größer werden, weil die Außenwelt des einen mit der des anderen kaum zu vergleichen ist. Eltern und Kinder kapseln sich voneinander ab: „Ein amerikanischer Vater der Mittelschicht spricht zu und mit seinem einjährigen Kind täglich nur noch 37,7 Sekunden.“[46] Angesichts dieser sich ausbreitenden Sprachlosigkeit nimmt es nicht wunder, dass er nicht zum Vorbild oder Ichideal des aufwachsenden Kindes werden kann.

Was für das Fernsehen gilt, gilt in noch stärkerem Maße für Handy und Internet. Der Einzelne schart, wenn nicht ferne, so doch meist abwesende Lebensgefährten und Gesprächspartner um sich, die den anderen Familienangehörigen kaum bekannt oder gar unbekannt sind. Wenn ein Universitätsdozent mit besorgtem Gesichtsausdruck von seinem achtzehnjährigen Sohn sagt, er wisse nichts von seinen Internet-Kontakten, so zeugt dies von einer neuen Form der Entfremdung,

---

[43] G. Anders, *Die Antiquiertheit des Menschen*, Bd. I: *Über die Seele im Zeitalter der zweiten industriellen Revolution*, München, Beck, 1985 (6. Aufl.), S. 105.

[44] Ibid., S. 106.

[45] Vgl. J. Baudrillard, *Simulacres et simulation*, Paris, Galilée, 1981, S. 26.

[46] M. L. Moeller, in: A. Bammé et al., *Maschinen-Menschen, Mensch-Maschinen*, op. cit., S. 313.

die einerseits zwar generationsbedingt ist, andererseits aber mit den sich rasant entwickelnden Kommunikationstechnologien zusammenhängt.

Die Distanz zur unmittelbaren Umgebung (nicht nur zur Familie) wird nicht nur durch Fernsehen und Internet vergrößert, sondern auch durch die Anonymität des Autos und des Fernsprechers. Gotthard Günther scheint die Diagnosen von Günther Anders rund ein halbes Jahrhundert nach der Veröffentlichung von *Die Antiquiertheit des Menschen* (1956) zu bestätigen, wenn er in *Die amerikanische Apokalypse* (2000) von der „Verringerung des Kontaktes des Individuums einerseits mit der Außenwelt, andererseits mit dem Nebenmenschen" spricht und hinzufügt: „Auto, Telefon, Radio, Television und Radar sind alles Mittel, die physische sowohl wie die seelische Distanz des Menschen von seiner Umwelt, der physischen sowohl wie der psychischen, zu vergrößern."[47] Wer mit seinem Handy beschäftigt ist – auf welche Art auch immer –, unterbricht den Kontakt zu seiner unmittelbaren Umgebung: auch zur Familie. Unmittelbarkeit wird dadurch gestört, und das Leben wird anonymer.

Unter diesen Voraussetzungen wird es für Kinder und Jugendliche immer schwieriger, ein stabiles Ichideal, d.h. einen gesunden, produktiven Narzissmus im Sinne von Freud, auszubilden: ein Ichideal, das durch kontinuierliche Interaktion mit den Eltern und – in Freuds Wien – durch langjährige Orientierung an den sozialen, moralischen und beruflichen Wertvorstellungen des Vaters zustande kommt. Obwohl dieses Ichideal durchaus pervertiert werden kann, wenn es durch die Fixierung auf einen „charismatischen Führer" oder eine Partei besetzt wird, wie Freuds Studie *Massenpsychologie und Ich-Analyse* zeigt[48], ist es stets eine soziale Instanz, die auf Wertsetzungen gründet.

Bei Lacan kommt es als *idéal du moi* durch eine Identifizierung mit dem Vater und eine Eingliederung des (männlichen) Kindes in die symbolische Ordnung der Sprache zustande, die zugleich väterliche Ordnung ist. Dazu bemerkt Lacan: „Die eigentliche Funktion des Vaters besteht darin, (…) ein Verlangen mit dem Gesetz zu verbinden (statt zu entzweien)."[49] Das „Gesetz" meint hier das Inzestverbot, das

---

[47] G. Günther, *Die amerikanische Apokalypse* (Aus dem Nachlass herausgegeben und eingeleitet von K. Klagenfurt), München-Wien, Profil Verlag, 2000, S. 189.

[48] Vgl. S. Freud, „Massenpsychologie und Ich-Analyse" (1921), in: *Studienausgabe*, Bd. IX, Frankfurt, Fischer, 1982, S. 107.

[49] J. Lacan, *Ecrits*, Paris, Seuil, 1966, S. 824.

vor allem dem inzestuösen Verlangen des Sohnes nach der Mutter einen Riegel vorschiebt.

Das Fehlen des Vaters in einer postmodernen „vaterlosen" Gesellschaft bewirkt, dass der Sohn das inzestuöse Verlangen nach der Mutter (als libidinös besetztes Objekt) nicht preisgibt, sondern in einem Stadium verharrt, das Lacan mit dem Begriff des *Imaginären* umschreibt. „(…) Jede imaginäre Beziehung ist nach Lacan ihrem Wesen nach der Täuschung preisgegeben"[50], erklären Laplanche und Pontalis, und François Balmès spricht von der „Entfremdung in der Täuschung des Imaginären".[51] Worin besteht diese Täuschung? In der Hoffnung des männlichen Kindes, den Vater bei der Mutter ersetzen zu können, „Phallus für die Mutter zu sein" und das Spiegelstadium, in dem sich das Kleinkind als narzisstische Einheit in den Augen der Mutter spiegelt, fortzusetzen.

In der dyadischen Mutter-Kind-Beziehung, bemerkt Lacan, „existier[e] das Verlangen nur auf der Ebene der imaginären Beziehung des Spiegelstadiums und [werde] auf den anderen projiziert und in ihm entfremdet (aliéné)".[52] Das „Imaginäre" im Sinne von Lacan bezeichnet demnach einen Zustand der ursprünglichen narzisstischen Illusion, in dem sich das Kind mit dem *Objekt des Verlangens seiner Mutter* identifiziert.

Konkret bedeutet dies, dass das männliche Kind auf narzisstische Art versucht, das Verlangen seiner Mutter – und aller anderen – zu wecken: *das Verlangen nach seiner Person*. Juana Danis erklärt: „Unbewußt weiß der Junge, was er für seine Mutter ist. Das ist er dann für sich auch. Seine narzißtische Organisation weist die Wesenszüge der Erstbeziehung mit der Mutter auf."[53]

Aus diesem narzisstisch-inzestuösen Verlangen im Imaginären geht allerdings kein *Ichideal* hervor, sondern ein *Idealich* (*moi idéal*), das Lacan vom *Ichideal* (*idéal du moi*) unterscheidet. Er fasst dieses Idealich als ein Produkt der Regression ins Mütterlich-Imaginäre auf. Diese Regression führt dazu, dass das narzisstische Subjekt so bewundert

---

[50] J. Laplanche, J.-B. Pontalis, *Das Vokabular der Psychoanalyse*, op. cit., S. 229.

[51] F. Balmès, *Structure, logique, aliénation. Recherches en psychanalyse*, Toulouse, Ed. érès, 2011, S. 90.

[52] J. Lacan, *Le Séminaire. Livre I. Les écrits techniques de Freud* (Hrsg. J.-A. Miller), Paris, Seuil, 1975, S. 266.

[53] J. Danis, *Einführung in Lacan. Narzißmus in Mann und Frau*, München, Edition Psychosymbolik (1988), 1996 (Neuaufl.), S. 160.

und geliebt werden will, wie es von seiner Mutter geliebt wurde: d.h. unabhängig von gesellschaftlichen Wertsetzungen und eigenen Leistungen.

Der *Narzissmus im Sinne des Idealichs* beinhaltet sowohl Entfremdung als auch Selbstentfremdung. Er bringt eine Entfremdung von den anderen mit sich, weil das narzisstische Subjekt Anerkennung, ja Bewunderung unabhängig von sozialen Werten, Normen und Zielsetzungen fordert. Er führt zur Selbstentfremdung, weil dieses Subjekt – im Extremfall – gar nicht danach strebt, seine *Selbstheit* (*ipséité*, Ricœur) als Talent und Veranlagung für gesellschaftliche Zwecke einzusetzen und sie als *Lebensentwurf* (*mêmeté*, Ricœur) im Rahmen von sozialen Wertsetzungen und Normen zu entfalten. Es versucht, Sympathie, Bewunderung und Unterstützung gleichsam „gratis" zu ernten.

Obwohl diese Skizze des narzisstischen Subjekts eine Extremform des Narzissmus darstellt (meistens kommt es zu Mischformen zwischen Ichideal und Idealich), ist sie als *Charakteristik des heutigen Narzissmus* durchaus realistisch. Denn der Zerfall der Familie, die mit ihm einhergehende Anomie und die Abwesenheit des Vaters und der Eltern als Einheit haben zur Folge, dass sich ein stabiles Ichideal im Sinne von Freud und Lacan nicht ausbilden kann. Die gegenwärtige gesellschaftliche Situation, die von sich trennenden Eltern, allein erziehenden Müttern und abwesenden Vätern geprägt wird, begünstigt auf allen Ebenen die Entstehung eines *Narzissmus im Sinne des Idealichs*. Dessen Entfaltung wird auch von den Medien begünstigt, wie sich im vierten Abschnitt zeigen wird.

3. Der narzisstische Körpermensch: Der Versuch, sein eigener Schöpfer zu sein

Obwohl der infantile oder primäre Narzissmus von Psychoanalytikern wie Heinz Kohut und Bela Grunberger nicht zu Unrecht als Quelle der Vitalität im Erwachsenenalter aufgewertet wird[54], weist er auch maligne Aspekte auf, die vor allem André Green beleuchtet. Es geht um die grundsätzliche narzisstische Tendenz, den dialogischen Ursprung

---

[54] Vgl. H. Kohut, *Narzißmus. Eine Theorie der psychoanalytischen Behandlung narzißtischer Persönlichkeitsstörungen*, Frankfurt, Suhrkamp (1973), 1976, S. 139-140 sowie B. Grunberger, *Le Narcissisme. Essais de psychanalyse*, Paris, Payot, 1975, S. 256.

der Subjektivität[55] zu leugnen und auf Autarkie zu pochen. Der Narzisst im malignen oder krankhaften Sinne des Wortes will seine Entstehung aus der Interaktion mit dem Anderen und Andersartigen (Eltern, Lehrern, Freunden und Fremden) nicht wahrhaben: Er will nur das Eine, Eigene gelten lassen und strebt danach, zu seinem eigenen Schöpfer zu werden.

André Green übergeht den gesunden Narzissmus der infantilen Phase, wenn er pauschal feststellt: *„Der Narzissmus ist die Tilgung der Spur des Anderen im Einen."*[56] Seinen Standpunkt erläutert er mit folgenden Worten: „Aus dieser Sicht erscheint der primäre Narzissmus als das Verlangen nach dem Einen, als das Streben nach einer sich selbst genügenden und unsterblichen Totalität, deren Bedingung die Selbstzeugung ist, als Tod und Negation des Todes in einem."[57]

Es geht hier nicht darum, die psychoanalytischen Gegenargumente von Kohut oder Grunberger zu betrachten, sondern um die Frage, welche Bedeutung Greens Auffassung des Narzissmus für den Aufstieg des Idealichs – und den komplementären Niedergang des Ichideals – im postmodernen Indifferenzzusammenhang hat. Die Antwort lautet, dass der Narzissmus des vom Idealich dominierten postmodernen Subjekts tatsächlich ein Versuch ist, die „Spur des Anderen im Einen" zu tilgen.

Die hier aufgezeigten Entwicklungen – Säkularisierung, Entfremdung von den anderen am Arbeitsplatz, Zerfall der Familie und Zerfall der Werte – führen dazu, dass der Einzelne in zunehmendem Maße auf sich selbst gestellt ist. Er ist nicht mehr in der Lage, überindividuelle Werte anzuerkennen, die über seine Existenz in die Zukunft hinausweisen. Diese Existenz wird immer häufiger mit der eigenen Körperlichkeit identifiziert, die nicht mehr als „sterbliche Hülle", sondern als Selbstzweck erscheint: in einer radikal verweltlichten Gesellschaft, in der es nichts mehr einzuhüllen gibt.

In diese Körperlichkeit als Idealich wird häufig die gesamte narzisstische Libido investiert; zugleich wird sie von den Objekten, den Mitmenschen, abgezogen. Es ist naheliegend, dass bei einer solchen Konstitution der individuellen Subjektivität stabile oder dauerhafte

---

[55] Vgl. Vf., *Narzissmus und Ichideal. Psyche – Gesellschaft – Kultur*, Tübingen, Francke, 2009, S. 97: ein Diagramm, das das dialogische Modell der Subjektivität veranschaulicht.

[56] A. Green, *Narcissisme de vie. Narcissisme de mort*, Paris, Minuit, 1983, S. 127.

[57] Ibid., S. 132.

Liebesbeziehungen immer seltener werden. Sobald eine neue Person auf den Plan tritt, die dem Narzissmus des Idealichs weiter entgegenkommt als die alte – etwa durch Aussehen, sozialen Status oder Schmeichelei –, löst eine neue Beziehung die alte ab. Der Narzisst im Sinne des Idealichs ist nicht bereit, sich auf den Anderen und seine Andersartigkeit einzulassen.

Die auf narzisstische Körperlichkeit reduzierte Subjektivität wirkt leer. Erich Fromm fasst den Reduktionsprozess in einem Satz zusammen: „Die kulturelle und politische Krise unserer Zeit liegt nicht daran, daß es zuviel Individualismus gibt, sondern daß das, was wir für Individualismus halten, zu einer leeren Schale geworden ist."[58] Das Äußere dieser Schale ist der Körper, von dem viele, die dem Idealich huldigen, meinen, dass er den Kern der Subjektivität bildet.

Albert Camus kündigt die postmoderne Reduktion des Subjekts auf seinen Körper in dem schon erwähnten Drama *Le Malentendu* an, in dem nicht nur von der Austauschbarkeit der Individuen die Rede ist (vgl. Kap. II), sondern auch von deren Leere als unbeseelte, geistlose Körper. Von der Sonne sagt Martha, eine der Hauptgestalten dieses Dramas: „Ich habe in einem Buch gelesen, dass sie sogar die Seelen verschlingt und dass sie strahlende, aber innen völlig leere Körper entstehen lässt. (...) Ja, ich bin es leid, ständig meine Seele mit mir herumzutragen; ich sehne mich nach diesem Land, wo die Sonne alle Fragen tötet (...)."[59]

Dieses Land gibt es seit geraumer Zeit: Es ist das Land am mediterranen *Pool*, das vorwiegend von „strahlenden, aber innen völlig leeren Körpern" bevölkert wird. Es ist ein eindimensionales Land, das sich der Welt der Werbung anzunähern sucht, die nur lachende Gesichter, angenehme Überraschungen und flugs gelöste Probleme kennt. Im Land am *Pool* geht es so ähnlich zu. Die Sonne hat alle wesentlichen Fragen getötet und nur Trivialitäten übriggelassen, die vor allem Plaudereien im Halbschlaf zugute kommen: etwa Fragen nach der besten Sonnencreme, dem leicht verdaulichen *Milkshake* oder der Ausstattung des *Fitness*-Raums. Die Frage nach sozialer Entfremdung würde in dieser Welt nur ungläubiges Staunen oder schläfriges Kopfschütteln hervorrufen.

---

[58] E. Fromm, *Die Flucht vor der Freiheit*, München, DTV, 2000 (8. Aufl.), S. 195.
[59] A. Camus, „Le Malentendu", in: *Théâtre, récits, nouvelles*, éd. etablie par R. Quilliot, Paris, Gallimard (Bibl. de la Pléiade), 1962, S. 120.

Es ist wohl kein Zufall, dass sich eine bestimmte Soziologie seit Jahrzehnten immer intensiver mit der gesellschaftlichen Bedeutung des narzisstisch besetzten *Fitness*-Körpers befasst. Eine Soziologie dieser Soziologie und ihrer Themen wäre durchaus ergiebig, weil sie die allgegenwärtige Thematisierung des Körpers als Symptom unserer Zeit auffassen könnte.[60]

Als Ausgangspunkt dient der Soziologie des Körpers Christopher Laschs grundsätzliche Feststellung, dass viele zeitgenössische Menschen unfähig sind, „Interesse an etwas zu finden, das über den eigenen Tod hinausreicht".[61] Das Jenseits des Christentums erscheint ihnen als eitle Schimäre und die klassenlose Gesellschaft der Marxisten als gefährliche Utopie – oder schlicht als Irrtum eines „falschen Propheten" (K. R. Popper über Marx).

Was bleibt, ist die Frage nach der optimalen Gestaltung der eigenen Existenz und die komplementäre Frage nach ihrer – möglichst endlosen – Verlängerung. Dazu bemerkt Gilles Lipovetsky, der den postmodernen Körper als „Kultobjekt" bezeichnet und hinzufügt, dass er unsere „eigentliche Identität ausmacht"[62]: „Ch. Lasch hat richtig gesehen, dass die moderne Angst vor Alter und Tod die Grundlage des Neo-Narzissmus bildet: Das Desinteresse an den künftigen Generationen verstärkt die Angst vor dem Tod, während die Verschlechterung der Lebensbedingungen alter Personen sowie das permanente Bedürfnis, aufgewertet, wegen seiner Schönheit, seines Charmes und seiner Berühmtheit bewundert zu werden, die Aussicht, älter zu werden, unerträglich machen."[63]

In dieser zugleich sozialen und psychischen Situation bleibt nichts anderes übrig als der verzweifelte Versuch, die Jugend zu verlängern und den Alterungsprozess mit allen zur Verfügung stehenden Mitteln zu bremsen. Dass solche Anstrengungen groteske Übertreibungen zeitigen können, hat bereits Thomas Mann in seiner Novelle *Tod in Venedig* erkannt, in der er einen „falschen Jüngling" auftreten lässt, der sich bei näherer Betrachtung als geschminkter Greis entpuppt.

---

[60] Zur Notwendigkeit einer (reflexiven) Soziologie der Soziologie(n) vgl. P. Bourdieu, *Leçon sur la leçon*, Paris, Minuit, 1982, S. 9.

[61] Ch. Lasch, *Das Zeitalter des Narzißmus*, Hamburg, Hoffmann und Campe, 1996, S. 266.

[62] G. Lipovetsky, *L'Ere du vide*, op. cit., S. 86-87.

[63] Ibid., S. 87.

Über den zeitgenössischen Jugendkult, der mit dem Körperkult einhergeht, schreibt der Soziologe Michel Maffesoli, der eine Soziologie der Postmoderne entworfen hat: „Jedermann versucht, jugendlich zu reden, sich jugendlich zu kleiden, und man könnte die Beispiele ins Unendliche fortsetzen."[64]

Dass diese Tendenz, den Körper aufzuwerten und den Alterungsprozess zu verdrängen, keine Erscheinung des anbrechenden 21. Jahrhunderts ist, lässt der schon erwähnte Bericht von Hans Lohmann erkennen, der die Einstellungen der schwedischen Bevölkerung in den späten 1960er Jahren unter die Lupe nimmt. Im Zusammenhang mit der Aufwertung des Körpers lässt er Gunnar Myrdal zu Wort kommen: „Wir Schweden sind gut in allem, was mit dem Körper, nicht aber mit der Seele zu tun hat."[65] Lohmann kommentiert: „Die Ausländer wundern sich darüber, warum dies so ist."[66] Inzwischen wundern sie sich nicht mehr, weil sich ihre Mentalität der schwedischen in jeder Hinsicht angeglichen hat.

Die Postmoderne, die man um 1950 beginnen lassen kann, ist eine eindimensionale Gesellschaft im Sinne von Herbert Marcuse.[67] In ihr setzt sich das scheinbar wertfreie, auf empirische Überprüfbarkeit und materiellen Gewinn ausgerichtete Denken durch, das dem Fragen nach einem anderen Leben (ohne *Mobbing* und *Burnout*) und einer dieses Leben ermöglichenden neuen Gesellschaftsordnung einen Riegel vorschiebt. Der Körperkult zeugt von dieser Eindimensionalität, weil er aus dem „Zerfall der Werte", der Anomie und dem wachsenden Misstrauen allem Geistigen und Kulturellen gegenüber hervorgeht, wie Frank Furedi (vgl. Kap. I. 4) gezeigt hat.[68] Sprachkenntnisse, historische und geographische Bildung werden – vor allem in der englischsprachigen Welt – in zunehmendem Maße für überflüssig gehalten[69], während technische Kenntnisse und körperliche Fähigkeiten aufgewertet werden.

---

[64] M. Maffesoli, „A chacun ses tribus, du contrat au pacte", in: M. Maffesoli, B. Perrier (Hrsg.), *L'Homme postmoderne*, op. cit., S. 17.

[65] H. Lohmann, *Krankheit oder Entfremdung?*, op. cit., S. 131.

[66] Ibid.

[67] Vgl. H. Marcuse, *Der eindimensionale Mensch. Studien zur Ideologie der fortgeschrittenen Gesellschaft*, Neuwied-Berlin, Luchterhand, 1967.

[68] Vgl. F. Furedi, *Where have all the Intellectuals Gone?*, London-New York, Continuum, 2006 (2. Aufl.).

[69] Vgl. B. Lane, „Language departments risk losing their essence", in: *The Australian*, 24. 3. 2010.

In vielen Fällen führt dies dazu, dass das *Ipse* im Sinne von Ricœur, d.h. als Veranlagung oder Talent, zugunsten des Körpers vernachlässigt wird. Ein Ergebnis dieser Atrophie des Geistigen ist häufig eine *mens insana in corpore sano* – und ein unverwirklicht gebliebener Lebensentwurf als biografische Erzählung, als *mêmeté*.

Ein weiteres Ergebnis dieser Entwicklung sind die von Camus erwähnten „strahlenden, aber innen völlig leeren Körper", mit denen sich seit Jahren der Soziologe David Le Breton befasst. Er geht von der anregenden Hypothese aus, dass der mittelalterliche Körper der Kommunikation und der Bindung an die Gemeinschaft diente, während der moderne Körper als Produkt des Individualismus die soziale Isolierung des Einzelnen fördert: „das Sich-Abkapseln des Subjekts" („la clôture du sujet sur lui-même").[70]

In *Anthropologie du corps et modernité* (1990) geht er immer wieder auf diesen Entfremdung generierenden Sachverhalt ein: „In westlichen Gesellschaften des individualistischen Typs fungiert der Körper als Unterbrecher des sozialen Energieflusses; im Gegensatz dazu fördert er in den traditionellen Gesellschaften die verbindende gemeinschaftliche Energie."[71] Während in den traditionellen Gesellschaften – wie Bachtin wusste[72] – der Mund und das Orale die populäre Kultur beherrschten, dominieren in modernen und nachmodernen Kulturen die Augen: „Der moderne Körper hört auf, den Mund zu privilegieren, das Organ der Begierde, des Kontakts zu den anderen, der durch das Wort, den Schrei oder den Gesang zustande kommt, der aus ihm dringt, durch das Getränk oder die Nahrung, die er aufnimmt."[73]

In der modernen und vor allem der zeitgenössischen Gesellschaft werden die Augen zum zentralen Organ der Wahrnehmung. In ihnen spiegeln sich narzisstisch die Körper, die nicht auf Kommunikation und Interaktion aus sind, sondern darauf, das Verlangen und die Bewunderung der anderen zu wecken. Ihr Handeln ist auf das Idealich ausgerichtet, das im Imaginären seit dem Spiegelstadium (Lacan) Gegenstand mütterlichen Verlangens war. Von den anderen wird erwartet, dass sie die Funktion der Mutter erfüllen und das Subjekt nicht

---

[70] D. Le Breton, *Anthropologie du corps et modernité*, op. cit., S. 28.

[71] Ibid., S. 31.

[72] Vgl. M. M. Bachtin, *Rabelais und seine Welt. Volkskultur und Gegenkultur*, Frankfurt, Suhrkamp, 1987, Kap. V und VI.

[73] D. Le Breton, *Anthropologie du corps et modernité*, op. cit., S. 44.

nach seinen Leistungen für die Gesellschaft beurteilen, sondern um seiner selbst willen schätzen und lieben.

Es liegt auf der Hand, dass Narzissten dieser Art miteinander nicht auskommen: Ein jeder zeigt auf seinen Körper und seine Vorzüge in der Hoffnung, sich in den bewundernden Augen der anderen möglichst lange spiegeln zu können. Ein jeder versucht, den anderen Bewunderung und Anerkennung zu verweigern, um sich ja nicht als Bewunderer oder „Bittsteller" eine Blöße zu geben.

Dieses psycho-soziale Kommunikationssystem (sofern es eines ist) gehorcht in jeder Hinsicht dem Marktgesetz von Angebot und Nachfrage. Es gilt, die Nachfrage nach der eigenen Person ins Unermessliche zu steigern und um jeden Preis eine Situation zu vermeiden, in der man wegen mangelnder Nachfrage gezwungen ist, mit sich selbst gleichsam hausieren zu gehen. Letztlich werden die Verhältnisse in der Wirtschaft reproduziert, die im zweiten Kapitel beschrieben wurden: Der andere ist nur Mittel zum Zweck. Er dient zwar nicht dem Profit (wie der importierte Arbeiter), aber dem eigenen Narzissmus, der als Idealich auf permanente Nachfrage (*demande*, Lacan) angewiesen ist.

Dieser Zusammenhang wird durch Beispiele aus Le Bretons Studie veranschaulicht. Sie zeigen, wie sehr es in der Augen- und Spiegelkultur um Selbstdarstellung geht: vor allem um das Zur-Schau-Stellen des eigenen Körpers. Auf weiblicher Seite sind von der Werbung ausgeschlachtete Schlankheitskuren, die bisweilen zu Anorexie und anderen Erkrankungen führen, an der Tagesordnung; auf männlicher Seite wird das *Bodybuilding* in vielen Fällen zur Obsession. Le Breton berichtet, dass drei Millionen Amerikaner Steroide einnehmen, um ihre Muskelmasse zu vergrößern, und dass eine große Anzahl von ihnen Angst hat, einen zu schmalen Brustkorb oder einen zu kleinen Penis zu haben.

Nicht wenige nehmen eine Operation in Kauf, um ihr Glied zu vergrößern: „Die Operation ist der Preis, den man zahlt, um einem bestimmten Männlichkeitsbild zu entsprechen, bei dem es eher um das Erscheinen in den Augen der anderen (Männer) geht als um die Beziehung zur Frau. Die nach der Operation von einer Journalistin befragten Männer erklärten, sie hätten eine problemlose Sexualität, wollten aber ihr Image verbessern, wenn sie mit Freunden unter der Dusche stehen, am Pool, am Strand oder in öffentlichen Toiletten sind.[74]

Für den Narzissmus im Sinne des Idealichs ist dieser Fall von besonderem Interesse. Er zeigt, dass es den Operierten nicht primär um befriedigenden Geschlechtsverkehr geht, d.h. um einen Kontakt zur Frau, der auch für *sie* befriedigend sein könnte, sondern um ihre körperliche Spiegelung in den Augen anderer. Es kommt hinzu, dass die soziale Anerkennung nicht im Sinne des Ichideals – als Verwirklichung bestimmter gesellschaftlicher Werte – herbeigeführt werden soll, sondern durch einen vom medizinischen Fortschritt ermöglichten chirurgischen Eingriff. Kontrastiv dazu sei der Mann aus einer traditionellen Gesellschaft erwähnt, dem sein Geschlecht nicht zur narzisstischen Spiegelung dient, sondern zur Kommunikation mit der Frau (dem Anderen, Andersartigen) und zu einer Familiengründung, die von seinem Interesse an der nächsten Generation zeugt.

Laschs Feststellung, der zeitgenössische Mensch sei unfähig, an etwas „Interesse zu finden, das über den eigenen Tod hinausgeht", ist in diesem Kontext zu verstehen. Es ist ein Kontext, der vom „Nihilismus des Tauschwerts" (Vattimo) beherrscht wird. Von ihm zeugt nicht nur der steigende Verbrauch von Psychopharmaka, sondern auch der sich ausbreitende Alkoholismus und das unter Jugendlichen weit verbreitete „Komatrinken", das seit einiger Zeit sogar für Schlagzeilen in großen europäischen Tageszeitungen wie *Le Monde* (29. 5. 13) sorgt: „Das ‚Binge Drinking' wird zu einer allgemeinen Erscheinung: Die Jugendlichen fangen früher mit dem Trinken an, trinken schneller und in immer größeren Gruppen. Der Cannabis-Verbrauch bleibt sehr hoch, Kokain und Synthese-Drogen sind auf dem Vormarsch."

Dass in einer solchen Situation vor allem in hochentwickelten Ländern auch die Selbstmordrate steigt und inzwischen „tödliche Transportmittelunfälle" zahlenmäßig übertrifft, geht aus verschiedenen Berichten und Statistiken hervor, etwa aus den in *Pro Mente. Austria* veröffentlichten, wo es u.a. heißt: „Jede/r dritte ÖsterreicherIn leidet mindestens einmal im Leben an gravierenden psychischen Problemen. Gerade ein seelisches ‚Tief' wie eine Depression kann im schlimmsten Fall sehr tragisch enden – in einem Suizid."[75]

---

[74] Ibid., S. 239.

[75] P. Jachs, „Suizid und Prävention", in: *Pro mente. Austria* 1, 2013, S. 3.

Nicht nur entfremdete Arbeit kann zu Alkoholismus, Drogenkonsum und Selbstmord führen; auch Sinnzerfall, Anomie und ein körperorientierter Narzissmus im Sinne des Idealichs können den Einzelnen an sich selbst verzweifeln lassen, weil er nicht für sich selbst im Sinne eines sozialen Ichideals lebt, sondern für die anderen, in deren Augen er sich spiegelt. Dass ein solches Leben entfremdet ist, hat schon Rousseau, wenn auch in einem anderen gesellschaftlichen und sprachlichen Zusammenhang, erkannt (vgl. Kap. I. 1).

4. Die Suche nach dem eigenen Ich in Werbung und Medien

Die von den Marktgesetzen beherrschte postmoderne Wirtschaftsgesellschaft lässt eine Leere entstehen, die mit der Austauschbarkeit aller Inhalte und der ihnen entsprechenden Werte zusammenhängt. Das von der Werbung angepriesene Produkt appelliert an den verunsicherten, seine Identität suchenden Einzelnen, der, wie David Riesman erkannte, nicht mehr autonom als *inner-directed individual* entscheidet, sondern sich als *other-directed individual* [76] an den anderen orientiert. Zu diesen anderen gehören die Werbefachleute, die Modeschöpfer und die *Trendsetter*, die ihm suggerieren, dass sie für eine maßgeschneiderte Identität sorgen können. Viele der von ihnen bevorzugten Ausdrücke wie „exklusiv", „unverwechselbar", „am Puls der Zeit" oder „für Individualisten" konnotieren Einmaligkeit, Originalität und Charakter.

Der postmoderne Körper- und Medienmensch, der sich immer seltener mit seinem *Ipse* als Veranlagung befasst, weil er sich eher auf sein *Smartphone* als auf sein Gedächtnis verlässt, versucht, mit Hilfe der den Markt beherrschenden Anderen seine Identität als „Gleichheit" oder *mêmeté* (Ricœur) zu konstruieren, und entfremdet sich von sich selbst (von seinem *Ipse*). Er kleidet sich nach der neuesten Mode, erwirbt eine Armbanduhr, die ein berühmter Politiker oder Filmschauspieler trägt, und verbringt seinen Urlaub in Ländern und Badeorten, die gerade „in" sind. Doch die Mode ändert sich rasch, die Berühmtheiten geraten in Vergessenheit, die Gleichheit wird von Diskontinuitäten unterbrochen, und die Identität zerfällt.

---

[76] Vgl. D. Riesman, *Die einsame Masse. Eine Untersuchung der Wandlungen des amerikanischen Charakters*, Hamburg, Rowohlt, 1970.

Aus psychologischer Sicht besteht das Problem darin, dass das postmoderne Subjekt ein von den anderen begehrtes und bewundertes Idealich vor Augen hat und nicht ein Ichideal, das es aufgrund seiner Veranlagung oder Begabung im Interesse der Gesellschaft verwirklicht: als Künstler, Wissenschaftler oder Arzt. Die Werbung spricht dieses Idealich an, weil sie suggeriert, dass es genügt, ein bestimmtes Produkt zu erwerben oder auf eine bestimmte Art zu konsumieren, um in der Gesellschaft erfolgreich zu sein und bewundert zu werden. Dabei geht es u.a. um „Unwiderstehlichkeit“: „Unwiderstehlich gewagt. Unübertroffen präzise“. (Yves Saint Laurent: Mascara volume effet faux cils, in: *ELLE*, August 2013, S. 21.) Erfolgreich ist vor allem die Werbung selbst, der es immer wieder gelingt, narzisstische Individuen anzulocken, die sich bisweilen in Schulden stürzen, nur um sich ein bestimmtes *Image* zuzulegen.

Dieses *Image* ist *weitgehend mit dem Idealich identisch* und ist ein Symptom der Selbstentfremdung, weil es Ausdruck des marktvermittelten *Trends* ist, der von den anderen begehrt und bewundert wird. Der erfolgreiche *Image*-Träger kann hoffen, von den anderen so begehrt und verehrt zu werden, wie er einst von seiner Mutter als Kind begehrt und verehrt wurde: ohne Anstrengung und Verdienst. Die Werbung bestärkt ihn in dieser Hoffnung und ermutigt ihn, im Imaginären (Lacan) zu verharren.

Doch das *Image* ist als Marktprodukt ebenso flüchtig wie die marktvermittelte Mode. Es geht aus der Täuschung hervor, die das Imaginäre im Sinne von Lacan beherrscht: aus der Hoffnung, den Vater bei der Mutter ersetzen zu können und Phallus für die Mutter zu sein. Analog dazu und aufgrund seiner Regression ins Imaginäre hofft der postmoderne Narzisst, die anderen durch sein *Image* betören zu können, um sich ihr anhaltendes *Begehren* (*demande*, Lacan) zu sichern. Als kurzlebiges Marktidol (*idol of the marketplace*, sagt Francis Bacon) muss das *Image* in immer kürzeren Abständen erneuert werden, so dass es im Lebensentwurf des Narzissten immer häufiger zu Wenden und Brüchen kommt, die seine Subjektivität als kohärente Identitätskonstruktion in Frage stellen.

„Seinem Leben Sinn verleihen“, erklärt Richard Schmitt, „bedeutet, sein Leben als zusammenhängende Erzählung gestalten, ohne fantastische Geschichten zu ersinnen. Sich selbst sein setzt voraus, die eigene

Identität zu konsolidieren und seine Selbstachtung zu stärken, indem man Anerkennung erntet und den anderen zuteil werden läßt."[77]

Hier wird Subjektivität im Sinne eines auf gesundem Narzissmus gründenden Ichideals beschrieben, das durch ständige Interaktion mit anderen Subjekten zustande kommt. Identität als „zusammenhängende Erzählung" erscheint hier als Ergebnis eines unabschließbaren Dialogs mit den Anderen und ihrer Andersheit. Dieser Dialog ist mit dem Leben des Einzelnen koextensiv.

Die von Markt und Werbung beherrschte *Image*-Suche ist auf das Idealich ausgerichtet und lässt weder Kohärenz noch einen genuinen Dialog mit dem Anderen und Andersartigen zu. Sie führt nicht nur deshalb zu Inkohärenz und Identitätsverlust, weil die marktvermittelten Moden und *Trends* einander immer schneller ablösen, sondern auch deshalb, weil der Dialog mit dem Anderen atrophiert. Die Einstellung des Narzissten im Sinne des Idealichs ist monologisch: Ihm ist der Andere nur Vorwand[78], nur Spiegel, in dessen Augen er Bewunderung, ja sogar Neid sucht, um seine eigene Überlegenheit bestätigt zu sehen. Da jeder aber Vorwand für ein anderes begehrenswertes *Image* ist, das bald von einem neuen *Image* abgelöst wird, zerfällt die Einheit des Subjekts im Laufe der Zeit. Es bleiben nur Fragmente.

In diesem Zusammenhang sprechen verschiedene Theoretiker der postmodernen Gesellschaft nicht zu Unrecht vom „geteilten Selbst" („soggetto scisso", Vattimo)[79] oder vom „Divisum" statt „Individuum". So heißt es beispielsweise bei Günther Anders, der den Terminus „Postmoderne" wohl nicht kannte, in seinen Untersuchungen über das Fernsehen jedoch postmoderne Zustände antizipiert: „Selbst diese numerische Individualität ist nun also verspielt; der numerische Rest ist selbst noch einmal *‚dividiert', das Individuum in ein ‚Divisum' verwandelt*, in eine Mehrzahl von Funktionen zerlegt."[80]

In einem anderen Zusammenhang, aber in frappierender Analogie zu Anders, führt Michel Maffesoli Jahrzehnte später den Ausdruck *dividu* ein, der ein Zerfallsprodukt des *individu* (Individuum) bezeichnet: „Der Tod des Individuums kündigt tatsächlich das Auftreten des

---

[77] R. Schmitt, *Alienation and Freedom*, op. cit., S. 80.

[78] Vgl. Vf., *Narzissmus und Ichideal*, op. cit., S. 88-101.

[79] G. Vattimo, *Al di là del soggetto. Nietzsche, Heidegger e l'ermeneutica*, Mailand, Feltrinelli, 1991 (4. Aufl.), S. 48.

[80] G. Anders, *Die Antiquiertheit des Menschen*, op. cit., S. 141.

fragmentierten ‚Divisum' (‚dividu') an, das diffus und schwebend ist und eine multiple, zerstreute und unbestimmte Persönlichkeit hat."[81]

Hier sollten die zugleich gesellschaftlichen und psychischen Ursachen der Teilung und Fragmentierung untersucht werden: der Zerfall der Familie und die Schwächung des Ichideals als sozialer Instanz; die Vernachlässigung des *Ipse* als Subjektkern; schließlich die Hinwendung zum Idealich und zum ephemeren *Image* als einem marktvermittelten Idol der Werbung. In allen Fällen geht es um Aspekte der Selbstentfremdung, die stets mit der Entfremdung von den anderen einhergeht.

Zum Abschluss soll diese Problematik im Zusammenhang mit der virtuellen Welt von *Second Life* untersucht werden, die ihren Angehörigen oder Mitspielern die Gelegenheit bietet, einen zweiten Lebensentwurf jenseits der – oft enttäuschenden – gesellschaftlichen Wirklichkeit zu wagen. Ins Leben gerufen wurde diese Internet-Welt im Jahre 1999 von der in San Francisco gegründeten Firma Linden Lab und wird inzwischen von etwa achtundzwanzig Millionen Personen und ihren Avataren bewohnt. Jeder Bewohner wird durch einen Avatar vertreten, den er selbst als zweite Identität konstruiert (sanskr.: *avatara* = Abstammung; in der hinduistischen Religion jede der Inkarnationen Vischnus; allgemein: Verwandlung).

Zum technischen Aspekt heißt es in *Wikipedia* unter dem Stichwort *Second Life*: „Die Client-Software stellt ihren Nutzern, die als Bewohner bezeichnet werden, Werkzeuge zur Verfügung, um ihren Avatar zu gestalten, Objekte zu erschaffen, durch die Second-Life-Welt zu navigieren, die Welt durch eine erweiterte Kamerasteuerung zu betrachten und mit anderen zu kommunizieren."

Aus soziologischer Sicht ist die Tatsache nicht unwichtig, dass man in dieser virtuellen Welt auch „Land" erwerben und Geld verdienen kann: „Durch die Einbindung einer virtuellen Währung (L\$, Linden Dollars), die in eine reale Währung (US \$) transferiert werden kann, ist *Second Life* auch in den realen Wirtschaftskreislauf eingebunden." An anderer Stelle heißt es: „Unternehmen nutzen Second Life vor allem für PR-Zwecke (...)."[82]

---

[81] M. Maffesoli, „A chacun ses tribus, du contrat au pacte", in : M. Maffesoli, B. Perrier (Hrsg.), *L'Homme postmoderne*, op. cit., S. 97.
[82] M. S. Meadows, *I, Avatar. The Culture and Consequences of Having a Second Life*, Berkeley (CA), New Riders, 2008, S. 64. Vgl. auch: *Business Week*, Mai 2006: „Virtual World, *Real* Money".

Ähnlich wie den Unternehmen geht es auch den „Bewohnern" und ihren Avataren um eine Identitätskonstruktion als optimale und letztlich marktvermittelte Selbstdarstellung im Sinne des Idealichs. Wie in der realen Welt der Werbung geht es darum, ein begehrenswertes *Image* ins Leben zu rufen, das nun als Avatar gestaltet wird. Der Einzelne, dem Erfolg und Bewunderung in der sozialen Wirklichkeit versagt wurden, versucht als Bewohner von *Second Life*, seinen Narzissmus mit Hilfe seines Avatars zu befriedigen.

Wie stark die Affinität zwischen den *Images* der Werbung und den Avataren der virtuellen Welt ist, wird in einer Studie von S. Stillich deutlich: „Obwohl es potentiell unendlich viele Formen von Avataren gibt, sehen die meisten sich recht ähnlich – sie haben die Form von Menschen und mehrheitlich eine weiße Hautfarbe. Sie sind mittelalt, ,in ihren besten Jahren', Frauen und Männer verfügen über durchtrainierte Körper und gute Haut, eine hinreißende Frisur und gute Kleidung natürlich. Sie wirken erfolgreich, souverän und immer nur einen Hauch exzentrisch, nur eine Spur, sodass viele hinschauen, aber niemand wegsieht."[83]

Im Gegensatz zu Stillich, der nicht nur über eigene Erfahrungen in *Second Life* berichtet, sondern mit dem Anspruch auftritt, die virtuelle Welt der Avatare im kulturellen Kontext zu erklären, erzählt Mark Stephen Meadows in *I, Avatar* hauptsächlich von seinen Abenteuern in der elektronischen Fantasiewelt. Was er im Vorwort zu seinem Buch zu sagen hat, überschneidet sich jedoch in wesentlichen Punkten mit Stillichs Ausführungen.

Zunächst stellt er in einem kurzen Vorspann mit dem Titel „The Strange Migration" fest, dass dieses *Online*-Spiel integraler Bestandteil der Medienwelt ist: „Es ist eine Welt, die von den Leuten beherrscht wird, die auch die Medien beherrschen (...). Es ist eine Stadt, die auf den Medien gründet."[84] Anschließend bestätigt er Stillichs Eindrücke: „Und die Einwanderer sind jung, 70% der Bevölkerung sind zwischen 18 und 34."[85] Es folgt eine Beschreibung typischer Gestalten: „Sonnengebräunte, breitschultrige Adonise mit eckigen Kiefern wandeln durch die Landschaft, Menschen, die sich anscheinend

---

[83] S. Stillich, *Second Life. Eine Gebrauchsanweisung für die digitale Wunderwelt*, München, Goldmann, 2007, S. 166.
[84] M. S. Meadows, *I, Avatar*, op. cit., S. 7.
[85] Ibid., S. 7.

perfekter Gesundheit erfreuen, virile, fruchtbare griechische Götter, die soeben vom nahe gelegenen Olymp herabgestiegen sind."[86]

Kurzum, *Second Life* reproduziert die Welt der Werbung, die in U-Bahn, Bus und Kaufhaus allgegenwärtig ist und suggeriert, dass sie die verwirklichte Utopie, Marcuses „zweite Dimension", *ist*. Als Karikatur aller Utopien hat sie tatsächlich etwas von einer „zweiten Dimension", die jedoch an allen Ecken der Stadt von der sozialen Wirklichkeit Lügen gestraft wird: Während ein strahlendes Lächeln von der Betonwand ein problemloses Luxusdasein *made by Dior* anpreist, erhebt sich eine übergewichtige ältere Frau von der bekritzelten Bank an der Bushaltestelle, weil aus dem Nebel endlich der verspätete Bus auftaucht.

In *Second Life* wird die Welt der Werbung in ein *Online*-Märchen für Erwachsene verwandelt und nimmt einen interaktiven Charakter an. In diesem Märchen wird zwar nicht immer geworben, aber die meisten Avatare sind den kommerzialisierten Schablonen (auch denen der marktgängigen *Science-Fiction*- oder Horrorfilme) nachempfunden.

Die meisten dieser Schablonen zeugen von einer *Infantilisierung* der sie verwendenden Akteure: Wie Kinder, die sich mit Märchenhelden identifizieren, schlüpfen die Bewohner von *Second Life* in fantastische Rollen, von denen sie unbewusst erwarten, dass sie die Niederlagen und Enttäuschungen des Alltags kompensieren. So wird das *Online*-Spiel zu einer organisierten Selbstentfremdung: Es soll im virtuellen Bereich darüber hinwegtäuschen, dass das *Ipse* oder Selbst in der realen Gesellschaft sein Potenzial nicht verwirklicht hat oder gar verleugnet wurde. Der Avatar und seine Abenteuer werden zu einem Ersatz für den vom *Ipse* ausgehenden realen Lebensentwurf und die aus ihm hervorgehende Identitätskonstruktion. Der Avatar ersetzt die im Alltag scheiternde postmoderne Subjektivität. Der Umstand, dass er jederzeit durch einen neuen Avatar ersetzt werden kann, deutet an, dass sich Subjektivität in einer Vielzahl von Masken oder *Images* auflösen kann.

Diese Art von Subjektivität entspricht in jeder Hinsicht dem Ideal-ich, das sich ausschließlich an den Anderen und ihrem marktvermittelten Begehren orientiert, weil es aus dem Imaginären hervorgeht: aus dem narzisstischen Verlangen des Kindes nach dem Verlangen der

---

[86] Ibid.

Mutter. Dieses Verlangen wird vom infantilen Erwachsenen als Verlangen nach Anerkennung und Bewunderung im Alltag und in virtuellen Welten wie *Second Life* perpetuiert.

Dass dieses narzisstische Verlangen im *Online*-Spiel nicht nur zur Selbstentfremdung, sondern auch zur Entfremdung von den anderen führt, wird von Meadows bestätig: „Avatare wirken sich auf Familien aus. Experten für Familienrecht stellen fest, dass immer mehr Familien wegen virtueller Seitensprünge zerfallen."[87] Ähnlich wie das Fernsehen verstärkt *Second Life* die Isolierung des Einzelnen von seiner sozialen Umwelt: „(...) 15% der Interviewten berichteten, dass ihre sozialen Aktivitäten im realen Leben abnahmen. Sie verbringen beispielsweise 25% weniger Zeit mit Telefongesprächen mit Freunden und Familienangehörigen."[88] Das ist nicht verwunderlich: Denn wirkliche Menschen haben reale Probleme, die auch mit ihrer Andersartigkeit zusammenhängen. Vor dieser flieht aber der Narzisst als Idealich in virtuelle Welten.

Zu diesen gehört auch das *Facebook* als Medium der Selbstdarstellung, das von der sozial bedingten Persistenz der narzisstischen Einstellung zeugt. Es soll hier nicht kommentiert werden. Es ist jedoch wahrscheinlich, dass mittelfristig andere Medien dieser Art ins Leben gerufen werden, um das narzisstische Verlangen im Sinne des Idealichs zu befriedigen und die Flucht aus Arbeit und Alltag zu erleichtern.

5. Die Ambivalenz der Religion: Religion als Symptom der Entfremdung und als Schutz vor ihr (Epilog)

Ähnlich wie die im zweiten Kapitel kommentierte Ideologie ist die Religion eine ambivalente Erscheinung, die einerseits Sinn stiftet und Menschen miteinander verbindet, andererseits mit ihren Lehren von einem Leben nach dem Tod versucht, die im „Diesseits" Ausgebeuteten und Unterdrückten auf ein „Später" zu vertrösten. Das „Jenseits", in dem vollkommene Gerechtigkeit herrschen soll, werde das erlittene Unrecht ungeschehen machen.

---

[87] Ibid., S. 70.
[88] Ibid., S. 82.

Marx, Engels und die Linkshegelianer haben die religiöse Illusionsbildung zwar durchschaut und zu Recht darauf hingewiesen, dass der Mensch (als Mann) Götter und Gott nach seinem Ebenbild konstruiert (wobei die patriarchalische Gesellschaftsordnung zum Tragen kommt); sie haben jedoch zwei soziale Aspekte der Religion übersehen: 1. ihre genetische und strukturelle Differenz von der Ideologie und 2. ihre Funktion, Individuen und Gruppen Schutz vor existenzieller Entfremdung zu bieten. Sie haben die Religion – durchaus richtig – als Symptom der Entfremdung erklärt, haben aber ihre funktionale Ambivalenz nicht wahrgenommen.

Zum ersten Punkt ist Folgendes zu sagen: Während Religion eine vorbürgerliche Erscheinung ist, die in feudalen Gesellschaften mit der Kultur nahezu koextensiv war, so dass es in diesem Zusammenhang sinnvoll erscheint, von einer christlichen oder islamischen Kultur zu sprechen, ist die Ideologie ein Produkt der bürgerlichen Gesellschaft. Davon zeugt Destutt de Tracys Werk *Eléments d'idéologie* (1801-1815), in dem das Wort „Ideologie" zum ersten Mal als Begriff vorkommt und systematisch kommentiert wird.

Nicht nur der Begriff wurde von einem modernen Intellektuellen geprägt, sondern Ideologien in allen ihren Varianten sind Konstruktionen von Intellektuellen oder Intellektuellengruppen. Man denke an Erscheinungen wie Anarchismus, Anarchosyndikalismus, Faschismus, Marxismus-Leninismus und Feminismus. Im Gegensatz dazu gründen Religionen auf heiligen Schriften, Prophetien und jahrhundertealten Traditionen, die in nahezu allen Gesellschaften kurzlebige Ideologien überdauert haben.

Insofern ist Marx' Versuch, die Religion zusammen mit Moral und Metaphysik der Ideologie zu subsumieren, fragwürdig: „Die Moral, Religion, Matephysik und sonstige Ideologie und ihnen entsprechenden Bewußtseinsformen behalten hiermit nicht länger den Schein der Selbständigkeit."[89] Diesen Schein sollen sie durchaus verlieren, aber auch als *soziale Erscheinungen* unterscheiden sie sich wesentlich voneinander.

Der Unterschied zwischen Religion und Ideologie liegt nicht nur im genetisch-historischen, sondern auch im strukturellen Bereich. Während alle Religionen – sowohl polytheistische als auch monothe-

---

[89] K. Marx, *Die Frühschriften. Von 1837 bis zum Manifest der kommunistischen Partei 1848* (Hrsg. S. Landshut), Stuttgart, Kröner, 1971, S. 349.

istische – auf dem semantischen Gegensatz *heilig / profan* gründen, werden Ideologien von weltlichen Gegensätzen strukturiert wie *männlich / weiblich*, *Sozialismus / Kapitalismus* oder *Heimat / Ausland*. Dazu bemerkt R. Bocock: „Religion kann als ein Zusammenspiel von Glaubenssätzen, Werten, Symbolen, Riten, sozialen Rollen, Organisationen und Gruppen definiert werden, die nach Durkheim dem Bereich des Heiligen angehören, dem, was vom Alltagsleben geschieden wird."[90]

Als Wertsystem dieser Art versucht die Religion, auf die existenzielle Frage des Einzelnen zu antworten: „Was wird aus mir?" Die Ideologen, die die „Größe der Nation", das „Glück künftiger Generationen im Sozialismus" oder die „vor der Öko-Katastrophe bewahrte Menschheit" ins Spiel bringen, argumentieren an dieser Frage vorbei (und meistens auch an der Sache, von der sie reden). Den ersehnten Trost spendet auch nicht die sachliche Antwort des Lebemanns: „Wenn ich tot bin, ist die Party eben zu Ende."

Diese stets offene Frage mag es sein, die so manchen einsamen Narzissten zur Religion treibt. „Der Reiz des Religiösen", schreibt Lipovetsky, „ist nicht von der narzisstischen Entleerung des flexiblen Individuums zu trennen, das sich selbst sucht (...)."[91] Er weist in diesem Zusammenhang auf die Vielzahl religiöser Sekten hin, die sich eines regen Zulaufs erfreuen, zumal sie wie die ideologischen Gruppen auf Sinnzerfall und Indifferenz reagieren.

„Wollen Sie (...), daß mein Leben keinen Sinn hat?"[92] schreit der christliche Untersuchungsrichter dem ihm vorgeführten Meursault in Camus' *Der Fremde* ins Gesicht. Der gleichgültige Ich-Erzähler Meursault, der die Postmoderne vorwegnimmt, kommentiert: „Meiner Meinung nach ging mich das nichts an, und das sagte ich ihm auch."[93]

Jeder für sich: Meursault hat intuitiv begriffen, dass die Religion weder verbindend noch verbindlich ist. Am Ende des Säkularisationsprozesses ist sie zu einem Subsystem der Gesellschaft zusammengeschrumpft, in das man eintreten kann, so wie man in die Kunst, die Wissenschaft, die Wirtschaft oder den Sport eintritt.[94] Dennoch tritt

---

[90] R. Bocock, „Religion in Modern Britain", in: R. Bocock, K. Thompson (Hrsg.), *Religion and Ideology*, Manchester, Univ. Press, 1985, S. 207.

[91] G. Lipovetsky, *L'Ere du vide*, op. cit., S. 170.

[92] A. Camus, *Der Fremde*, Reinbek, Rowohlt, 1961, S. 71.

[93] Ibid.

[94] Vgl. N. Luhmann, *Funktion der Religion*, Frankfurt, Suhrkamp, 1977, S. 189.

sie als einzige weiterhin mit dem Anspruch auf, die beiden komplementären Fragen zu beantworten: „Welchen Sinn hat das Leben, und was wird aus mir?"

Sie ist der einzige kollektive Versuch, die existenzielle und kosmische Entfremdung zu überwinden, die darin besteht, dass der Mensch (u.U. auf verschiedenen Planeten) möglicherweise allein im Kosmos ist: als Einzelner und als Menschheit. Die Vertreter monotheistischer Religionen gehen mit Pascal die „Wette" (*pari*)[95] ein, dass der Kosmos ein Subjekt hat und dass dieses göttliche Subjekt den Menschen erwartet. Wer sich dieser Wette anschließt, mag sich von der Welt weniger entfremdet fühlen: Er findet innerhalb der religiösen Erzählung, die er sich zu eigen macht, den gesuchten Sinn.

Der Wissenschaftler, der von Montaignes Frage „Was weiß ich?" und von Kants komplementärer Frage „Was kann ich wissen?" ausgeht, kann sich dieser Wette nicht anschließen. Ihm erscheinen Theismus und Atheismus als funktional und strukturell verwandte Dogmatisierungen, die mit der dialogisch strukturierten, kritisch-selbstkritischen Theorie unvereinbar sind (vgl. Kap. II. 4).

Es kommt hinzu, dass Religion und Ideologie als monologische Glaubensdiskurse dazu neigen, das Andersartige und Fremde vorab auszuschließen. Davon zeugen sowohl die katholische Inquisition als auch der islamische Fundamentalismus: Der Andere wird – narzisstisch – als zu beseitigendes Hindernis aufgefasst, nicht als Gesprächspartner, von dem man lernen kann. Wie in der Ideologie (vgl. Kap. II. 4) führt diese Verdinglichung des Anderen und Andersartigen zur sozialen Entfremdung. Dieser Art von ideologischer und religiöser Verdinglichung und Entfremdung haben Marx und Engels kaum Beachtung geschenkt – möglicherweise weil ihr eigener Diskurs streckenweise ein Glaubensbekenntnis und ein Monolog ist.

---

[95] Vgl. B. Pascal, *Pensées*, Paris, Seuil, 1962, S. 188: „Oui, mais il faut parier."

V. Ästhetische Verfremdung als Gesellschaftskritik

Verfremdung kann als *ästhetisches Pendant zum Begriff der Entfremdung* aufgefasst werden. Als sozialer Seismograph reagiert Kunst auf verschiedene Aspekte gesellschaftlicher Entfremdung mit Kritiken, Übertreibungen, Parodien und Verzerrungen, die auf Ungereimtheiten und Missstände aufmerksam machen. Während Vertreter des Realismus und Naturalismus diese Missstände häufig beim Namen nennen (man denke an Francisco Goyas Radierungen *Los desastres de la guerra*, Gerhart Hauptmanns Drama *Die Weber* oder Charles Dickens' Roman *Hard Times*), gilt das ästhetische Interesse der spätmodernen und postmodernen Kunst nicht primär der Thematik, sondern den sich stets erneuernden Techniken oder Verfahren der Darstellung, des Erzählens und der dramatischen Aufführung.

Im Kontext der Kritischen Theorie (Adornos, Horkheimers), die hier als Theorie der Entfremdung auf soziologischer und sozialpsychologischer Ebene weiterentwickelt wird, kann eine unverbrüchliche Solidarität zwischen kritischer Gesellschaftstheorie und kritischer Kunst postuliert werden. Seit Horkheimers und Adornos *Dialektik der Aufklärung* (1944) weist diese Kunst den Weg, der aus der fatalen rationalistischen Verstrickung in Naturbeherrschung und Herrschaftsdenken hinausführt (vgl. II. 1).

Selbst wenn man sich weigert, Adorno zu folgen und die Kritische Theorie auf die künstlerische Mimesis auszurichten, weil sich im Anschluss an Adornos Essayismus eine Dialogische Theorie (der Theoriebildung und der Subjektivität: vgl. Kap. II. 4)[1] anbietet, wird man das kritische Potenzial der Kunst nicht aus den Augen verlieren. Ihr *Wahrheitsgehalt* (Adorno) wird der Theorie weiterhin als Orientierungspunkt dienen, zumal wenn es darum geht, nicht nur die soziale Entfremdung, sondern auch die Kunst, die auf diese Entfremdung mit neuen Formen und Verfahren antwortet, besser zu verstehen.

Zu Bertolt Brechts *Verfremdungseffekt* schreibt Ernst Bloch, der wohl als erster den *Nexus von Entfremdung und Verfremdung* untersucht hat: „Der ,Verfremdungseffekt' geschieht jetzt als Abrückung, Verlegung eines Vorgangs, Charakters aus dem Gewohnten, damit er

---

[1] Vgl. Vf., *Essay / Essayismus. Zum theoretischen Potenzial des Essays: Von Montaigne bis zur Postmoderne*, Würzburg, Königshausen und Neumann, 2012.

als weniger selbstverständlich betrachtet werden könne. Wonach gegebenenfalls die Schuppen von den Augen fallen – exempla docent, doch eben nur indirekte. Nicht zuletzt soll dadurch gerade die heimische Entfremdung gemerkt werden (...)."[2]

Im Anschluss an Brecht definiert Klaus Detlef Müller Verfremdung als ein Verfahren, das die Alltagsroutine durchbricht und dem Leser oder Betrachter hilft, die Wirklichkeit in einem neuen Licht wahrzunehmen: „Verfremdung ist eine Darstellung, ‚durch die das Geläufige auffällig, das Gewohnte erstaunlich‘ wird (...), den Schein des Natürlichen und Nicht-Änderbaren verliert."[3] Er spricht von „Entautomatisierung" und erinnert daran, dass Brecht den Begriff in den 1930er Jahren von den russischen Formalisten (vor allem V. Šklovskij) übernahm. Die knappste Begriffsbestimmung findet sich wohl bei Christof Šubik: „Fremdmachen zum Zwecke des Erkennens."[4] Es geht folglich, wie Bjørn Ekmann richtig bemerkt, um einen wirkungsästhetischen Begriff.[5]

Zur Verfremdung im Sinne einer kritischen Bewusstseinsbildung merkt Ekmann an: „Verfremdung im *weiteren* Sinne (…) trägt zur aktiven Reflektiertheit und damit zur selbständigen Bewußtseins- und Persönlichkeitsbildung bei (…)."[6]

Kunst und Literatur sollen – gemeinsam mit kritischen Theorien – verhindern, dass Menschen in der gesellschaftlich bedingten Entfremdung heimisch werden und schließlich an *Burnout* oder Depressionen leiden, ohne die Ursachen zu kennen. Wenn Brecht als Alternative zum aristotelischen Drama der Katharsis ein verfremdendes Episches Theater ins Leben ruft, in dem Handlungen durch kritische Kommentare, Gesten und Songs unterbrochen werden, die zum Nachdenken einladen, stellt er das Alltäglich-Selbstverständliche in Frage und lässt

---

[2] E. Bloch, „Entfremdung, Verfremdung", in: ders., *Literarische Aufsätze*, Frankfurt, Suhrkamp, 1965, S. 278.

[3] K.-D. Müller, *Bertolt Brecht. Epoche – Werk – Wirkung*, München, Beck, 2009, S. 122.

[4] Ch. Šubik, *Einverständnis, Verfremdung und Produktivität. Versuche über die Philosophie Bertolt Brechts*, Wien, Verlag des Verbandes der wissenschaftlichen Gesellschaften Österreichs, 1982, S. 113.

[5] B. Ekmann, „Fremdheit im ästhetischen Erlebnis. Erlebnisdichtung, Erlebniskrise, Verfremdung und Phantasie", in: B. Ekmann, H. Hauser, W. Wucherpfennig (Hrsg.), *Fremdheit, Entfremdung, Verfremdung*, Bern-Berlin-Frankfurt, Peter Lang, 1992, S. 78.

[6] Ibid., S. 97.

es als das Fremde und täglich Entfremdende erscheinen, wobei den Zuschauern „die Schuppen von den Augen fallen".

Freilich war Brecht nicht der erste, der sich vornahm, durch verfremdende Verfahren die allgegenwärtige Entfremdung sichtbar zu machen. Vor ihm versuchte schon Voltaire, Vorurteile des französisch-europäischen Alltags ins Blickfeld seiner Leserschaft zu rücken, indem er in *Le Huron ou L'Ingénu* (1767) diesen Alltag von einem nordamerikanischen Indianer erzählen und kommentieren ließ. Dessen kritisch relativierende Naivität erben sowohl Camus' Ich-Erzähler Meursault, der den ideologischen Monolog der Justiz in Frage stellt, als auch Queneaus kleine Zazie (in *Zazie dans le métro*, 1959), deren kindliche Kommentare die scheinbar heile Welt der Erwachsenen aus den Angeln heben.

Im Folgenden sollen vorwiegend zeitgenössische (postmoderne) Werke der Literatur die im zweiten, dritten und vierten Kapitel kommentierten *Schlüsselbegriffe* veranschaulichen und ihre ästhetischen Aspekte beleuchten.

1. Naturbeherrschung, Arbeitsteilung: Gert Jonkes literarische Geometrie

Es mag durchaus sein, dass, wie Jean-Marc Lachaud bemerkt, „in einer Welt, in der sich nichts dem Zugriff des Kapitals zu entziehen vermag, das kritische Vermögen der Kunst zwangsläufig gefährdet ist (…)."[7] Indessen zeigt ein Autor wie Gert Jonke, dass sowohl dem Roman als auch dem Drama ein kritisches Potenzial innewohnt, das selbst in der eindimensionalen Postmoderne entfaltet werden kann.

Sein *Geometrischer Heimatroman* (1969) zeugt nicht nur, wie es in einer Kurzdarstellung lapidar heißt, „von der Veränderung von Dorf und Landschaft durch Zersiedlung"[8], sondern von der Unmöglichkeit der Gattung „Heimatroman" in einer Zeit, in der die intensiver werdende *Naturbeherrschung* so schnell fortschreitet, dass ein Heimkehrer nach längerer Abwesenheit seine Heimat nicht wiedererkennt. Nicht nur der kommerzialisierte Heimatroman wird parodiert, weil er

---

[7] J.-M. Lachaud, *Art et aliénation*, Paris, PUF, 2012, S. 165-166.
[8] „Gert Jonke", in: G. von Wilpert (Hrsg.), *Lexikon der Weltliteratur*, Stuttgart, Kröner, 1975 (2. Aufl.), S. 808.

als begehrtes Ideologem die Zerstörung der Heimat kaschiert[9], sondern Heimat als Begriff und Vorstellung wird fragwürdig.

Das Dorf, das im Heimatroman mit klischeehaften Ausdrücken beschrieben wird, die Nähe, Vertrautheit und Zuneigung evozieren, wird bei Jonke von einem distanzierenden Blick verfremdet, den der Angestellte eines Geodesie-Instituts auf die zu vermessende Landschaft wirft: „Das Dorf liegt in einem Kessel. – Es ist von Bergen umgeben. – Der Silhouettenrand der Bergkette im Norden des Dorfes hat die Form vierer Kurven, die ineinander übergehen: eine Sinuskurve, eine Cosinuskurve und eine Sinus- und eine Cosinuskurve um je eindreiviertel Phasen verschoben."[10]

Die von Jonke und seinem Erzähler gewahrte Distanz erfüllt eine doppelte Funktion: Es ist einerseits die ästhetische Distanz zu den Stereotypen einer kommerzialisierten Literatur, die mit ihren marktgängigen Ideologemen wesentlich dazu beiträgt, dass die sozialen Folgen der Naturbeherrschung verschleiert, verschwiegen werden. Es ist andererseits die – freilich parodierte – Distanz des Landvermessers, der das scheinbar wertfreie Herrschaftsprinzip als Zweckrationalität vertritt. Streng genommen sieht er gar keine Landschaft, sondern nur geometrische Figuren, die dazu dienen, den Bau einer Schnellstraße oder Autobahn zu ermöglichen.

Eine ähnlich distanzierte Schreibweise fordert Alain Robbe-Grillet in *Pour un nouveau roman*, wo er sich für eine „sachliche" und emotionsfreie Darstellung der Wirklichkeit einsetzt. Er lehnt anthropomorphe Metaphern wie „majestätisches Gebirge", „unbarmherzige Sonne" oder das sich „an das Tal anschmiegende Dorf" ab. „Was verlöre das Dorf", fragt er, „wenn es bloß im Tal läge?"[11] Es verlöre lediglich die Komplizenschaft mit dem menschlichen Betrachter, auf die auch Jonke in seiner „geometrischen" Darstellung des Dorfes verzichtet.

Den beiden Autoren ist nicht nur die ideologische und kommerzialisierte Komplizenschaft peinlich, die im literarischen Klischee zum

---

[9] Vgl. G. Tedman, *Aesthetics and Alienation*, Winchester-Washington, Zero Books, 2012, S. 54: „In this sense the ‚popular' entertainment industry really does appear to be a branch of the world-wide and very lucrative trade in narcotics (…)."

[10] G. Jonke, *Geometrischer Heimatroman*, Salzburg-Wien, Jung und Jung, 2004, S. 8.

[11] A. Robbe-Grillet, *Pour un nouveau roman*, Paris, Gallimard, 1963, S. 60. (Alle Übersetzungen stammen vom Autor.)

Ausdruck kommt; ihre Texte heben auch die sachliche, wissenschaftliche Distanziertheit des Landvermessers oder Ingenieurs (Robbe-Grillet war zunächst Ingenieur) hervor, dem jede Art von anthropomorpher Komplizenschaft mit einer Landschaft aus beruflichen Gründen fremd sein muss.

Als spezialisierter Techniker hat er nur die Beherrschbarkeit der Natur und die Durchführbarkeit des ihm anvertrauten Projekts im Blick. In seiner Freizeit mag er ein begeisterter Leser von Heimatromanen sein, aber seine Freizeitlektüre wird ihn nicht daran hindern, als hochspezialisierter Fachmann wesentlich zur „Erschließung" unzugänglicher oder schwer zugänglicher Naturbereiche beizutragen. Es überrascht kaum, dass bei Jonke auch sein *arbeitsteiliger Blick* in einem ironischen Licht erscheint und parodiert wird.

Nicht ohne Ironie stellt Jonke in seinem viel später entstandenen Theaterstück *Die versunkene Kathedrale* (2006) die zeitgenössische Tendenz dar, Natur durch künstliche Einrichtungen zu ersetzen; eine Tendenz, die im zweiten Kapitel im Zusammenhang mit Naturphobien kommentiert wurde (II. 1). Er stellt sich eine Welt vor, in der die (schon ausgestorbenen) lebenden Tiere durch elektrische ersetzt wurden. Es sind Wunderwerke der Technik: „Und es schmerzt diese vermeintlichen Erfinder, dass sie diese Wunderwerke einer neuen Art von wirtschaftlichen Schöpfungssparte in ihrer wahren Wesenheit der Öffentlichkeit verheimlichen müssen, die auf dergleichen wenig vorbereitet ist und sicher sehr erschrecken würde, jedoch weniger aufgrund der Tatsache, dass es keine lebenden Tiere mehr gibt, sondern nur noch elektrische – das würden die Leute sehr schnell verschmerzen –, als vielmehr wegen der Ununterscheidbarkeit der elektrischen Maschinentiere von den echt lebenden Tieren, der man derart rettungslos auf den Leim geht."[12] In der Pflanzenwelt gehört diese Art von Täuschung bereits zum Alltag.

Die ästhetische Verfremdung kommt in diesem Fall nicht so sehr im Inhaltlichen zum Ausdruck, in der Tatsache, dass in einer Fantasiewelt lebende Tiere durch elektrische ersetzt wurden, sondern in einer ironischen Schreibweise, die die Unempfindlichkeit des heutigen Menschen allem Natürlichen gegenüber als selbstverständlich voraussetzt. Das „entautomatisierende" ironische Verfahren soll – ähnlich

---

[12] G. Jonke, *Die versunkene Kathedrale*, Frankfurt, Verlag der Autoren, 2006, S. 97-98.

wie das „geometrische" im Roman – auf das katastrophale *Missverhältnis von Mensch und Natur* aufmerksam machen und der Leserschaft oder Hörerschaft die Folgen der Naturbeherrschung vor Augen führen. Es fragt sich allerdings, ob verfremdende Verfahren dieser Art tatsächlich die von Ekmann erwartete „aktive Reflektiertheit" bewirken und die fortschreitende Entfremdung ins Bewusstsein rücken.

2. Naturbeherrschung, Arbeitsteilung, Verdinglichung: *Thomas Bernhards Parodie des Genies und der Subjektivität*

Wie Jonkes *Geometrischer Heimatroman* ist Thomas Bernhards Kurzroman *Der Untergeher* (1983) in erster Linie eine literarische Parodie: des klassisch-romantischen Geniebegriffs und des Künstlerromans. Diese Parodie wird jedoch durch konkrete gesellschaftliche Prozesse ermöglicht: durch *Naturbeherrschung als Selbstbeherrschung*, die zu einer *verdinglichenden* Angleichung an die Maschine führt, und durch eine *Spezialisierung*, die extreme Einseitigkeit bewirkt.

Der Plot des Romans, in dem drei Pianisten – der Ich-Erzähler, Glenn Gould und Wertheimer – auftreten, kann mit wenigen Worten wiedergegeben werden: Der Ich-Erzähler und Wertheimer brechen ihre Musiker-Laufbahnen ab, sobald sie erkennen, dass sie die von Glenn Gould inkarnierte Perfektion nie erreichen werden. Ihre selbstzerstörerische Erkenntnis bildet eine Art Leitmotiv des Romans und wird an entscheidenden Stellen der Erzählung variiert: „Ich selbst hatte, wie ich glaube, noch besser als Wertheimer gespielt, aber ich hätte niemals so gut spielen können wie Glenn und ich habe aus diesem Grund (also aus demselben Grund wie Wertheimer!) das Klavierspiel von einem Augenblick auf den anderen aufgegeben."[13]

Es geht jedoch nicht um das Klavierspiel allgemein oder gar um selbständiges Komponieren, sondern um die möglichst perfekte Wiedergabe von Bachs *Goldbergvariationen*, die Glenn Gould auf scheinbar geniale, unnachahmbare Art bewältigt. Dabei degradiert er sich als hochspezialisierter Techniker zu einer Kunstmaschine: „Schließlich hätten Menschen wie Glenn sich am Ende zur *Kunstmaschine* gemacht, hätten mit einem Menschen nichts mehr gemein, erinnerten nur

---

[13] Th. Bernhard, *Der Untergeher*, Frankfurt, Suhrkamp (1983), 1988, S. 14.

noch selten daran, dachte ich."[14] Ununterbrochene Selbstdisziplinie-rung, die, wie Adorno und Horkheimer anhand von Odysseus zeigen, ein Aspekt der Naturbeherrschung ist (vgl. II. 1), hat den Verlust menschlicher Subjektivität, Spontaneität und Freiheit zur Folge.

Diese drei Faktoren machen aber das Genie im klassisch-romantischen Sinne aus. So heißt es beispielsweise in J. F. de Saint-Lamberts *Enzyklopädie*-Artikel zum Stichwort „Genie": „Das Genie ist reine Gabe der Natur" – und: „Die Weite des Geistes, die Vorstel-lungskraft und die Regsamkeit der Seele, das macht das *Genie* aus."[15]

Thomas Bernhards fiktiver Glenn Gould ist das Gegenteil von alle-dem: Durch anhaltende Selbstdisziplinierung und Angleichung an die Maschine hat er die ihm eigene Natur als „Naturgabe" abgetötet; durch *Spezialisierung* auf einen winzigen Ausschnitt der Musikwelt hat er die dem Genie eigene „Weite des Geistes" auf ein Minimum reduziert, das nur als Parodie von Genialität und Subjektivität gelten kann. Es kommt hinzu, dass Bernhard in seinem Roman ausschließ-lich reproduzierende Künstler (Pianisten) auftreten lässt, die als solche der Definition des Genies („Spontaneität und Originalität")[16] wider-sprechen.

Denn das perfekte Reproduzieren gelingt der Maschine besser als dem begabtesten Menschen. Davon zeugt der Versuch einer amerika-nischen Softwarefirma, Alfred Corot und den wirklichen Glenn Gould zu neuem Leben zu erwecken: „Ein ‚Live-Konzert' zweier toter Pia-nisten will eine Softwarefirma im US-Staat North Carolina organisie-ren. Zwar können die Techniker Glenn Gould und Alfred Corot nicht wieder zum Leben erwecken, wohl aber deren Art, die Tasten anzu-schlagen. Das Unternehmen Zenph Studios in Raleigh digitalisierte zwei 50 und 77 Jahre alte Aufnahmen der Musiker mit einem neuen Verfahren, wie das britische Wissenschaftsmagazin *New Scientist* be-richtete. Das eigentliche Klavierspiel übernehme bei dem Konzert ein automatisches Piano, dessen Tasten über einen Computer gesteuert werden."[17] Der Traum des fiktiven Glenn Gould, mit seinem *Stein-*

---

[14] Ibid., S. 132.

[15] J. F. de Saint Lambert, „Genie", in: J. Le Rond d'Alembert, D. Diderot u.a., *En-zyklopädie. Eine Auswahl* (Hrsg. G. Berger), Frankfurt, Fischer, 1989, S. 148.

[16] „Genie", in: *Meyers Enzyklopädisches Lexikon*, Bd. X, Mannheim-Wien-Zürich, Lexikon Verlag, 1974, S. 61.

[17] „‚Live-Konzert' toter Pianisten", in: *Forschung und Lehre* 6, 2005, S. 319. (Quel-le: dpa-Wissenschaft, 25. April 2005.)

way-Klavier zu verschmelzen[18], wird in dem Augenblick zur Wirklichkeit, da das computergesteuerte Instrument die reproduzierende Tätigkeit des toten Pianisten fortsetzt und Bachs *Goldbergvariationen* weiter spielt.

Einem Schriftsteller wie Bernhard liegt nichts daran, Arbeitsteilung und Verdinglichung im Roman darzustellen; indem er aber den Geniebegriff und indirekt den Künstlerroman parodiert, macht er die sozialen Prozesse sichtbar, die eine naive Verwendung des Geniebegriffs und der Genieästhetik verbieten und zugleich den Künstlerroman als eine der Künstlersubjektivität verpflichtete Gattung in Frage stellen. Dadurch wird Parodie als verfremdendes Verfahren (im Sinne des russischen Formalismus) zur Gesellschaftskritik.

Bernhard und Jonke treffen sich in einem entscheidenden Punkt: Indem sie den anachronistischen Charakter ästhetischer Begriffe und literarischer Gattungen erkennen lassen, werfen sie Licht auf den Zustand der Gesellschaft und die in ihr fortschreitende Entfremdung als Verdinglichung.

3. Tauschwert und Indifferenz, Anonymität und Beschleunigung: Alain Robbe-Grillets Parodie des Kriminalromans und des Romansubjekts

Alain Robbe-Grillets Roman *Le Voyeur* (1955) könnte auf denotativ-soziologische Art als unmittelbare Darstellung gesellschaftlicher Prozesse wie Kommerzialisierung, Beschleunigung und Verdinglichung[19] gelesen werden. Einer solchen Lektüre würden allerdings wesentliche Aspekte eines literarischen Werks entgehen, in dem die Gattung „Kriminalroman" zusammen mit dem traditionellen Erzählen und der tradierten Auffassung des „Helden" parodiert wird. Es soll hier in aller Kürze gezeigt werden, wie *Le Voyeur* mit literarisch-ästhetischen Verfremdungen auf gesellschaftliche Entfremdung reagiert.

Die Romanhandlung ist relativ einfach: Ein Handelsreisender Namens Mathias besucht eine fiktive Insel, um deren Bewohnern Armbanduhren zu verkaufen. Bald stellt sich jedoch heraus, dass das Bewusstsein des Handelsreisenden von einer sexuellen Obsession be-

---

[18] Vgl. Th. Bernhard, *Der Untergeher*, op. cit., S. 119.

[19] Vgl. L. Goldmann, *Soziologie des Romans*, Frankfurt, Suhrkamp, 1984, S. 205-210 (zur Verdinglichung im Nouveau Roman).

herrscht wird: einer sadistischen Vergewaltigungsszene, in der ein Mädchen mit gespreizten, am Erdboden mit Stricken befestigten Beinen erscheint. Er hat somit zwei einander widersprechende narrative Programme zu verwirklichen: den optimalen Uhrenverkauf und die unablässig fantasierte und möglicherweise tatsächlich durchgeführte (dies wird im Roman nicht klar) Vergewaltigung eines Mädchens Namens Violette (*violer Violette*).

Die beiden narrativen Programme, deren Ineinandergreifen von der Ähnlichkeit der beiden französischen Wörter *voyeur* und *voyageur* evoziert wird, widersprechen einander, weil die Beschäftigung mit sexuellen Fantasien dem möglichst schnellen Uhrenverkauf im Wege steht. Schließlich erscheint Mathias als Opfer zweier Determinismen: des wirtschaftlichen Gewinnstrebens als *Tauschwert* und der *Sexualität*. Den beiden Faktoren ist ihre *Wertindifferenz* gemeinsam: Sie sind rein zweckrational und schließen soziale Wertungen aus. Ihr Determinismus bewirkt eine völlige *Verdinglichung* des „Helden", der zu einem Pseudohelden ohne freien Willen, ohne Entscheidungsfreiheit wird, weil er einerseits dem wirtschaftlichen, andererseits dem sexuellen Trieb gehorcht.

Hier setzt Robbe-Grillets Parodie des Romanhelden ein: Der traditionelle Held, dessen Charakter und Entwicklung (z.B. bei George Eliot, Balzac oder Thomas Mann) vom Erzähler ausführlich geschildert werden, fällt der *Anonymität* und der Atrophie zum Opfer, die mit seiner Reduktion auf „Wirtschaft" und „Sexualität" einhergehen. Wie in Bernhards Roman wird Subjektivität als solche parodiert, weil sie von den beiden Determinismen getilgt wird.

Zugleich wird der Roman – vor allem der Kriminalroman – als Gattung parodiert, weil der Autor nicht nur den „Helden" der Atrophie überantwortet, sondern zugleich einen agnostischen Erzähler einführt, dessen Agnostizismus der Anonymität des reisenden Voyeurs entspricht: Er ist nicht einmal in der Lage, die Kernfrage zu beantworten, ob Mathias den Triebmord an dem Mädchen tatsächlich verübt hat oder nicht. Während im traditionellen Kriminalroman der Täter schließlich entlarvt wird, weil ein gut informierter Erzähler für Eindeutigkeit sorgt, bleibt in *Le Voyeur* alles in der Schwebe.

Dazu bemerkt Bernd Dauer: „Das alles führt zu einer *Desorientierung* des Lesers und macht es ihm unmöglich, unmittelbares Wirklichkeitserleben, Imaginiertes und Erinnertes zu unterscheiden und eine Chronologie zu rekonstituieren."[20] Der Agnostizismus des Erzählers hat überdies zur Folge, dass der Leser in die Position des perversen Protagonisten gedrängt wird, in dessen Perspektive der größte Teil der Romanhandlung erscheint. Dadurch erreicht Verfremdung ihren Höhepunkt: „In Robbe-Grillets *Voyeur* wird nun der Leser gezwungen, den Standpunkt eines Individuums einzunehmen, das ihm als Inbegriff des Fremden und Verwerflichen erscheinen muß."[21] Es wird sich zeigen, dass er in Patrick Süskinds Roman *Das Parfum* in eine vergleichbare Situation gerät.

Der im Romantext vorherrschende Agnostizismus wird dadurch verstärkt, dass die durch den *Tauschwert vermittelte Indifferenz*, die das Verhalten des *voyeur / voyageur* beherrscht, auch die Sprache als Kommunikationsmittel erfasst. Mathias, der sich bei zwei Matrosen nach dem Weg erkundigt, erhält lauter widersprüchliche und letztlich sinnlose Auskünfte: „Aber dann kam es zu einer Meinungsverschiedenheit, die den Anfang des Weges betraf, und die beiden Männer begannen, gleichzeitig zu reden, wobei jeder von ihnen versuchte, Mathias seinen Standpunkt aufzuzwingen, während diesem nicht einmal klar war, worin die Meinungsverschiedenheit bestand."[22] Ähnlich wie in anderen postmodernen Texten wird hier dem Leser die Entwertung der Sprache durch das verfremdende Scheitern einer alltäglichen Kommunikation vor Augen geführt.

Diese Entwertung wird schließlich durch die tauschwertvermittelte und von Mathias forcierte *Beschleunigung* des Uhrenverkaufs gesteigert. Der Autor entscheidet sich für eine Art Telegrammstil, um der Eile mimetisch Ausdruck zu verleihen: „Gang, erste Tür rechts, Küche, in der Mitte ein mit einem Blümchenwachstuch bedeckter ovaler Tisch, Aufschnappen des Verschlusses usw."[23]

Robbe-Grillet ist kein gesellschaftskritischer Romancier, und er spricht auch nicht von Tauschwert, Indifferenz und Beschleunigung. Indem er aber die Gattung Roman, das Erzählen, die literarische Subjektivität und die Sprache verfremdet, sagt er mehr über den Zustand der Gesellschaft aus als so mancher Soziologe.

---

[20] B. Dauer, *Wirklichkeitsflucht und Entfremdung. Studien zur Erzählstruktur in den Romanen Alain Robbe-Grillets und Michel Butors*, Heidelberg, Winter, 1976, S. 99.
[21] Ibid., S. 120.
[22] A. Robbe-Grillet, *Le Voyeur*, Paris, Minuit, 1955, S. 126.
[23] Ibid., S. 155.

4. „Zerfall der Werte" als Sprachzerfall: Werner Schwab, Jürgen Becker, Giuseppe Culicchia

Literatur hat es *primär* mit Sprache zu tun und nur gelegentlich mit einer unmittelbaren Wiedergabe psychischer oder sozialer Zustände. Schon aus diesem Grunde greift die marxistische Widerspiegelungstheorie zu kurz: Literatur ist gesellschaftlich, weil sie auf den Zustand der Sprache reagiert, der von sozialen Entwicklungen, Konflikten und Interessen zeugt. Im Folgenden wird gezeigt, wie Werner Schwab, Jürgen Becker und Giuseppe Culicchia die Sprachbewegungen ihrer Zeit in ihren bisweilen als postmodern bezeichneten Texten verarbeiten und dabei ihren Hörern und Lesern den entfremdenden *Zerfall gesellschaftlicher Werte als Wort-Werte* vor Augen führen.

Der jung verstorbene österreichische Dramenautor Werner Schwab betrachtete die Sprache als sein Hauptproblem: „Sprache, sonst gar nix"[24], verkündet er in einem seiner Interviews. Das Problem scheint darin zu bestehen, dass die Sprache als Kommunikationsmittel durch Kommerzialisierung, Arbeitsteilung und ideologische Konflikte entwertet wird, bis nur noch Worthülsen übrigbleiben. „Wie widerlich die Sprache sich durch sich verdeutlicht – verteidigt – vernichtet"[25], heißt es gleich zu Beginn der „Variationskomödie" *Mesalliance*.

Eine „vernichtete" Sprache ist für die Konstruktion traditioneller Dramendialoge ungeeignet, und Schwab weiß, dass er angesichts der Sprachzerstörung seine Schauspieler nicht so sprechen lassen kann, als wäre nichts geschehen. Es kommt hinzu, dass er – ähnlich wie Thomas Bernhard und Alain Robbe-Grillet – an der Autonomie des sprechenden Subjekts zweifelt: „Am Anfang war die Grundidee einfach die, daß die Leute nicht sprechen, sondern gesprochen werden."[26]

In der „Variationskomödie" *Mesalliance. Aber wir ficken uns prächtig* hört sich das so an:

HERR PESTALOZZI: (…) Und dabei ist mein persönlicher Lebensjaspers beileibe kein eindeutiger Salatkopf. Ontologische Äquilibristik, falls du das mit einem Fettrand deiner Existenz heranverstehen kannst an deinen Kalbskopf. Karl Jaspers …

---

[24] W. Schwab, „Vernichten, ohne sich anzupatzen", Gespräch mit R. Koberg, K. Nüchtern, in: *Falter*, Beilage zu Nr. 40/92, S. 3.

[25] W. Schwab, *Mesalliance – aber wir ficken uns prächtig. Eine Variationskomödie*, in: ders., *Königskomödien*, Graz-Wien, Droschl, 1992, S. 123.

[26] W. Schwab, „Vernichten, ohne sich anzupatzen", op. cit., S. 4.

mein Kerlfreund Jaspers, eine vieldeutige Behausung, eine hart zu knackende, stein-harte Existenznuß.[27]

Der zänkische Ton, der sich bei älteren Ehepaaren im Laufe der Jahre durchsetzt, trägt wesentlich zur Parodie eines existenzialistischen Dis-kurses bei, der durch Kommerzialisierung, Popularisierung in den Medien und ideologischen Missbrauch der Sinnlosigkeit überantwor-tet wird:

FRAU PESTALOZZI: (…) Du hast dir wieder als jaspervasallistischer Totalpäda-goge das heideggersche Fieberthermometer in deinen Jaspersarsch gesteckt, ha, und jetzt ist dein deutschstämmiger Fetzenarsch wieder vollkommen derangiert.[28]

Durch deformierende Wortkombinationen wie „Kerlfreund", „Exis-tenznuß" und „jaspervasallistisch" verfremdet Schwab die Sprache und lässt hohe Metaphysik immer wieder ins Trivial-Lächerliche ab-gleiten. Dadurch wird das Mitgeteilte indifferent, tendenziell aus-tauschbar; übrig bleibt der zänkische Ton.

Die markt- und medienvermittelte Austauschbarkeit der Wörter inszeniert auch Jürgen Becker in seiner experimentellen Prosa *Umge-bungen*: „Wolf hat früher weiche Sätze gemacht, als die Zeit der wei-chen Sätze war. Will die Menge weiche Sätze? Wolf hat plötzlich Angst, daß er nicht weiß, was die Menge für Sätze will. Wolf weiß, daß er es wissen muß, denn er weiß, daß, als er noch nicht gewußt hat, was die Kamera und das Mikro will, keine Kamera und kein Mikro gekommen ist."[29]

Die sich in der Sprache konstituierende Subjektivität wird fragwür-dig, wenn sie in die Abhängigkeit marktgesteuerter Medien gerät. Ähnlich wie bei Robbe-Grillet kommen bei Becker Zweifel an einer Subjektivität auf, die dem wirtschaftlichen (und sexuellen) Determi-nismus gehorcht, statt auf gesellschaftlichen (ethischen, politischen oder ästhetischen) Werten zu gründen. Ihre Zweifel artikulieren die Schriftsteller aber nicht unmittelbar, sondern durch ihre Kritik der Romangattung und der entfremdenden Mediensprache, die beide durch Vereinfachungen, Übertreibungen und Verkürzungen verfrem-det werden.

---

[27] W. Schwab, *Mesalliance*, op. cit., S. 126.

[28] Ibid., S. 127.

[29] J. Becker, *Umgebungen*, Frankfurt, Suhrkamp, 1974, S. 72.

Ironisch verfremdet wird bei Becker auch die marxistisch-leninistische Ideologie, die als Gehirnwäsche durschaut wird: „Der Irrtum ist mein Irrtum, sagt O. und alle O.s gratulieren O. und reihen O. in den Chor ein. O. rezitiert Sprüche im Chor und diskutiert, bis sich das Gegenteil aufhebt. (...) O. will lange Schulungszeit. O. sitzt mit den anderen O.s in der Zelle und paßt auf, daß alle O.s diskutieren, bis sich das Gegenteil aufhebt."[30]

Abermals wird hier Subjektivität auf sprachlicher Ebene in Frage gestellt: diesmal jedoch nicht im Zusammenhang mit kommerzialisierten Medien, sondern im Kontext der *ideologischen Verdinglichung* (II. 4), die, wie Becker zeigt, jede Diskussion ad absurdum führt.

In dieser gesellschaftlichen und sprachlichen Situation, die durch Sprach- und Sinnzerstörung gekennzeichnet ist, wird Giuseppe Culicchias Roman *Bla Bla Bla* (1997) durch die gleich am Anfang aufgeworfene Frage geprägt: „(...) Welchen Sinn hätte eine Suche nach Sinn angesichts der Abwesenheit von Sinn?"[31]

Am Ende des Romans wird das eigentliche Problem beim Namen genannt: „Verkaufen-kaufen, kaufen-verkaufen, darum dreht sich alles, merke dir, es ist nicht möglich, sich dem Markt zu entziehen (...)."[32] Wenig später wird die Subjektivität in Frage gestellt: „Was machst du? Ich atme. Wer bist du? Ich weiß es nicht. Wie heißt du? Ich kann mich nicht erinnern."[33]

Ähnlich wie Robbe-Grillets *Le Voyeur* und Beckers *Umgebungen* setzt sich diese Art von Literatur aus verfremdenden Übertreibungen zusammen. Das spricht nicht gegen sie, im Gegenteil; denn für sie gilt, was Adorno von der Psychoanalyse sagt: an ihr sei „nichts wahr als ihre Übertreibungen".[34]

5. Anomie: Félix de Azúas Parodie des Bildungsromans

In einer gesellschaftlichen und sprachlichen Situation, in der die Suche nach Sinn für sinnlos erklärt wird, weil die Sprache dem kommer-

---

[30] Ibid., S. 131.
[31] G. Culicchia, *Bla Bla Bla*, Mailand, Garzanti, 1997, S. 32.
[32] Ibid., S. 121.
[33] Ibid., S. 122.
[34] Th. Adorno, *Minima Moralia. Reflexionen aus dem beschädigten Leben*, Frankfurt, Suhrkamp (1951), 1970, S. 56.

ziellen und ideologischen Verschleiß ausgesetzt ist, so dass alle Wort-Werte tendenziell austauschbar werden, ist auch der Bildungsroman nur noch als Parodie vorstellbar. Über sie schreibt Theodor W. Adorno: „Emphatisch heißt Parodie die Verwendung von Formen im Zeitalter ihrer Unmöglichkeit."[35]

In seinem kurzen, 1986 veröffentlichten Text *Historia de un idiota contada por él mismo – o El contenido de la felicidad* (*Geschichte eines Idioten von ihm selbst erzählt – oder Der Inhalt des Glücks*) parodiert Azúa nicht nur den Bildungsroman, sondern beschreibt eine in jeder Hinsicht *anomische Situation*, in der es seinem Protagonisten nicht gelingt, einen Wert einem anderen vorzuziehen und sich an klar vorgegebenen Normen zu orientieren. Die alles durchdringende *Anomie*, die wesentlich zum Scheitern der Suche beiträgt, entsteht dadurch, dass alle Wertsetzungen dem Ich-Erzähler als gleichwertig und nichtig erscheinen.

Der klassische, romantische oder realistische Bildungsroman stellt, auch dann, wenn er den Helden scheitern oder resignieren lässt, einen Bildungsweg dar, der zur Entstehung eines seiner selbst bewussten Subjekts führt. Eines der besten Beispiele ist zweifellos Goethes Roman *Wilhelm Meister*, zu dessen Hauptgestalt Jacobs und Krause bemerken: „Indem er die Vaterstelle bei seinem Sohn Felix übernimmt, sich mit Natalie verlobt und im Kreis der Turmgesellschaft einer ‚reinen und sichern Tätigkeit' entgegengeht (…), ist er in feste, auf Dauer angelegte Verhältnisse eingetreten. Wenn dies der Zielpunkt einer zunächst von Irrtümern und falschen Ambitionen bestimmten Lebensgeschichte ist, dann stellt sich dieser Prozeß nicht als Degeneration, als Schwächung und Verkümmerung des Helden dar, sondern eindeutig als ‚Bildung' im Sinne eines Hineinfindens in bejahte Bindungen und als Übernahme einer sinnvollen Bestimmung."[36]

In Azúas Roman kommt es zu einer radikalen Umkehrung des von Goethe erzählten Bildungsprozesses. Der spanische Roman mündet in Degeneration, Gedächtnis- und Subjektverlust, die der Ich-Erzähler alle am Ende beschreibt: „Eine zerstückelte Welt, deren Bruchstücke unmöglich zusammengefügt werden können, weil sie völlig ungeord-

---

[35] Th. W. Adorno, „Versuch, das Endspiel zu verstehen", in: ders., *Noten zur Literatur II*, Frankfurt, Suhrkamp (1961), 1970, S. 214.
[36] J. Jacobs, M. Krause, *Der deutsche Bildungsroman. Gattungsgeschichte vom 18. bis zum 20. Jahrhundert*, München, Beck, 1989, S. 80.

net im Ruinentheater meines Gedächtnisses verstreut sind. Die Vision eines Idioten."[37]

Dieser Zerfall der subjektiven Welt hängt u.a. mit der im Roman beschriebenen *Anomie* zusammen: Im Laufe seiner Suche, deren Phasen der Ich-Erzähler in allen Einzelheiten schildert, erweisen sich nahezu alle Werte und Normen als durch den *Tauschwert* vermittelt. Die auf Sexualität reduzierte Liebe betrachtet er als rein quantitative Tätigkeit, die er mit dem Geldverdienen vergleicht, das ihm „als die große metaphysische Ausrede [erscheint], die uns hilft, auch die erdrückendste Langeweile zu ertragen".[38]

Dem politischen Engagement ergeht es nicht anders als der Liebe, weil sich herausstellt, dass der ehemalige Anführer einer linksradikalen Zelle, der früher auch der Ich-Erzähler als Student angehörte, Karriere als „angesehener Stadtplaner einer kalifornischen Immobiliengesellschaft"[39] gemacht hat. Angesichts solcher Erfahrungen erweisen sich die *Werte* und *Normen* der politischen Linken als nichtig, und der Ich-Erzähler setzt seine erfolglose Suche fort.

Sie ist erfolglos, weil er auch in Philosophie und Kunst nicht die Orientierung findet, die ihm helfen könnte, den sich ausbreitenden Werte- und Normenrelativismus zu überwinden und den gesuchten Sinn zu finden. Anders als in Prousts *Recherche*, die von Azúa parodiert wird, werden in *Historia de un idiota* Literatur und Kunst nicht mehr als oberste Werte akzeptiert, weil auch sie der Heteronomie des Marktes ausgesetzt sind, wie der Erzähler im Anschluss an seine Tätigkeit bei einem Verlag in Barcelona feststellt: „Der Künstler ist eine Schöpfung anderer, die Kunst aber auch."[40]

Wo sich kein sozialer Wert und die von ihm ableitbare Normenskala als Orientierungshilfen anbieten, dort wird auch die Verbindung zu den anderen abgebrochen, weil diese Verbindung nur über Normen und Werte herstellbar ist. Die Isolierung und Einsamkeit, in die der Roman schließlich mündet, zeugen von einer alles durchdringenden Anomie: „Ich schreibe dies alles ohne jegliche Absicht, ohne die ge-

---

[37] F. de Azúa, *Historia de un idiota contada por él mismo o El contenido de la felicidad*, Barcelona, Anagrama (1986), 1992 (17. Aufl.), S. 123.

[38] Ibid., S. 31.

[39] Ibid., S. 22.

[40] Ibid., S. 106.

ringste Wirkung anzustreben, ich schreibe OHNE GRUND und um mir selbst an endlosen und leeren Tagen Gesellschaft zu leisten."[41]

Freilich schreibt der Autor Azúa, der mit seinem Erzähler nicht identisch ist, primär eine literarische Parodie, in der es zu einer Umkehrung der im klassischen, romantischen und realistischen Bildungsroman herrschenden Verhältnisse kommt. Doch diese Parodie als verfremdendes literarisches Verfahren, käme ohne den Werte- und Sprachzerfall und die ihn begleitende Anomie nicht zustande.

6. Parodie des Narzissmus als Idealich: Patrick Süskinds „Grenouille"

Die Einsamkeit der Protagonisten Bernhards, Robbe-Grillets und Azúas ist für eine Gesellschaft symptomatisch, in der das *Single*-Dasein keine Ausnahme mehr ist, in der Kontaktarmut und Vereinsamung zu einem der sozialen Hauptprobleme werden. In dieser Situation, in der der Einzelne auf sich selbst gestellt ist, wird der *Narzissmus*, wie sich im vierten Kapitel gezeigt hat, zu einer kollektiven Erscheinung. Er ist unter wirklichen und fiktiven Künstlergestalten besonders stark ausgeprägt, wie das Schicksal von Thomas Manns „Tonsetzer" Adrian Leverkühn erkennen lässt. Dass Bernhards genialer Glenn narzisstisch veranlagt ist, zeigt u.a. seine systematisch betriebene Abschottung gegen Familie und Gesellschaft. Seinem Narzissmus entspricht der des Ich-Erzählers: „(...) Ich wollte *der Beste sein oder gar keiner* (...)."[42]

In Patrick Süskinds Roman *Das Parfum. Die Geschichte eines Mörders* (1985), der als Parodie des Künstlerromans[43], des Kriminalromans und des Abenteuerromans gelesen werden könnte, wird zugleich auch der *Narzissmus als Idealich* (vgl. IV. 2) parodiert. Der mit einem fantastischen Riechorgan ausgestattete Antiheld Grenouille wird von seiner Mutter verstoßen und beschließt, als Parfümeur Weltruhm zu erlangen. Um sein Ziel zu erreichen, mordet er junge Mädchen, deren Duft er in seinen Parfums verarbeitet. Seine „wertfreie" Gesinnung erinnert an die von Robbe-Grillets Mathias. Wie der Vo-

---

[41] Ibid., S. 125.

[42] Th. Bernhard, *Der Untergeher*, op. cit., S. 123.

[43] Vgl. Vf., *Der europäische Künstlerroman. Von der romantischen Utopie zur postmodernen Parodie*, Tübingen, Francke, 2008, Kap. V. 4.

yeur kann Grenouille mit moralischen Wertungen nichts anfangen: „Recht, Gewissen, Gott, Freude, Verantwortung, Demut, Dankbarkeit usw. – was damit ausgedrückt sein sollte, war und blieb ihm schleierhaft."[44] Seine Einstellung zeugt – wie die anderer postmoderner Romanhelden – von einem Werte- und Sprachzerfall, der Anomie und Entfremdung nach sich zieht.

Grenouille, dessen Perspektive die Romanhandlung beherrscht und den Leser – wie in Robbe-Grillets *Le Voyeur* – zur (perversen) Identifikation einlädt, wird nach seinem Mord an Laure Richis, dem begehrenswertesten aller Mädchen der Parfümerie-Stadt Grasse, als Verbrecher entlarvt und zum Tode verurteilt. Es gelingt ihm jedoch, die auf die Hinrichtung wartende Menge mit seinem unwiderstehlichen Parfum zu betören und nach Paris zu fliehen. Dort wird ihm sein eigenes Wunderprodukt zum Verhängnis: Außenseiter der Großstadtgesellschaft sind dermaßen von ihm begeistert, dass sie ihn umbringen, zerstückeln und auffressen. Sie haben ihn „zum Fressen gern".

Süskinds Parodie des Narzissmus geht mit seiner Parodie der Gattung „Künstlerroman" einher: Indem er die Kunst mit dem flüchtigen Parfum identifiziert, lässt er sie aus der Autonomieästhetik ausscheiden und reduziert sie auf einen Gebrauchsgegenstand; indem er den als Künstler porträtierten Narzissten von fragwürdigen Bewunderern auffressen lässt, führt er die Zielsetzungen des auf das *Idealich* ausgerichteten Narzissmus ad absurdum. Die Bewunderung, die die Öffentlichkeit dem genialen Künstler der klassischen oder romantischen Ära angedeihen ließ, sah bekanntlich anders aus.

Ähnlich wie bei Azúa kommt es bei Süskind zu einer parodistischen Umkehrung und Verfremdung der in der sozialen Wertehierarchie etablierten Verhältnisse: Der vom Idealismus gering geschätzte Geruchssinn wird als Kunst drastisch aufgewertet, und der mit dem Genie assoziierte Narzissmus des Künstlers wirkt trivial und lächerlich.

Auch in diesem Fall ist der Roman als soziales Barometer zu lesen: Er zeugt nicht nur von der Unmöglichkeit des Künstlerromans und der Genieästhetik in postmoderner Zeit, sondern auch von der Fragwürdigkeit eines *körperzentrierten Narzissmus* (das Parfum als Aufwer-

---

[44] P. Süskind, *Das Parfum. Geschichte eines Mörders*, Zürich, Diogenes, 1985, S. 33.

tung des Körpers), der im Gegensatz zum Narzissmus des Ichideals der Gesellschaft nichts zu bieten hat.

Insgesamt wird deutlich, dass Literatur und Kunst allgemein von den im philosophisch-soziologischen Teil dargestellten gesellschaftlichen Verhältnissen zeugen: nicht so sehr durch unmittelbare Hinweise oder Beschreibungen auf referentieller Ebene[45], sondern durch verfremdende Verfahren wie Parodie, Übertreibung, Sprachdeformation und Ironie. Werden sie richtig rezipiert und in ihrem Wahrheitsgehalt als Gesellschaftskritiken erkannt, sagen sie bisweilen mehr über die entfremdenden Gesellschaftsverhältnisse aus als theoretische Abhandlungen. Symmetrisch zu der sich ausbreitenden Entfremdung vermehren und verfeinern sie ihre verfremdenden Techniken.

---

[45] Zu einer sprach- und textorientierten Literatursoziologie vgl. Vf., *Textsoziologie. Eine kritische Einführung*, Stuttgart, Metzler, 1980, S. 11-16.

Auswahlbibliografie

In dieser Bibliografie werden ausschließlich Titel aufgeführt, die sich auf die Themen „Entfremdung" und „Verfremdung" beziehen.

Adorno, Th. W., *Minima Moralia. Aufzeichnungen aus dem beschädigten Leben*, Frankfurt, Suhrkamp (1951), 1970.

Althusser, L., *Ideologie und ideologische Staatsapparate. Aufsätze zur marxistischen Theorie*, Hamburg-Berlin, VSA, 1977.

Anders, G., *Die Antiquiertheit des Menschen*, Bd. I: *Über die Seele im Zeitalter der zweiten industriellen Revolution*, München, Beck, 1985 (6. Aufl.).

Aregger-Moros, U., *Das Konzept der Entfremdung im geschichtsphilosophischen Denken von Erich Fromm*, Diss., Univ. Basel, 1989.

Balmès, F., *Structure, logique, aliénation. Recherches en psychanalyse*, Toulouse, Ed. érès, 2011.

Balz, V., *Zwischen Wirkung und Erfahrung – eine Geschichte der Psychopharmaka und Neuroleptika in der Bundesrepublik Deutschland 1950-1980*, Bielefeld, Transcript, 2010.

Bammé, A. et al., *Maschinen-Menschen, Mensch-Maschinen. Grundrisse einer sozialen Beziehung*, Reinbek, Rowohlt (1983), 1986.

Bammé, A., *Wissenschaft und Wissenschaftsdidaktik. Gesellschaft und Wissenschaft in der Technologischen Zivilisation*, Bd. I. *Gegenwartsdeutung*, München-Wien, Profil, 2003.

Baudrillard, J., *Pour une critique de l'économie politique du signe,* Paris, Gallimard, 1972.

Baudrillard, J., *Transparenz des Bösen. Ein Essay über extreme Phänomene*, Berlin, Merve, 1992.

Baum, G. R. et al. (Hrsg.), *Technisierte Verwaltung. Entlastung oder Entfremdung des Menschen ?*, Bonn, Godesberger Taschenbuch-Verlag, 1981.

Beck, P., *Zwischen Identität und Entfremdung. Die Hochschule als Ort gestörter Kommunikation*, Frankfurt, Aspekte Verlag, 1975.

Beerhorst, J., Demirović, A., Guggemos, M. (Hrsg.), *Kritische Theorie im gesellschaftlichen Wandel*, Frankfurt, Suhrkamp, 2004.

Berger, P. L., Berger, B., Kellner, H., *Das Unbehagen in der Modernität*, Frankfurt-New York, Campus, 1975.

Bernstein, J. M., *The Fate of Art. Aesthetic Alienation from Kant to Derrida and Adorno*, Cambridge-Oxford, Polity-Blackwell, 1992.

Bloch, E., „Entfremdung, Verfremdung", in: ders., *Literarische Aufsätze*, Frankfurt, Suhrkamp, 1965.

Bocock, R., Thompson, K. (Hrsg.), *Religion and Ideology*, Manchester, Univ. Press, 1985.

Bordoni, C., *Società digitali. Mutamento culturale e nuovi media*, Neapel, Liguori, 2007.

Bourdin, A. „Les lieux de l'anomie", in: J. Duvignaud (Hrsg.), *Sociologie de la connaissance*, Paris, Payot, 1979.

Brämer, R., *Jugendreport Natur, '03. Nachhaltige Entfremdung*, Marburg, Universität Marburg, 2004.

Brenner, M., Strasser, H. (Hrsg.), *Die gesellschaftliche Konstruktion der Entfremdung*, Frankfurt-New York, Campus,1977.

Breuer, R., „Die Entfremdung wird größer", in: A. Schwarzer (Hrsg.), *Die große Verschleierung. Für Integration, gegen Islamismus*, Köln, Kiepenheuer und Witsch, 2010.

Brinkmann, H., *Methode und Geschichte. Die Analyse der Entfremdung in Georg Simmels „Philosophie des Geldes"*, Gießen, Focus-Verlag, 1974.

Bröckling, U., *Das unternehmerische Selbst. Soziologie einer Subjektivierungsform*, Frankfurt, Suhrkamp, 2007.

Calvez, J.-Y., *Karl Marx. Darstellung und Kritik seines Denkens*, Olten-Freiburg, Walter-Verlag, 1964.

Castel, R., *La Montée des incertitudes. Travail, protections, statut de l'individu*, Paris, Seuil, 2009.

D'Abbiero, M., *„Alienazione" in Hegel. Usi e signficati di Entäusserung, Entfremdung, Veräusserung*, Rom, Edizioni dell'Ateneo, 1970.

Dauer, B., *Wirklichkeitsflucht und Entfremdung. Studien zur Erzählstruktur in den Romanen Alain Robbe-Grillets und Michel Butors*, Heidelberg, Winter, 1976.

Demirović, A., *Der nonkonformistische Intellektuelle. Die Entwicklung der Kritischen Theorie zur Frankfurter Schule*, Frankfurt, Suhrkamp, 1999.

Denz, H., *Entfremdung und Wertwandel. Ergebnisse einer empirischen Untersuchung von Jugendlichen*, Diss., Joh. Kepler Universität Linz, 1983.

Duvignaud, J., *Anomie*, Paris, Anthropos, 1973.

Ehrenberg, A., *Das erschöpfte Selbst. Depression und Gesellschaft in der Gegenwart*, Frankfurt, Suhrkamp, 2008.

Ekmann, B., Hauser, H., Wucherpfennig, W. (Hrsg.), *Fremdheit, Entfremdung, Verfremdung. Akten des Internationalen Interdisziplinären Symposiums. Kopenhagen März 1990*, Bern-Berlin-Frankfurt, Peter Lang, 1992.

Eßbach, W., *Die Junghegelianer. Zur Soziologie einer Intellektuellengruppe*, München, Fink, 1988.

Fay, M. A., *Der Einfluß von Adam Smith auf Karl Marx' Theorie der Entfremdung. Eine Rekonstruktion der Ökonomisch-politischen Manuskripte aus dem Jahr 1844*, Frankfurt-New York, Campus, 1986.

Fischbach, F. *Sans objet. Capitalisme, subjectivité, aliénation*, Paris, Vrin, 2009.

Fischer, A., *Die Entfremdung des Menschen in einer heilen Gesellschaft. Materialien zur Adaptation und Denunziation eines Begriffs*, München, Juventa, 1970.

Freud, S., „Massenpsychologie und Ich-Analyse" (1921), in: *Studienausgabe*, Bd. IX, Frankfurt, Fischer, 1982.

Friedel-Howe, H., *Entfremdung in der Industriearbeit. Ansatz eines sozialisationstheoretischen Bezugsrahmens der psychischen Vermittlung situativer Entfremdungspotentiale*, Berlin, Duncker und Humblot, 1981.

Freudo-marxisme et sociologie de l'aliénation. Colloque de « L'Homme et la société », Paris, Anthropos (10/18), 1974.

Fromm, E., *Die Flucht vor der Freiheit*, München, DTV, 2000 (8. Aufl.).

Fuchs, H.-J., *Entfremdung und Narzißmus. Semantische Untersuchungen zur Geschichte der „Selbstbezogenheit" als Vorgeschichte von französisch „amour propre"*, Stuttgart, Metzler, 1977.

Furedi, F., *Where Have all the Intellectuals Gone?*, London-New York, Continuum, 2006 (2. Aufl.).

Gaulejac, V. de, *La Société malade de la gestion. Idéologie gestionnaire, pouvoir managérial et harcèlement social*, Paris, Seuil (2005), 2009.

Geisen, Th., „Fremdheit, Entfremdung und Kultur: zur Bearbeitung von Fremdheit im Kontext von Migration", in: W. Baros et al. (Hrsg.), *Zwischen Praxis, Politik und Wissenschaft. Die vielfältigen Referenzen interkultureller Bildung*, Berlin, Verlag Irena Regener, 2010.

Goldmann, L., „La Réification", in: ders., *Recherches dialectiques*, Paris, Gallimard, 1959.

Gouldner, A., *The Future of Intellectuals and the Rise of the New Class*, London. Macmillan, 1973.

Green, A., *Narcissisme de vie. Narcissisme de mort*, Paris, Minuit, 1983.

Gstrein, G., *Leistungsideologie und Entfremdung. Über mögliche Entfremdungen und die Entfremdung von Möglichkeiten durch die Leistungsideologie*, Diplomarbeit, Univ. Innsbruck, Geisteswiss. Fakultät, 1997.

Günther, G., *Die amerikanische Apokalypse* (Aus dem Nachlass herausgegeben und eingeleitet von K. Klagenfurt), München-Wien, Profil Verlag, 2000.

Haber, S., *Penser le néocapitalisme. Vie, capital et aliénation*, Paris, Les Prairies ordinaires, 2013.

Habermas, J., „Der deutsche Idealismus der jüdischen Philosophen", in: ders., *Philosophisch-politische Profile*, Frankfurt, Suhrkamp (1971), 1973.

Haug, W. F., *Kritik der Warenästhetik*, Frankfurt, Suhrkamp, 1976 (5. Aufl.).

Hoebig, W., *Bedürftigkeit – Entfremdung der Bedürfnisse im Kapitalismus*, Berlin, Max-Planck-Institut für Bildungsforschung (*Materialien zur Bildungsforschung* 25), 1984.

Honneth, A., *Verdinglichung*, Frankfurt, Suhrkamp, 2005.

Horkheimer, M., Adorno, Th. W., *Dialektik der Aufklärung. Philosophische Fragmente*, in: Th. W. Adorno, *Gesammelte Schriften*, Bd. III, Frankfurt, Suhrkamp, 1984 (2. Aufl.).

Hüllen, J., *Entfremdung und Versöhnung als Grundstruktur der Anthropologie*, Freiburg-München, Alber, 1982.

Israel, J., *Der Begriff Entfremdung. Zur Verdinglichung des Menschen in der bürokratischen Gesellschaft*, Reinbek, Rowohlt, 1985 (Neuausgabe).

Jaeggi, R., *Entfremdung. Zur Aktualität eines sozialphilosophischen Problems*, Frankfurt-New York, Campus, 2005.

Jerich, L., *Burnout. Ausdruck der Entfremdung*, Graz, Grazer Universitätsverlag, 2008.

Johnsdorf, C., *Nachhaltigkeit – Entfremdung – Selbstverwaltete Betriebe. Probleme und Perspektiven von Nachhaltigkeit im Kontext neoliberaler Globalisierung*, Diss. Hochschule für Wirtschaft und Politik (Hamburg), 1998.

Jurt, J., *Frankreichs engagierte Intellektuelle. Von Zola bis Bourdieu*, Göttingen, Wallstein, 2012 (2. Aufl.).

Kandil, F., „Anomie", in: B. Schäfers (Hrsg.), *Grundbegriffe der* Soziologie, Leverkusen, Leske-Budrich, 1986.

Kellermann, P. (Hrsg.), *Geld und Gesellschaft. Interdisziplinäre Perspektiven,* Wiesbaden, VS Verlag für Sozialwissenschaften, 2005.

Kirsch, G., *Entfremdung – Der Preis der Freiheit?*, Tübingen, Mohr-Siebeck, 1984.

Klampen, D. zu, Johannes, R. (Hrsg.), *Krise und Kritik. Zur Aktualität der Marxschen Theorie*, Lüneburg, zu Klampen, 1987 (2. Aufl.).

Klimis, S., Van Eynde, L. (Hrsg.), *De la monade psychique au sujet autonome*, Brüssel, Facultés Universitaires Saint-Louis, 2007.

Koch, A. M., *Romance and Reason. Ontological and Social Sources of Alienation in the Writings of Max Weber*, Lanham-Boulder-New York, Lexington Books-Rowman-Littlefield, 2006.

Lachaud, J.-M., *Art et aliénation*, Paris, PUF, 2012.

Lasch, Ch., *Das Zeitalter des Narzißmus*, Hamburg, Hoffmann und Campe, 1996.

Le Breton, D., *Anthropologie du corps et modernité*, Paris, PUF (1990), 2011 (erw. Aufl.).

Le Crest, F.-P., *Actualité du concept d'anomie. Le mal de l'infini*, Paris, L'Harmattan, 2013.

Legille, S., Toussaint, B., *Soziale Entfremdung. Zusammenhang von Arbeitsbedingungen und Phänomenen sozialer Entfremdung in Tätigkeiten mit interaktivem Charakter*, Diplomarbeit, Univ. Innsbruck, 2007.

Lepenies, W., *Aufstieg und Fall der Intellektuellen in Europa*, Frankfurt-New York-Paris, Campus, Edition de la Maison des Sciences de l'Homme, 1992.

Leuschner, U., *Entfremdung, Neurose, Ideologie. Eine Studie über Psychoanalyse und die Entfremdungs-Theorie von Karl Marx*, Köln, Bund-Verlag, 1990.

Lipovetsky, G., *L'Ere du vide. Essais sur l'individualisme contemporain*, Paris, Gallimard (1983), 1993.

Lohmann, H., *Krankheit oder Entfremdung? Psychische Probleme in der Überflußgesellschaft*, Stuttgart, Georg Thieme Verlag, 1978.

Lojkine, J., *Les Sociologies critiques du capitalisme* (en hommage à Pierre Bourdieu), Paris, PUF, 2003 (2. Aufl.).

Lukács, G., *Geschichte und Klassenbewußtsein. Studien über marxistische Dialektik*, Darmstadt-Neuwied, Luchterhand (1968), 1975.

Lyotard, J.-F., *Tombeau de l'intellectuel et autres papiers*, Paris, Galilée, 1984.

Maffesoli, M., Perrier, B. (Hrsg.), *L'Homme postmoderne*, Paris, François Bourin Editeur, 2012.

Marchart, O., *Die Prekarisierungsgesellschaft. Prekäre Proteste. Politik und Ökonomie im Zeichen der Prekarisierung*, Bielefeld, Transcript, 2013.

Marković, L., *„Entfremdung" und „Aufhebung der Entfremdung" bei Karl Marx und der „Praxis"-Gruppe*, Münster, Lit-Verlag, 1987.

Marx, K., *Die Frühschriften. Von 1837 bis zum Manifest der kommunistischen Partei 1848* (Hrsg. S. Landshut), Stuttgart, Kröner, 1971.

Meadows, M. S., *I, Avatar. The Culture and Consequences of Having a Second Life*, Berkeley (CA), New Riders, 2008.

Merton, R., „Sozialstruktur und Anomie", in: A. Fischer, *Die Entfremdung des Menschen in einer heilen Gesellschaft. Materialien zur Adaptation und Denunziation eines Begriffs*, München, Juventa, 1970.

Mészáros, I., *Der Entfremdungsbegriff bei Marx*, München, List Verlag, 1973.

Mitscherlich, A., *Auf dem Weg zur vaterlosen Gesellschaft. Ideen zur Sozialpsychologie* (1963), München, Piper, 1973 (10. Aufl.).

Moldaschl, M., Voß, G. G. (Hrsg.), *Subjektivierung von Arbeit*, München-Mering, Rainer Hampp Verlag, 2002.

Morten, A. (Hrsg.),*Vom heimatlosen Seelenleben. Entwurzelung, Entfremdung und Identität. Der psychische Seilakt in der Fremde*, Bonn, Psychiatrie-Verlag, 1988.

Müller, F., *Entfremdung. Folgeprobleme der anthropologischen Begründung der Staatstheorie bei Rousseau, Hegel, Marx*, Berlin, Duncker und Humblot, 1985 (2. erw. Aufl.).

Neckel, S., Wagner, G. (Hrsg.) *Leistung und Erschöpfung. Burnout in der Wettbewerbsgesellschaft*, Berlin, Suhrkamp, 2013.

Nicolaus, H., *Hegels Theorie der Entfremdung*, Heidelberg, Manutius, 1995.

Ollman, B., *Alienation. Marx's Concept of Man in Capitalist Society*, Cambridge, Univ. Press, 1971.

Oppolzer, A. A., *Entfremdung und Industriearbeit. Die Kategorie der Entfremdung bei Karl Marx*, Köln, Pahl-Rugenstein, 1974.

Pagès, C., *Lyotard et l'aliénation*, Paris, PUF, 2011.

Popitz, H., *Der entfremdete Mensch. Zeitkritik und Geschichtsphilosophie des jungen Marx*, Frankfurt, Europäische Verlagsanstalt, 1968 (2. Aufl.).

Pöttker, H., *Entfremdung und Illusion. Soziales Handeln in der Moderne*, Tübingen, Mohr-Siebeck, 1997.

Reitz, Ch., *Art, Alienation, and the Humanities. A Critical Engagement with Herbert Marcuse*, Albany, State Univ. of New York Press, 2000.

Riesman, D., *Die einsame Masse. Eine Untersuchung der Wandlungen des amerikanischen Charakters*, Hamburg, Rowohlt, 1970.

Rosa, H., *Beschleunigung. Die Veränderung der Zeitstrukturen in der Moderne*, Frankfurt, Suhrkamp, 2005.

Rosa, H., *Beschleunigung und Entfremdung*, Berlin, Suhrkamp, 2013.

Rushing, W. A., *Class, Culture, and Alienation. A Study of Farmers and Farm Workers*, Lexington-Toronto-London, Lexington Books-D. C. Heath and Company, 1972.

Schachtner, Ch., *Ärztliche Praxis*, Frankfurt, Suhrkamp, 1999.

Schluchter, W., *Aspekte bürokratischer Herrschaft. Studien zur Interpretation der fortschreitenden Industriegesellschaft*, Frankfurt, Suhrkamp, 1985.

Schluchter, W., *Unversöhnte Moderne*, Frankfurt, Suhrkamp, 1996.

Schmitt, R., *Alienation and Freedom*, Boulder (Colorado), Westview Press, 2003.

Schmitz, H., *Die entfremdete Subjektivität. Von Fichte zu Hegel*, Bonn, Bouvier, 1992.

Schuller, H., *Die Logik der Entfremdung. Versuch einer wissenschaftlichen Grundlegung der Entfremdungstheorie*, Regensburg, S. Roderer Verlag, 1991.

Schwartz, D. C., *Political Alienation and Political Behavior*, New Brunswick-London (1973), 2007.

Seeman, M., „On the Meaning of Alienation", in: *American Sociological Review* XXIV, 1959.

Seeman, M., *On the Meaning of Alienation*, New York, Irving Publishers, 1993.

Sennett, R., *Der flexible Mensch. Die Kultur des neuen Kapitalismus*, München, Siedler-Goldmann, 2000 (7. Aufl.).

Sève, L., *Marxistische Analyse der Entfremdung*, Frankfurt, Verlag Marxistische Blätter, 1978.

Simmel, G., „Die Großstädte und das Geistesleben", in: ders., *Das Individuum und die Freiheit. Essais*, Berlin, Wagenbach, 1984.

Sohn-Rethel, A., *Warenform und Denkform. Mit zwei Anhängen*, Frankfurt, Suhrkamp, 1978.

Sohn-Rethel, A., *Das Geld, die bare Münze des Apriori*, Berlin, Wagenbach, 1990.

Stillich, S., *Second Life. Eine Gebrauchsanweisung für die digitale Wunderwelt*, München, Goldmann, 2007.

Tedman, G., *Aesthetics and Alienation*, Winchester-Washington, Zero Books-John Hunt Publishing, 2012.

Thomas, H. (Hrsg.), *Chancen einer Kultur der Arbeit. Abschied von der Entfremdung*, Herford, Verlag Busse und Seewald, 1990.

Šubik, Ch., *Einverständnis, Verfremdung und Produktivität. Versuche über die Philosophie Bertolt Brechts*, Wien, Verlag des Verbandes der wissenschaftlichen Gesellschaften Österreichs, 1982.

Touraine, A., *Critique de la modernité*, Paris, Fayard, 1992.

Weber, W. G., *Analyse von Gruppenarbeit. Kollektive Handlungsregulation in soziotechnischen Systemen*, Bern-Göttingen-Toronto, Verlag Hans Huber, 1997.

Wendeling, A. E., *Karl Marx on Technology and Alienation*, Basingstoke-New York, Palgrave-Macmillan (2009), 2011.

Werlein, B., *Entfremdung und Mechanisierung der Produktionsarbeit. Kritik des Technikfetischismus*, Köln, Pahl-Rugenstein, 1981.

Wiesmüller, M., *Kapitalistische Entfremdung oder kollektive Integration? Inhaltsanalytische Fallstudie einer Kooperative im mexikanischen Bundesstaat Chiapas* (Diplomarbeit), in: *ÖFSE Forum* 24, Dezember 2004.

Winter, R., *Widerstand im Netz. Zur Herausbildung einer transnationalen Öffentlichkeit durch netzbasierte Kommunikation*, Bielefeld, Transcript, 2010.

Wössner, J., *Sozialnatur und Sozialstruktur. Studien über die Entfremdung des Menschen*, Berlin, Duncker und Humblot, 1965.

Zima, P. V., *Moderne / Postmoderne. Gesellschaft, Philosophie, Literatur*, Tübingen-Basel, Francke (1997), 2014 (3. Aufl.).

ZIma, P. V., *Theorie des Subjekts. Subjektivität und Identität zwischen Moderne und Postmoderne*, Tübingen-Basel, Francke (2000), 2010 (3. Aufl.)

Zima, P. V., *Was ist Theorie? Theoriebegriff und Dialogische Theorie in den Kultur- und Sozialwissenschaften*, Tübingen-Basel, Francke, 2004.

Zima, P. V., *Narzissmus und Ichideal. Psyche – Gesellschaft – Kultur*, Tübingen, Francke, 2009.

Zurek, A., *Psychologie der Entfremdung. Eigen, fremd, entfremdet*, Kröning, Asanger, 2007.

Personenregister

Peter V. Zima

Narzissmus und Ichideal

Psyche – Gesellschaft – Kultur

2009, XII, 212 Seiten,
€[D] 19,90/SFr 35,90
ISBN 978-3-7720-8337-2

Im vorliegenden Buch gilt es, die Beziehungen zwischen Narzissmus und Ichideal im Anschluss an Freud und Lacan neu zu bestimmen und die Entwicklung dieser Beziehung im gesellschaftlichen Kontext nachzuzeichnen. Ausgehend von einer kommunikativen Auffassung des Narzissmus, der produktiv sein und den anderen dialogisch in seiner Andersheit wahrnehmen kann, untersucht der Autor die Entwicklung narzisstischen Verhaltens in einer Gesellschaft, deren Wertsystem durch Differenzierung, Arbeitsteilung, Kommerzialisierung und ideologische Konflikte erschüttert wurde. Im Anschluss an Lacan, der ein aus kollektiven Werten hervorgegangenes Ichideal von einem infantilen Idealich unterscheidet, wird gezeigt, wie in einer von Medien dominierten und zur Wertindifferenz tendierenden Postmoderne die Ichideale ausgehöhlt werden, während das Idealich als „infantiles Größenselbst" (Heinz Kohut) erstarkt. Die Studie mündet in die These: Der zeitgenössische Narzissmus verliert an Substanz, weil das Ichideal aus gesellschaftlichen Gründen zerfällt.

Narr Francke Attempto Verlag GmbH + Co. KG
Postfach 25 60 · D-72015 Tübingen · Fax (0 70 71) 97 97-11
Internet: www.francke.de · E-Mail: info@francke.de

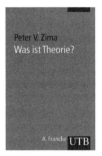

Peter V. Zima

Was ist Theorie?

Theoriebegriff und Dialogische Theorie
in den Kultur- und Sozialwissenschaften

2004, XIV, 308 Seiten,
€ 19,90 / SFr 27,90

ISBN 978-3-8252-2589-6

Narr Francke Attempto Verlag GmbH+Co. KG •
Dischingerweg 5 • D-72070 Tübingen
Tel. +49 (07071) 9797-0 • Fax +49 (07071) 97 97-11 •
info@francke.de • **www.francke.de**

narr | VERLAG   **francke** | VERLAG   **attempto** | VERLAG

Peter V. Zima

Theorie des Subjekts

Subjektivität und Identität
zwischen Moderne und Postmoderne

3. unveränderte Auflage 2010,
XIV, 454 Seiten,
€ 19,90 / SFr 27,90

ISBN 978-3-8252-2176-8

Unterschiedlichste kulturelle und soziale Phänomene wurden in den letzten Jahrzehnten immer wieder mit dem Hinweis auf die Krise bzw. den Zerfall des Subjekts in Spätmoderne und Nachmoderne erklärt. In seinem Buch gibt Peter V. Zima einen Überblick über die wichtigsten theoretischen Positionen zum Thema Subjektivität und Identität, die solchen Erklärungen zugrunde liegen. Die interdisziplinär angelegte Studie stellt die Begriffsbildung und den Diskussionsstand in Philosophie, Psychologie, Soziologie und Literaturwissenschaft ausführlich dar. Aus einer kritischen Auseinandersetzung mit der Subjektproblematik in Moderne und Postmoderne (von Descartes und Kant bis Adorno und Lyotard) geht im letzten Kapitel der Entwurf einer dialogischen Subjektivität hervor, die zur Grundlage einer dialogischen Theorie wird.

"Das Buch ist ein Meilenstein der gegenwärtigen Subjektivitätsdebatte." *IASL Online*

Narr Francke Attempto Verlag GmbH+Co. KG •
Dischingerweg 5 • D-72070 Tübingen
Tel. +49 (07071) 9797-0 • Fax +49 (07071) 97 97-11 •
info@francke.de • **www.francke.de**

narr | VERLAG   *francke* | VERLAG   attempto | VERLAG

Peter V. Zima

Moderne/Postmoderne

UTB 1967 S
3., überarbeitete Auflage 2014
442 Seiten,
€[D] 24,99 / SFr 34,70
ISBN 978-3-8252-4175-9

Das Buch leistet eine umfassende Darstellung des Verhältnisses von Moderne, Modernismus und Postmoderne auf soziologischer, philosophischer und literarischer Ebene sowie eine Abgrenzung der Begriffe Neuzeit, Moderne, Modernismus, Postmoderne, Posthistoire und nachindustrielle Gesellschaft. Der Autor versucht, sowohl der Ideologisierung als auch der Indifferenz zu entgehen, indem er im letzten Kapitel eine dialogische Theorie entwickelt, die zwischen dem Allgemeinen und dem Besonderen, zwischen Indifferenz und ideologischem Engagement vermittelt.

„Der Verfasser bietet hier eine eigenständige und, was aus einer didaktischen Perspektive betont werden soll, verständige und verständliche Darstellung des ausufernden Diskurses über die kontroversen Bestimmungen und Besetzungen moderner und nachmoderner Denkprozesse."

Referatedienst zur Literaturwissenschaft

Narr Francke Attempto Verlag GmbH+Co. KG •
Dischingerweg 5 • D-72070 Tübingen
Tel. +49 (07071) 9797-0 • Fax +49 (07071) 97 97-11 •
info@francke.de • **www.francke.de**